普通高等学校"互联网+"立体化教材
国家体育总局高等教育"十三五"规划教材

U0733671

中医药院校公共体育教程

（微课版）

《中医药院校公共体育教程》编写组　编

李永明　吴志坤　**主审**

邬建卫　潘华山　林辉　罗华　**主编**

北京体育大学出版社

策划编辑：高云智
责任编辑：魏国旺
责任校对：杨　洋
版式设计：高荣华

图书在版编目（CIP）数据

中医药院校公共体育教程 /《中医药院校公共体育
教程》编写组编 . -- 北京：北京体育大学出版社，
2018.4（2021.7 重印）
　ISBN 978-7-5644-2884-6

Ⅰ . ①中… Ⅱ . ①中… Ⅲ . ①体育—中医学院—教材
Ⅳ . ① G807.4

中国版本图书馆 CIP 数据核字 (2018) 第 077140 号

中医药院校公共体育教程　　　　《中医药院校公共体育教程》编写组　编

出版发行：北京体育大学出版社
地　　址：北京市海淀区农大南路 1 号院 2 号楼 2 层办公 B-212
邮　　编：100084
网　　址：http://cbs.bsu.edu.cn
发 行 部：010-62989320
邮 购 部：北京体育大学出版社读者服务部 010-62989432
印　　刷：北京昌联印刷有限公司
开　　本：787mm×1092mm　1/16
成品尺寸：185mm×260mm
印　　张：20
字　　数：473 千字
版　　次：2018 年 4 月第 1 版
印　　次：2021 年 7 月第 4 次印刷
定　　价：40.00 元

《中医药院校公共体育教程》
编写组

主　审　李永明　吴志坤

主　编　邬建卫　潘华山　林　辉　罗　华

副主编　谢　卫　彭利民　邵玉萍　王　松

　　　　朱　宏　鄢行辉　刘　强

编　委　马学文　胡启凯　方志鹏　李加鹏

　　　　杨　麟　林　秋　闫学荣　刘　永

　　　　杨晓龙　牛振华　顾奕男　徐春霞

前　言

　　为了贯彻和落实《"健康中国2030"规划纲要》《国务院办公厅关于强化学校体育促进学生身心健康全面发展的意见》等文件精神，我们以教育部印发的《全国普通高等学校体育课程教学指导纲要》和《高等学校体育工作基本标准》为依据，以"健康第一"为指导思想，在信息技术与教育教学融合、体医融合发展的背景下，编写了这本立体化教材。编写本教材的目的在于充分发挥中医药在我国卫生、健康事业中的重要作用，开展因材施教。

　　为了适应新形势下我国中医药高等院校教育教学改革和中医药人才培养的需要，全国中医药高等教育学会传统保健体育研究会组织全国中医药院校的体育专家、教授编写了本教材。

　　本教材的出版有利于充分发挥中医药院校的独特优势，促进中医养生保健治未病服务的发展，充分发挥教材建设对优化教学教法的重要作用，优化知识结构，促进学校体育质量不断提升。本教材注重继承和发扬中国传统保健体育，提高大学生的运动技能，全面增进大学生的身心健康，充分反映了全国中医药院校体育教学改革的成功经验。本教材具有以下几个鲜明的特点。

　　1. 立体化

　　本教材充分结合全国中医药院校体育课程设置、教师队伍和场馆设施等情况，融合"互联网+"信息化技术和现代教育技术，促进课内教学和课外自学一体化。在传统教材的基础上，本教材以二维码的形式插入了大量生动的技术动作教学视频、项目欣赏视频、项目百科知识，再加上内容丰富的"提示"和知识窗等，使学生易学、乐学和好学。

　　2. 思想性

　　本教材根据《中共中央国务院关于加强青少年体育增强青少年体质的意见》《国务院办公厅关于强化学校体育促进学生身心健康全面发展的意见》和《"健康中国2030"规划纲要》的文件精神编写而成，旨在使学生了解健康与健身知识的同时，充分认识到体育锻炼的益处和进行终身体育锻炼的重要性。

3. 实用性

本教材总结了近年来全国中医药院校开展体育课程和教学改革的成功经验，将传统保健体育与现代体育运动相结合，既能弘扬中国传统体育文化，又能传授现代体育技能，从而激发学生参与体育运动的兴趣，使其养成终身体育锻炼的习惯。本教材符合当前中医药院校体育教学的实际情况，能够满足新一代中医药院校大学生的学习需求。

4. 权威性

本教材集中了全国各高等中医药院校的权威专家、体育教学名师、学科带头人作为编写组成员。他们教学经验丰富，并且十分了解中医药院校学生的实际需求。本教材是编写组成员的智慧结晶，具有较高的权威性。

5. 创新性

本教材内容新颖、版式活泼：在内容上突出一个"新"字，即视角新和资料新；版式采用图文并茂的形式，并配上相应的教学微视频，方便读者学习。

由于编写人员水平所限，本教材中若有不妥之处，恳切广大读者给予批评与指正，以便我们对本教材进行修订和完善。

书中部分图片或视频来源于网络，如有版权问题，请联系作者。联系电话：010-62979336。

目　录

上篇　体育与健康理论知识导读

下篇 体育运动实践学与练

上篇　体育与健康理论知识导读

◎ 学习健康的概念与标准，提高健康素养。
◎ 了解体育锻炼对健康的影响。
◎ 了解高等中医药院校体育教育的目标。

当我们翻开这一章的时候，已走进了圣洁的殿堂，开始了新的学习生活。"健康所系，性命相托。"这是《中国医学生誓言》的开篇语。我们现在的学习乃至今后的工作，将与健康紧紧联系在一起，中医药院校学生应该牢牢树立"健康第一"的理念，养成终身体育锻炼的良好习惯。性命之托，重于泰山，中医药院校学生的职责光荣而神圣，任重而道远。

第一节 健康观与健康素养

一、科学健康观

（一）健康的概念

世界卫生组织在 1948 年提出："健康不仅为了疾病或赢弱之消除，而系体格、精神与社会之完全健全状态。"世界卫生组织明确提出了生理、心理、社会适应能力三个方面都健康才称得上健康的三维健康观。世界卫生组织不断将健康概念进行完善，1989 年又提出了人类健康还应包括道德健康，一个完全健康的人必须同时具备身体健康、心理健康、社会适应良好和道德健康这几个方面。这一健康新概念，从人的自然属性和社会属性的结合上阐明了健康的科学内涵。

1. 身体健康

身体健康是指人在生物学方面的健康，即人体结构的完整和生理功能的正常。身体健康不仅指身体无病，还包括有充足的体能。体能是一种满足人的生活需要，使身体有足够能量完成各种活动的能力。良好的体能可以预防疾病、增进健康、提高生活质量。

2. 心理健康

心理健康是指人的内心世界丰富充实，处世态度和谐安宁，与周围环境保持协

健　康

身体健康

调。心理健康包括两层含义：① 自我人格完整，心理平衡，有较好的自控能力，有自知之明，能正确地评价自己，及时发现并克服自己的缺点；② 有正确的人生目标，能不断地进取，对未来充满信心。

3.社会适应良好

社会适应良好是指人的行为能适应复杂的社会环境变化，能为他人所理解、为社会所接受，行为符合其社会身份，自己与他人保持正常的人际关系。

4.道德健康

道德健康是社会要求。道德是社会意识形态之一，是人的行为准则和规范。道德品质低劣的人面对所接触的事物、面对功利是非时，经常处于一种紧张、愤怒和沮丧的情绪之中，这种不良情绪使机体各系统功能失调，免疫力下降，容易导致各种疾病，影响健康；而道德健康的人，遇事冷静，常以一颗宽容大度的心善待别人，以维护良好的社会秩序和公德为己任，努力营造和谐的社会环境，推动社会文明的进程。

（二）健康的标准

健康既有其科学的内涵，也有其科学的标准。世界卫生组织从健康的概念出发，提出了健康的十条标准：

（1）有充沛的精力，能够从容不迫地担负日常生活和工作的压力而不感到紧张；

（2）处事乐观，态度积极，乐于承担责任，事无巨细不挑剔；

（3）擅于休息，睡眠良好；

（4）应变能力强，能适应外界环境的各种变化；

（5）能够抵御一般性的感冒和传染病；

（6）体重适当，身体匀称，站立时头、肩、臂位置协调；

（7）眼睛明亮，反应敏捷，眼睑不发炎；

（8）牙齿清洁，无龋齿，无疼痛，牙龈颜色正常，无出血现象；

（9）头发有光泽，无头屑；

（10）肌肉丰满，皮肤富有弹性。

从世界卫生组织提出的这十条标准的内容可以看出，前四条标准是关于心理和社会适应能力方面的内容，而后六条标准则主要是关于生理（躯体）方面的内容。因此，世界卫生组织提出的健康标准实际上也是其健康概念的具体体现，我们可以用它来检验自己是否健康。

心理平衡

社会适应

"五快"和"三良好"健康标准

"五快"：一是吃得快，进餐时，有良好的食欲，不挑剔食物，并能很快地吃完一顿饭；二是便得快，一旦有便意，能很快地排泄完大小便，而且感觉良好；三是睡得快，有睡意，上床后能很快入睡，且睡得好，醒后头脑清醒、精神饱满；四是说得快，思维敏捷，口齿伶俐；五是走得快，行走自如，步履轻盈。

"三良好"：一是具有良好的个性人格，情绪稳定、性格温和、意志坚定、感情丰富、胸怀坦荡、豁达乐观；二是具有良好的处世能力，观察问题客观、现实，具有较好的自控力，能适应复杂的社会环境；三是具有良好的人际关系，能助人为乐、与人为善，对人际交往充满热情。

（三）影响健康的主要因素

1. 环境因素

（1）自然环境。

自然环境是人类赖以生存的物质基础，也是健康的基本保证。人类生存所需的食物、空气、阳光均来自大自然，然而人类的生产活动和生活方式使自然环境的构成或状态发生了不利于人类生存与发展的变化，生态平衡遭到破坏会对人类健康产生直接、间接或潜在的危害。环境污染对健康的危害具有机制复杂、效应慢、周期长、范围大、后果重的特点。我国把保护环境定为基本国策，并实施可持续发展战略。因此，环境教育成为学校健康教育必不可少的重要内容。

（2）社会环境。

社会环境包括政治、经济、文化、教育等多方面的内容。良好的社会环境有利于人类的健康，不良的社会环境会直接或间接地危害人们的健康。

2. 生物学因素

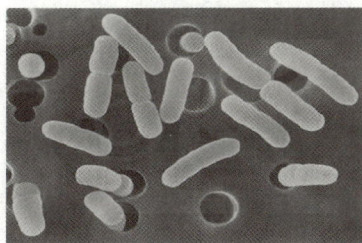

引起传染性疾病、感染性疾病的病原微生物和导致遗传性疾病、伤残等人体的遗传、非遗传的内在缺陷，可归类为生物学因素。目前，虽然人类疾病谱和死因顺位的变化，把人们关注健康的目光引向了"生活方式病"和行为致病因素上，但生物学因素对健康的危害依然存在，并且新问题不断地出现。

3. 卫生保健服务因素

卫生保健服务是指卫生机构和卫生专业人员针对个人、群体和社会的健康需要所提供的必要的、可能的服务。良好的卫生保健服务对健康起着促进作用；反之，则会危害健康。良好的卫生保健服务包括健全的医疗卫生机构、完善的服务网络、充足的卫生资源及其合理配置与科学分配。卫生保健服务的投入与效益并不成正比，个人对卫生保健服务的利用能力是影响卫生保健服务投入与效益的重要因素，所以，对卫生保健服务的利用是健康教育的重要内容之一。

4. 行为和生活方式因素

行为是指具有认知、思维能力并具有情感、意志等心理活动的人在内外环境因素刺激下所做出的能动反应。生活方式是指人的生活样式，是生活活动的总和，包括生活态度、生活水平和生活惯常行为。行为和生活方式两者紧密联系，互相贯通。人们自身的不良行为和生活习惯会给个人、群体和社会的健康带来直接或间接的危害。这种危害具有潜伏性、积累性和影响广泛性的特点。

二、健康素养

健康素养是指个人通过各种渠道获取健康信息，对这些信息正确理解，并运用这些信息维护和促进自身健康的能力与基本素质。

居民健康素养评价指标已被纳入国家卫生事业发展规划之中，作为综合反映国家卫生事业发展的评价指标。公民健康素养包括三个方面内容：基本知识和理念、健康生活方式与行为、基本技能。

2019年，国家卫生健康委员会发布的数据显示，目前全国居民健康素养水平为17.06%，继续呈现稳步提升趋势。从城乡分布来看，城市居民健康素养水平为22.44%，农村居民为13.72%，城市高于农村，但农村的提升速度高于城市。

《"健康中国2030"规划纲要》强调要提高全民健康素养。具体内容：推进全民健康生活方式行动，强化家庭和高危个体健康生活方式指导及干预，开展健康体重、健康口腔、健康骨骼等专项行动，到2030年基本实现以县（市、区）为单位全覆盖。开发推广促进健康生活的适宜技术和用品。建立健康知识和技能核心信息发布制度，健全覆盖全国的健康素养和生活方式监测体系。建立健全健康促进与教育体系，提高健康教育服务能力，从小抓起，普及健康科学知识。加强精神文明建设，发展健康文化，移风易俗，培育良好的生活习惯。各级各类媒体加大健康科学知识宣传力度，积极建设和规范各类广播电视等健康栏目，利用新媒体拓展健康教育。

规律生活

中国公民健康素养基本知识与技能

第二节　体育锻炼对健康的影响

一、体育锻炼对生理健康的影响

人体系统	影　响
运动系统	（1）体育锻炼对骨骼的影响：体育锻炼时骨骼的血液供给水平得到改善，骨骼的形态结构和性能都会发生良好的变化 （2）体育锻炼对关节的影响：体育锻炼既可增强关节的稳固性，又可提高关节的灵活性 （3）体育锻炼对肌肉组织的影响：体育锻炼能使肌纤维变粗，肌肉体积增大；能使肌肉组织的化学成分发生变化，如肌肉中的肌糖原、肌球蛋白、肌动蛋白和肌红蛋白等含量都有所增加；能使肌肉中线粒体数量增多、体积增大，毛细血管开放数量增多，有助于肌肉耐力的增强
心血管系统	（1）体育锻炼对心血管的形态结构和机能有着积极的影响。体育锻炼时，心脏的工作量增加，心肌的血液输送能力加强 （2）体育锻炼可影响血管的形态结构，并改变血管在器官内的分布状况，有利于改善器官的供血状况，增强机体物质与能量交换的能力 （3）体育锻炼可以促使大量毛细血管开放，促进人体组织细胞的物质代谢过程。 （4）体育锻炼可显著降低血脂含量 （5）体育锻炼可以使安静时脉搏徐缓、血压降低
呼吸系统	体育锻炼能提高呼吸系统的机能，主要表现为体育锻炼可使呼吸肌发达，收缩力增强，最大通气量变大，肺活量增大，呼吸加强。长期坚持锻炼可使人的缺氧耐受力增强，对氧的吸收利用率增高，使机体调节呼吸节奏的能力增强
消化系统	体育锻炼对消化器官机能有良好的作用，它能使胃肠的蠕动加强，使消化液的分泌增多，从而使机体消化和吸收的能力增强，使人的食欲增强。然而饭后立即进行比较剧烈的运动或在比较剧烈的运动后立即进食，对消化系统有不良影响
中枢神经系统	体育锻炼可以改善和提高中枢神经系统的工作能力，使中枢神经及其主导的部分大脑皮质兴奋性增强，抑制加深，使得兴奋和抑制更加集中，从而改善神经系统的均衡性和灵活性，提高大脑分析综合能力，增强机体适应变化的能力和工作的能力

7

锻炼后心血
管机能变化

二、体育锻炼对心理健康的影响

影　响	内　容
调节情绪	大学生常因学习的压力、同学之间的竞争、人际关系的复杂，以及对未来前程的担心而持续产生紧张、焦虑、压抑和不安等情绪。体育锻炼则可以转移个体不愉快的意识、情绪和行为，使其从烦恼和痛苦中摆脱出来
有助于形成和谐的人际关系	体育活动可以让不同职业、年龄、性别、文化素质的人相聚在运动场上，增加了人们互动的机会，使其平等、友好、和谐的交往成为可能，使人们相互之间产生信任感，产生一种默契和交融，使其能有效进行情感和信息的交流
有助于确立良好的自我概念	自我概念是个体主观上对自己的身体、思想和感情的整体评价，它是由许许多多的自我认识组成的。肌肉力量与身体自尊、情绪的稳定性、性格的外向程度、自信心呈正相关，加强力量训练会使个体的自我概念显著增强
有助于形成良好的意志品质	意志品质需要在克服困难的实践过程中培养。体育活动本身只有不断克服客观困难（气候条件的变化、动作的难度或外部障碍等）和主观困难（胆怯和畏惧心理、疲劳和运动损伤等），才能取得成功
预防和治疗各种心理疾病	适宜的体育锻炼能使有心理障碍的个体获得心理满足感，产生积极的成就感，从而增强其自信心，缓解其压抑、悲观等消极情绪，减轻其心理障碍

三、体育对社会适应能力的影响

影　响	内　容
增进友谊，促进交往	人是社会的人，要适应社会就应处理好各种人际关系。在体育锻炼和各种竞赛中，人与人、队与队之间的频繁交往，不但增进了友谊，而且更重要的是提高了人的交际技巧和处理人际关系的能力
适应环境，与时俱进	环境是人类赖以生存的场所，人们只有适应自己所处的各种环境，才能得以生存和发展。体育对提高人体适应自然环境和社会环境的能力均有明显的效果
积极向上，奉献社会	体育比赛由于其鲜明的竞争性特征，决定了处于竞赛的双方运动员都要全身心地投入，动员机体发挥最大的机能潜力，并充分发挥技战术水平去奋力拼搏，争取胜利。经常参加各种体育比赛，会使人逐渐形成一种不断进取、勇于拼搏、积极向上的精神，使人以积极的心态去面对生活，迎接挑战，奉献社会

体育锻炼产生良好心理效应的因素

体育锻炼与自我实现

四、体育对道德健康的影响

影　响	内　容
激发爱国热情，振奋民族精神	在当今世界，体育竞赛具有群众性、国际性、礼仪性等特点，通过体育竞赛，各国运动员切磋了技艺、加深了友谊，各民族增进了团结。同时，体育竞赛能激发人们振奋民族精神
培养勇敢顽强、朝气蓬勃的意志品质	体育在很大程度上是与困难、艰辛、挑战、征服联系在一起的。在体育运动中，人要与自己挑战，要与别人挑战，要征服自己，要征服别人。这种对自我、对他人的征服和战胜，是一种自我能力的实现，需要人们有不怕困难、勇敢顽强的意志品质，还应该有诚实、谦虚、冷静的优良作风
培养遵守纪律、尊重规则的良好道德风范	体育比赛情况千变万化，个人之间、集体之间发生着频繁的互动，对运动员和裁判员在思想品德方面提出了严峻的考验。在赛场上，人们必须遵守赛场纪律，遵守比赛规则，尊重裁判，尊重对手，公平竞赛。这些规范要求不仅适用于体育活动，还是学生应具备的道德品质

第三节　高等中医药院校体育教育的目标

一、增进学生的体质，促进学生身心健康

增强中医药院校学生的体质是高等中医药院校体育教育的首要任务。体质的增强，除了意味着骨骼、肌肉、内脏各器官和系统机能的增强之外，更意味着大脑机能的改善。大脑机能的改善表现为神经系统对机体发展、发育和人体运动的控制力，对各器官机能的支配力，以及对各器官间活动的协调力的改善。

全面增强中医药院校学生的体质有赖于有目的、有组织地系统运动和练习。系统运动和练习可使学生在生长发育良好的前提下，实现体态美；使学生在机体全面发展的基础上，发展"自稳态"；增强机体的免疫力，使中医药院校学生精力充沛、生命力旺盛。

二、使学生掌握体育的理论知识和基本技能

通过对理论知识和基本技能的学习，中医药院校学生可掌握科学的身体锻炼方法，养成终身参加体育锻炼的兴趣和习惯。引导中医药院校学生正确地进行运动和身体练习，必须经过一个由感知到理解，再到巩固和应用的过程。高等中医药院校体育

教育应充分体现智力与体力结合、理论知识与实践能力科学结合的特点。

三、使学生掌握运动康复的基础知识

通过体育课的教学，中医药院校学生能够初步地了解运动和缺乏运动给人体健康带来的影响。高等中医药院校体育教育应从医学角度阐明体力活动、静态生活方式对人体健康的影响，以及体力活动和静态生活方式在各种慢性疾病病因学中的作用，并为一些常见疾病的预防、治疗和康复研究提供体育手段。

四、使学生继承和发扬传统保健体育

传统保健体育是中华民族灿烂文化的一部分，与中国传统文化有着千丝万缕的联系，蕴含着中华民族独特的思维方式、行为方式、审美观、人生观等。传统保健体育是中华民族数千年来在生产、生活，以及与疾病做斗争中强身健体的经验总结，是我国优秀文化的瑰宝。它对预防疾病、强身益智、涵养品德、延年益寿、强盛民族起着重要作用。

传统保健体育依靠人体自身的能力，通过调养精神和形体，改善人的整体机能。它既能养生又能治病，具有医疗和体育的双重属性。

通过传统保健体育课教学，中医药院校学生能够较系统地掌握传统保健体育的基础理论、基本知识，较熟练地掌握导引养生的基本方法、武术的基本功和常见套路。这对传承传统保健体育具有重要意义。

五、使学生能够欣赏并运用传统养生文化，培养其民族自豪感

在漫长的人类发展历史中，健康长寿一直是人们追求的美好愿望。相对于世界其他地区的养生文化而言，中华民族的养生理论与实践基于古代哲学和中医基本理论的深厚底蕴，显得尤为博大精深。它汇集了我国劳动人民防病健身的众多方法，糅合了儒、道、佛及诸子百家的学术精华，堪称一棵充满勃勃生机和具有浓厚东方神秘色彩的智慧之树。传统养生文化不仅具有健身延年的实用价值，还蕴含着中华民族的文化性格、民族心理和思维方式。

中医药院校体育教育中关于中国传统养生的内容，可以使学生深入了解、欣赏中国传统养生文化，掌握运动养生的理论和方法，培养学生的民族自信心和自豪感。

六、使学生掌握运动处方，更好地进行健康指导

中医药院校学生应掌握运动处方的相关知识，并将运动处方与传统保健体育和中医的相关知识相结合，学会如何科学制订运动处方，从而更好地为自己、为家人、为病患提供健康和健身指导。

七、培养学生的道德意志品质

在体育中对中医药院校学生进行共产主义和救死扶伤道德品质的教育，不是体育运动与政治口号的生硬结合，而是通过体育运动对学生进行知、情、意、行、救的教

育，最终提高中医药院校学生的思想品德修养，明确救死扶伤的伟大意义。在此过程中，要特别注意培养学生高尚的道德情操和良好的意志品质。

八、培养学生审美和创造美的能力

体育与美，自古以来就是紧紧相连的。运动是力与智慧的结合，是意念与形体的统一。美的心灵、美的情操都是通过美的举止、美的"造型"来表现的。人可以用自身的"造型"来表现对客观世界的认识，并通过"造型"达到其增强身体功能的目的。在体育运动中，中医药院校学生可通过健美、健美操、形体训练等体育项目来表现"造型"的艺术美。因此，高等中医药院校体育教育应十分注意培养学生的审美和创造美的能力，使"外在美"与"内在美"很好地统一起来。

第二章

健康生活方式

◎ 了解生活方式对健康的影响，改善生活习惯。
◎ 了解大学生不良生活方式及应有的健康生活方式。
◎ 养成健康的生活方式。

> 随着生活质量的迅速提高，人们对健康的重视程度日益增强，健康的生活方式已成为人们维护健康的首要选择。对于大学生而言，健康的生活方式是保证学习和未来幸福生活的基础。大学生应该树立"健康第一"意识，掌握健康生活方式的内容和养成健康生活方式的方法。

第一节　生活方式对健康的影响

一、生活方式概述

　　生活方式一般指日常生活领域的活动形式与行为特征，表现为人们日常生活中的各种行为习惯，即习惯化的生活活动形式，包括饮食、工作、学习、娱乐、体育活动及生活作息等。生活方式包括良好的生活方式和不良的生活方式，良好的生活方式，有利于提高身心健康水平和生命质量，是健康的生活方式。世界卫生组织提出"合理膳食、适量运动、戒烟限酒、心理平衡"的健康促进准则，这些准则即健康的生活方式。

　　世界卫生组织曾向全球发布健康公式：100% 健康 =15% 遗传 +10% 社会因素 +8% 医疗 +7% 环境因素 +60% 生活方式。可以看出，对于遗传因素，我们无法选择也无法改变；对于社会因素，我们也只能选择而很难改变（如空气、水、食物的污染）；传统的临床治疗对于现代许多疾病尤其是高血压、糖尿病只能控制，不能根治；而生活方式是影响健康的主要因素之一，也是最可被控制的因素。

二、不同生活方式对健康的影响

（一）良好的生活方式促进人体健康

　　良好的生活方式是指符合社会道德标准、有益于人的身心健康的生活行为习惯和行为态度。良好的生活方式，可以使高血压的发病率减少 55%，脑卒中的发病率减少

健康生活
方式自评

75%，糖尿病的发病率减少 50%，恶性肿瘤的发病率减少 30%。健康的生活方式能使危害人体健康的慢性非传染病减少一半以上。研究显示，80% 的冠心病和 90% 的 2 型糖尿病、30% 的癌症可以通过控烟、健康饮食、维持正常体重和适量运动而预防。

（二）不良的生活方式危害人体健康

不良的生活方式主要是指有损于自我身心健康的，对社会、他人造成不良影响的生活方式。原来以老年患者为主的高血压、冠心病、肥胖症、糖尿病等慢性疾病，现在已经有了年轻化的趋势。生活方式对心理健康的影响主要是通过身体健康的间接效应达成的，身体健康起到中介作用。

第二节　现代大学生的生活方式

一、大学生的不良生活方式及其危害

（一）睡眠不规律，突击式学习

在高校，学生在有课的时候才去教室上课，没课的时候就可以自由安排时间，因此有些学生经常晚睡晚起。有的学生熬夜玩手机、电脑游戏，导致第二天早上因睡眠不足而无精打采或者选择逃课睡觉；有的学生没有养成平时复习的习惯，面临期末考试或者各种等级考试的时候才进行突击式学习，不分白天黑夜复习，甚至有的学生整天连续长时间学习，睡眠时间严重不足。长期睡眠不足会引起一定程度的大脑功能障碍，造成记忆力减退，神经系统功能紊乱，机体免疫功能下降，重者可导致衰亡。

（二）沉迷电子游戏，上网成瘾

随着科技的不断进步，基本上每 1 个大学生都能较为熟练地运用网络进行学习和娱乐。然而，一些学生长时间沉迷于网络世界，上网聊天、打游戏、看视频等娱乐时间远远大于学习时间。长时间沉迷网络会严重影响生活和学习。中国青少年网络协会的专项调查表明，有 9.72% 的青年网民受到网瘾的困扰。专家们发现，网络成瘾并不是单一的危险行为，网络成瘾的学生出现非故意伤害、自我伤害以及外在伤害行为的概率都明显高于非网络成瘾的学生。另外，上网时间长的学生容易患颈椎、视力等方面的疾病，身体健康受到危害。

（三）手机依赖症

随着智能手机的诞生，手机已经成为大学生生活中至关重要的通信娱乐工具。越来越多的大学生对手机的依赖程度逐渐加深，患上了"手机依赖症"。其症状表现为不该用手机时会无意识地使用手机，玩手机、看手机已经贯穿每一天的生活，上课、吃饭、睡觉都会玩手机，当手机不在身边或者停机时会产生焦虑感，出现身体和心理的不适反应。

（四）不重视早餐，暴饮暴食

早餐对人的健康极为重要，但有的大学生经常晚睡晚起，起床后来不及吃早餐就匆匆赶去上课，饿的时候就趁课间休息随便买点儿面包、零食吃，有些人甚至从来不吃早餐。现代生理学家研究表明，体内血糖水平的维持主要取决于一天当中第一餐的进食种类和数量。早餐摄入的能量占全天摄入能量的30%，人体需要含丰富碳水化合物的早餐来补充、储存能量。不吃早餐，人体就很难维持体内正常的血糖水平，会出现低血糖，直接影响学生的学习和身体健康，还会出现精力不集中、反应能力差和应激力下降，严重者可出现虚脱、低血糖昏迷等。长期不吃或不科学地吃早餐对身体健康有很大的危害。此外，大学生暴饮暴食的现象也很常见，有的学生经常两顿并作一顿，或者聚会时过分饱食。特别是晚餐过量，热量摄取太多，会使体内脂肪堆积，血脂增高，发生肥胖，甚至诱发胆结石、糖尿病等疾病。

（五）吸烟、酗酒

众所周知，吸烟对身体百害而无一利。脑血管疾病、心脏病和癌症这三大威胁人类生命和健康的疾病都和吸烟有关。另外，吸烟还影响周围不吸烟人群的身体健康。"吸烟有害健康"尽管明确地写在香烟盒上，但还是有部分大学生不断地去尝试，最终染上了烟瘾。

世界卫生组织统计，饮酒对健康的危害仅次于香烟。每个大学生都有各自的人际关系，也会经常参与同学聚会、朋友聚会，聚会难免饮酒，但有的学生缺乏自制力，经常性地过量饮酒，渐渐地养成了酗酒的不良嗜好。

（六）节食减肥

目前肥胖症已经成为严重威胁人类身体健康的全球性疾病。大学生的肥胖症发生率逐年升高。根据教育部近几年的调查数据，结果显示超重和肥胖的学生明显增多。肥胖不仅影响身体形象，还会增加肥胖者的心理负担。受社会文化等因素的影响，一部分大学生坚持以以瘦为美的标准要求自己，特别是女生要比男生更加注重自己的外表和身材，过分追求身材苗条而盲目地采用单纯节食的手段进行减肥，在减肥的过程中出现了贫血、失眠、乏力、焦虑和自卑等症状，导致一些不良后果，引起了一些更为严重的疾病。

（七）缺乏体育锻炼

每个大学生对于体育锻炼的意义都有一定的认识，但一部分学生对体育锻炼的重视程度远远不够，总认为年轻身体好，锻炼不重要，自觉锻炼的意识不强。除了每周一次的体育课时间外，学生的课余时间几乎都用于学习、上网、聚会、娱乐等，很少参与体育锻炼，甚至有的学生课余时间从来不参加体育活动。缺乏体育锻炼会使身体素质下降、机体免疫力下降，同时使心脏、肺、肝、肾等内脏器官功能降低、自主神经功能失调，还可诱发肥胖、冠心病等一系列疾病。

（八）不能有效控制情绪

现实生活中，一些大学生不善于表达自己的情绪，总是不能有效地控制自己的情绪。例如，在遇到挫折时，有的学生对情况不做分析，把情绪发泄指向自己或他人，造成对自己的厌恶和排斥，或者对他人做出一些过激语言和行为上的伤害；而有的学生在遇到高兴的事或者听到让人激动的消息时，容易出现过度的情绪反应，产生不负责任的冲动，做出一些不适当的行为。

（九）社交障碍

一些大学生社交生活匮乏，不懂得如何与别人交往和相处，表现出人际关系不协调。例如，有的学生希望别人理解自己，但又不愿意主动向别人去倾诉，甘于在人际交往中担任"可有可无"的角色，充满对社交生活的失望情绪与冷落感；有的学生过于自我，对他人、对集体毫不关心，使自己游离于集体之外；有的学生认为自己有才能却不被人发现，常有"伯乐不常有"的感叹，产生"怀才不遇"的郁闷和对他人成功的嫉妒心理，从而表现消极，甚至嘲讽同学；有的学生交往功利化、世俗化，嫌贫爱富。

二、大学生应有的健康生活方式

科学的生活方式有利于机体各种生理机能的发挥，有利于身体健康，也有利于提高学习效率。大学生的生活要有一定的规律，就一天来说，起床、吃饭、学习、休息、运动，都要安排好，按规定的时间进行。养成良好的生活方式对于大学生来说十分重要。

（一）合理膳食

1. 早餐要吃好，营养要搭配
早餐合理的时间应该是早晨 6：30—8：30，这个时候食欲最旺盛，营养易消化、吸收。早餐宜吃容易消化的温热的食物，如热牛奶、热豆浆、热粥、热面条等。

2. 午餐要吃饱
午餐应是三餐中摄取营养最多的一餐。选择饭菜时，主食应以谷类食物为主，主

菜可选择一份肉，再配一些蔬菜，饭后来一份酸奶，便于消化。另外，午餐要讲究多种类，不能总吃一种食物。

3. 晚餐要少吃

晚餐不宜吃高脂肪、高蛋白的食物，同时不能吃得太饱。

4. 科学饮水

一个人每天的饮水量为 1500～2000 毫升，同时要根据自己的身体状况、环境因素和活动量来决定饮水量。早晨起床后，喝一杯水，能有效地稀释血液、降低血液黏稠度、促进血液循环，同时有润肠通便的作用。餐前饮水有利于增加食欲。运动后补水应该少量多次。

【提示】不宜大量喝碳酸饮料和含糖饮料，多选择饮用白开水、矿泉水、纯净水、淡茶水、天然的果汁和蔬菜汁等。

（二）科学锻炼身体

科学研究证明，体育锻炼对智力的发展有非常重要的作用，主要表现为：有助于大脑两个半球的全面发展，消除大脑疲劳，提高大脑的工作效率，提高大脑的反应速度和综合分析能力，促进大脑的生长发育等。

1. 选择适合自己的运动方式

运动的种类繁多，如慢跑、快走、羽毛球、乒乓球、篮球、瑜伽等项目对于大学生来说都是比较好的运动方式。不同运动方式对人体产生的锻炼效果是不一样的，大学生应根据自己的身体状况和希望达到的锻炼效果选择运动方式。

2. 科学安排运动负荷和运动频率

过大的运动量和强度会导致身体受到不必要的损伤，而运动负荷太小又会使得锻炼效果不明显，因此要根据自身的身体情况安排好锻炼负荷。国际医学界推荐，对健康产生积极影响的运动为每周活动 3 次以上，每次 30 分钟左右，强度为中等，判断标准是"稍感疲劳"。研究表明，一周只运动一两次，不但容易出现肌肉酸痛和疲劳现象，而且达不到锻炼效果。

3. 合理安排锻炼时间

一天中较佳的锻炼时段主要有两个，即早餐之前半小时和晚餐后两小时。早晨锻炼可以提高人体肺活量，有助于调节呼吸系统的功能。黄昏时分，人体肌肉承受力比其他时段要高，心跳频率及血压值比较平稳，身体能很好地适应运动引起的心跳加快和血压上升等现象，在锻炼后，身体的适度疲劳对睡眠有积极的促进作用。

【提示】每次运动前先做 15 分钟左右的热身活动，然后进行运动，运动中避免过度剧烈运动，运动结束后切忌立即休息，应继续以缓慢的节奏进行放松活动，最后对主要关节和肌肉进行拉伸后方可休息。

合理地选择运动设施和场地

大部分高校都配置了户外运动场和室内场馆。在进行体育锻炼时，要尽量选择条件较好的运动场地，不使用损坏的设施及器械，要注意器械的使用安全，避免场地、器械所造成的运动伤害。

（三）良好的睡眠习惯

健康源于睡眠，睡眠是保证健康的先决条件之一。良好的睡眠习惯是大学生高质量生活和学习的关键。

（1）早起早睡，睡眠要守时。

（2）入睡前避免阅读带刺激性内容的书报，不躺在床上玩手机、看书、看电影。

（3）睡前洗脚。睡前用热水洗脚可以较好地缓解疲劳，促进睡眠。

（4）睡前适量运动可以提高睡眠质量。

（5）不在睡前大吃大喝。

（6）午休时间控制在 30 分钟到 1 小时。

（四）良好的卫生习惯

良好的卫生习惯包括：每天要刷牙、洗脸、洗脚；勤洗手，勤洗澡；经常清洗和保养头发；注意清除身体的异味；勤换衣服，勤洗衣被；勤理发，勤剪指甲，勤刮胡须；脸盆、脚盆、牙刷、毛巾、牙膏等个人生活物品要专用，不共用，不混用；爱护宿舍及学校公共卫生；不喝生水，吃水果要洗净后削皮或用盐水消毒；积极主动地按时接种有关疾病的预防疫苗，有效地预防传染病的发生。

（五）拒绝不良嗜好

（1）戒除吸烟的习惯，减少喝酒的次数，控制每次喝酒的量，做到少量饮酒或尽量不饮酒。

（2）戒除网瘾，适当使用电脑，控制每天上网的时间。

（3）戒除"手机依赖症"，合理地使用手机，放下手机，多与家人、朋友进行交流。

（六）良好的人际交往

以诚待人，平等待人，宽容待人，交往有度，乐于助人，尊重别人。

（七）积极的情绪调控

在日常生活中，每个人都免不了会产生一些不良

【提示】沟通交流时，语言表达要清楚、准确、简练、生动。要会聆听，有耐心，要虚心，能吸引和对方的注意力。

情绪，而人的情绪受自我意识和意志的控制。每个人都应该主动地控制自己的情绪，善于驾驭自己的情绪。当我们感到困惑、焦虑、不安、迷惘时，应及时主动地对自我情绪进行调控。

自我情绪调控

（1）保持积极乐观的生活态度。 （2）正确对待生活中的挫折与不幸。
（3）学会审查自我。 （4）不过分克制不良情绪。
（5）多想美好的事物。 （6）暂时置身事外。
（7）忙里偷闲。 （8）幽默感与自我嘲解。

第三节　健康生活方式的养成

一、养成健康生活方式的原则

原　则	内　容
计划性原则	培养自己的生活习惯必须要制订全面的计划，具体到改变或培养哪些方面的生活习惯，分为哪些步骤进行，如何在生活中训练自己，训练的目标是什么，什么时候完成这些训练目标，每天做哪些事情，什么时候做这些事情，方法是什么
循序渐进原则	不管做什么事都要循序渐进，健康生活方式的养成过程也是这样。只有循序渐进，从小到大，由易到难，从不习惯到习惯，不急于求成，才能培养健康的生活方式
持之以恒原则	养成一个良好的生活方式不是短时间的事，万事开头难，在自我养成良好生活方式的过程中不可避免地会遇到很多困难。一个新的生活方式的养成必然冲击旧的生活方式，而旧的生活方式不会轻易被改变，所以我们必须有很强的自制力，不断坚持下去，不断重复建立新的生活方式，持之以恒，克服浮躁情绪
严格要求原则	健康生活方式的养成和训练过程必须严格要求。训练一定要付出努力，才能见实效。也许训练是一个漫长而痛苦的过程，但必须要坚持下去，做到高标准、严要求

二、养成健康生活方式的步骤

步　骤	内　容
设定明确的目标	一定要明确自己要改变哪种或者哪几种不良生活方式，如缺乏锻炼、晚睡晚起等。设定的目标应是可行的、具体的、明确的、符合现实的。例如，减肥就是一个不可行的目标，减肥不是一个能够长期进行的事情，也不太符合现实的习惯。减肥需要什么？坚持锻炼身体。因此，目标应该是每天健步走 60 分钟或者每天慢跑 45 分钟。早睡早起不是准确的目标，目标需要具体，所以要将它改为每天晚上 10 点 30 分睡觉，早上 7 点起床

健康生活方式养成的五个阶段

步　骤	内　容
制订详细的目标计划和要求	计划必须包括实施的具体时间，如制订每天健步走 1 小时的计划。日程应该写明每天什么时间去做，然后利用手里的提醒工具帮助提醒锻炼时间，如设定闹钟每天提醒自己健步走的时间。同时，针对一些不可预测的阻碍情况要提出预案和要求，如健步走时下雨怎么办，有其他必须参加的活动怎么办。这些情况都是必须要考虑周全的。制订严格的规定和要求是把习惯坚持下去的关键
告诉身边的人，寻求支持	很多时候，个人生活习惯的转变离不开同学、家人和朋友的支持。把自己的目标和计划告诉他们，你会因此有一种责任感和压力感，逼迫自己去实施计划。同时，他们可以成为支持、鼓励和激励你的人选，他们不仅能帮助你坚持下去，还可以监督你
用笔记录	必须把培养一个好习惯的想法实际地记录下来，贴在一个看得见的地方，才会不断地被提醒，去培养新习惯
实施计划	若前面的步骤都做好了，就要马上开始行动。如果拖延，则可能会没了热情。另外，第一个月是非常重要的，良好的开头是成功的一半
调整心态	一般计划实施到第一个月末的时候，会进入第二个月的一段艰难期，会厌倦重复不断地去做一件事，产生懈怠情绪。这时候需要调整自己的心态，计划实施刚刚进行到一半，尝试为自己的计划添加一些乐趣。例如，每天田径场的健步走改为校外的音乐远足。只要过了这一段艰难期，就离成功不远了
巩固习惯	计划坚持实施到第三个月就基本上开始形成自觉习惯了，也不会有第二个月时的艰难期。此时就要进一步巩固自己的习惯，长久坚持下去。期间要防止自己产生骄傲心理而停止计划
总结和评定	反思自己在实施计划这三个月内的进步和不足，总结经验和感受让自己下一次做得更好。回到第一步重新开始，为下一个新的目标继续坚持和努力，最终改掉所有不良生活习惯，形成健康的生活方式

第三章

科学健身理论指导

◎ 了解科学健身的原则和方法。
◎ 学习如何选择科学健身的内容，并结合自身情况选择合适的锻炼方法。
◎ 学会根据自身情况制订运动处方。

> 培养健康的生活习惯，必要的方式是坚持体育锻炼。坚持科学健身的原则，有助于学生更好地提高身体素质，避免运动损伤。按照人体发展的基本规律，分析自身的身体素质，科学合理地安排体育锻炼，能够达到促进身体的生长发育、增强体质、提高健康水平的目的。在体育锻炼之前要认真了解体育锻炼的常识，在体育锻炼中，要遵循合理适度的原则，控制运动负荷，不做过量运动，防止出现不必要的损伤。

第一节 科学健身的原则和方法

一、科学健身的原则

科学健身的原则是体育锻炼客观规律的反映，也是参与者安排锻炼计划、选择锻炼内容、运用锻炼方法时必须遵循的基本准则。以下六项原则是人们在体育锻炼实践中总结出来的经验，为锻炼者达到理想的健身效果提供了科学的指导。

（一）自觉积极性原则

自觉积极性原则指体育锻炼者要有明确的健身目标，能充分认识体育锻炼的价值，自觉积极地进行体育锻炼活动。体育锻炼的积极性是锻炼者进行自主锻炼的重要前提，是由被动锻炼转为主动锻炼的"催化剂"，是推动自我体育锻炼不断深入的内在动力。

【提示】
当人体体重每增加一千克的时候，走路时膝盖就需要多承受3千克的压力，跑步时膝盖就需要多承受10千克的压力。

（二）实效性原则

实效性原则是指体育锻炼时锻炼者应根据自己的年龄、性别、健康状况、运动基础、职业特点等实际情况，合理地选择锻炼内容、方法和安排运动负荷，科学地进行体育锻炼，以取得最佳的锻炼效果。

（三）经常性原则

经常性原则是指应长期地、不间断地、持之以恒地进行体育锻炼。长期的体育锻炼能使人体的结构和机能产生适应性变化，增强体质，提高机体免疫力。短时间的体育锻炼能对身体产生一定的良性影响，但一旦体育锻炼停止，这种良性影响会很快消失。因此，体育锻炼贵在坚持，不能期望在短时间内取得显著效果，要想保持旺盛的体力和精力，就必须长期坚持体育锻炼。

（四）循序渐进原则

循序渐进原则是指体育锻炼必须遵循人体自然发展、逐步适应的基本规律，从实际出发，合理安排运动负荷，逐渐提高锻炼水平。在体育锻炼过程中，运动技能的学习应由易到难、由简到繁，运动负荷的安排应由小到大、逐渐提高。运动负荷的大小应因人、因时而异。运动负荷是否适宜，对锻炼效果的好坏起很大的作用。即便是同一个人，在不同的机能状态下、不同的时间段，对负荷的承受能力也不尽相同。因此，进行体育锻炼时应循序渐进，根据实际情况及时调整运动负荷，逐步提高自己的锻炼水平。

（五）全面性原则

全面性原则是指体育锻炼必须追求身心的全面和谐发展，即身体形态、机能、身体素质及心理素质等全面协调发展。

（六）安全性原则

进行任何形式的体育锻炼都要注意安全。如果体育锻炼安排得不合理，违背了科学规律，就可能引起伤害事故的发生。安全性原则要求锻炼者在体育锻炼的过程中始终注意保护自己，做到安全第一。

【提 示】

当断食12小时，基础代谢水平将会降低40%。所以靠节食减肥，不仅越来越难，而且相当于做无用功。

二、科学健身的方法

科学健身的方法是根据人体的发展规律，运用各种身体练习手段和自然因素来发展身体素质的方法。科学健身方法是贯彻体育锻炼原则，达到体育锻炼目的的桥梁。在运用过程中，应从实际出发，灵活应用，并注意它们的互补性，交替结合，有主有从。

（一）重复训练法

重复训练法是指按一定的负荷标准重复进行某项练习的方法。重复训练的次数和时间是决定健身效果的关键。确定和调节重复的次数和时间时，应考虑项目的特点和锻炼者的身体状况。

重复训练法的注意要点

（二）间歇训练法

间歇训练法是指进行重复训练时两次练习之间进行合理休整，它是一种提高锻炼效果的常用训练方法。间歇训练的间歇时间进行主要依据运动负荷价值阈选定。一般来说，负荷超过上限时，间歇时间应长些，以防止负荷继续上升，引起过多的体力消耗；负荷在下限时，间歇时间应短些，密度应大些。后次锻炼应在前次锻炼的效果未减退时进行，倘若间歇时间过长，在前次锻炼的效果消失后再进行下次锻炼，就失去了间歇的意义。

体育锻炼有效价值的心率为 120 ～ 140 次 / 分，运动中此心率至少应持续 5 分钟以上才能达到健身效果。

（三）变换训练法

变换训练法是指在体育锻炼过程中，采用变换条件、变换环境、变换要求等来提高锻炼效果的一种训练方法。采用变换训练法可以有效地调节生理负荷，提高锻炼情绪，强化锻炼意志，克服疲劳和厌倦情绪。运用变换训练法时，常采用各种辅助性练习、诱导性练习和转移性练习，如配合乐曲，利用日光、空气和水等外界条件。

（四）循环训练法

循环训练法是指把各种类型的动作和具有不同练习效果的手段组成一组锻炼项目，按照一定的顺序循环往复地进行锻炼的方法。

（五）综合训练法

综合训练法是指在进行身体锻炼的过程中，为促进身体的全面发展，把能对身体各个部位起到不同健身效果的几个或更多的运动项目联系起来，形成一个可影响身体数个部位乃至全身所有部位的运动方法，如慢走—跳绳—立卧撑—引体向上—立定跳远等综合训练法。

综合训练法间歇方法

综合训练法有两种间歇：练习间间歇和组合间间歇。练习间间歇的时间较短，既可以使个体在上一项练习后得到休息和体力得以恢复，又可以为下一项练习做准备；而组合间间歇的时间则可稍长，以保证个体得到较充分的休息。

间歇训练法的注意要点

变换训练法的注意要点

循环训练法的注意要点

第二节　科学健身内容的选择

选择科学健身内容必须从锻炼者的年龄、性别、身体健康状态、职业特点等实际情况出发，注意锻炼者所处的地域特点，体现体育锻炼的实效性和安全性。

一、根据年龄选择科学健身内容

年龄阶段不同，人体的机能也不同。少儿时期，人体正处于生长发育阶段，促进身体的全面发展是首要问题。因为少儿的骨骼硬度小、韧性大，所以不宜进行负重练习；因为心肺功能不够完善，所以不要过分从事剧烈运动，少进行憋气性动作练习和静力性练习。青壮年时期，人体各系统的功能均达到高峰期，运动适应性强，能承受较大的练习强度，锻炼者可选择一些对抗性强、跑动较剧烈的运动项目，如球类运动、登山比赛等，以增加其体育锻炼的兴趣。中老年时期，人体各组织器官逐渐老化，运动器官机能减弱，关节韧带的灵活性差，不宜完成幅度过大、用力过猛的动作，锻炼者可选择一些相对平稳的运动项目，如健步走、慢跑、太极拳等，以避免运动损伤的发生。

二、根据性别选择科学健身内容

男女身体结构有着明显的差异。男性肌肉发达，其总重量约占体重的 42%，而女子只占 36% 左右，故男子能承受的运动负荷要比女子大，适宜完成力量、速度、跳跃等练习动作；女子则适宜完成平衡、柔韧等练习动作。因此，男子可选择举重、拳击等运动项目，女子可选择健美操、体育舞蹈、瑜伽等柔韧性运动项目。

三、根据身体健康状况选择科学健身内容

锻炼者的身体健康状况是选取锻炼内容的主要依据。锻炼前应通过体质监测、医学诊断和病史调查等方法来了解锻炼者的健康状况。进行康复体育锻炼的人，参与锻炼的主要目的是恢复身体机能，或是保持身体机能不会过分下降，因此其运动量不宜过大。一些有特殊慢性疾病的人要有针对性地选择适合自己的体育锻炼项目。

四、根据锻炼者的职业特点选择科学健身内容

由于社会分工不同，不同职业者劳动的性质差别较大，因此，要根据不同职业者的劳动特点选择相适应的体育锻炼内容。例如，脑力劳动者在工作时经常保持弯腰伏案的姿势，颈部前倾，脑供血受阻，易出现颈、背、腰部肌肉酸痛；由于经常低头含胸，因此其呼吸机能降低，肌肉缺乏活动，体力下降。针对这些特点，脑力劳动者应以动作舒展的户外运动锻炼为主。对于不同职业特点的体力劳动者，锻炼的内容应具

有特异性：对于劳动中负担较重的部位和肌群，应以舒展和放松练习为主；对于劳动中负担较轻或基本无负担的部位和肌群，可适当加大活动强度，注重身体各部位和身心的协调发展。

五、注意锻炼者所处地域特点

我国幅员辽阔，不同地区的地理气候条件、体育区域特色等均有不同，锻炼时，锻炼者要因地制宜，从各地的实际情况出发，有针对性地安排练习内容。我国居民多在室外进行体育锻炼，因此受季节气候的制约较大，锻炼者要依据自然环境的变化，调整和变更锻炼计划和内容。

第三节　制订运动处方

一、运动处方的概念

处方在医学上指的是医生给病人开的药方。运动处方是 20 世纪 50 年代由美国生理学家卡波维奇提出的，最初是作为体育医疗的一种措施。通俗地讲，运动处方类似医生给病人开的医疗处方，是由体育工作者根据锻炼者的年龄、性别、健康状况、身体机能水平等用处方的形式规定适当的运动内容、锻炼方法和运动量。运动处方是针对个人身体状况，指导人们有目的、有计划和科学地锻炼的一种方法。在倡导终身体育锻炼的今天，掌握必要的运动处方知识和自我评价方法具有重要意义。

二、运动处方的制订

健身运动处方包括下列几项内容：运动项目、运动强度、运动时间、运动频率、运动量和运动进程。

（一）运动项目

根据锻炼者的目的选择有针对性的运动项目。例如，为了改善心脏功能，宜选择以有氧代谢为主的健步走、慢跑、骑自行车等耐力性项目；为了增强肌肉力量，宜选择力量性项目；为了松弛神经，可选择太极拳和放松体操等项目。

（二）运动强度

运动强度对运动效果有直接影响。运动强度是制订和执行运动处方的关键因素。运动强度与心率（或每分钟脉搏数）大体上成正比，因而人们常用心率作为运动强度的定量化指标。

人体运动中的心率是随年龄增大而减少的，可以根据年龄推算出相应的运动强度。

按年龄划分的运动强度

强　度		18～29岁 心率/（次/分）	30～39岁 心率/（次/分）	40～49岁 心率/（次/分）	50～59岁 心率/（次/分）	60+岁 心率/（次/分）
大强度	100%	190	185	175	165	155
	90%	175	170	165	155	145
中等强度	80%	165	160	150	145	135
	70%	150	145	140	135	125
	60%	135	135	130	125	120
小强度	50%	125	120	115	110	110
	40%	115	110	105	100	100

（三）运动时间

运动时间是指每次运动持续的时间，即运动处方要求强度的持续时间。运动时间的长短要根据个人身体状况、医学检查结果、运动次数而定。

（四）运动频率

每周运动的次数与运动效果密切相关，结合大学生个人学习、生活和休息，以每周4或5次运动为宜，重要的是养成锻炼的习惯。

（五）运动量

运动量是由运动频率、运动强度和运动时间（持续时间）共同决定的。运动量对健康体适能的重要作用已被证实，它对身体成分和体重管理的重要性尤为突出。每周的运动量可以用来评价运动量是否达到了促进健康体适能的推荐量。

（六）运动进程

运动进程取决于运动者的健康状况、健康体适能、训练反应和运动计划。专业人员要想改变运动进程，可以通过改变运动的频率、时间和强度中任何一项或几项来达到目的。在实施运动处方的开始阶段，建议逐渐增加运动时间/持续时间（即每次训练课的时间）。推荐给一般成年人的较合理的进程是在实施运动处方开始的4～6周中，每1～2周将每次训练课的时间延长5～10分钟。当运动者规律锻炼至少1个月

运动处方
的原理

运动处方
的优点

运动处方前
的健康检查
和体力检查

之后，在接下来的 4 ～ 8 个月里，逐渐增加运动频率、运动时间或运动强度直到达到推荐的数量和质量。训练时，应该遵照循序渐进的原则，避免大幅度增加运动频率、运动时间或运动强度等。这样可以避免肌肉酸痛、运动损伤、过度疲劳的发生并将过度训练的风险降到最低。若运动者因运动量增加而产生了不良反应，如运动后呼吸急促、疲劳和肌肉酸痛等，无法耐受调整后的运动计划时，应降低运动量。

三、运动处方的实施

运动处方是实施体育锻炼的主要依据。在体育锻炼过程中，应根据当时主要情况，判断运动处方的成效，及时对运动处方的内容做出调整，使之更加切合实际。

【运动处方示例】

姓名：×××　　性别：女　　　年龄：20 岁　　　　职业：学生

体育爱好：乒乓球　　病史：无

健康检查：良好，身高 1.53 米，体重 60 千克，体脂中度超重

运动负荷测定：台阶试验，安静脉率 80 次 / 分，血压 115/75 毫米汞柱，肺活量 2800 毫升

体能测定：力量，仰卧起坐 25 个 / 分；耐力，800 米跑 6 分 35 秒

体质评定：健康状况一般，体重过重，心肺功能差

运动目的：减肥和健身

运动项目：乒乓球、健身跑、健美操等

运动强度：由小逐渐加大，心率在靶心率范围，即 140 ～ 170 次 / 分

运动时间：12 周，每次 40 ～ 60 分钟

运动频率：4 或 5 次 / 周

注意事项：适当控制饮食，减少糖、油脂的摄入，可吃一定的蔬菜和水果

基本交叉训练计划（12周）

训练内容	1月	2月	3月
有氧耐力	每周做 3 次练习，每次持续 15~25 分钟	每周做 4 次练习，每次持续 25~40 分钟	每周做 5 次练习，每次持续 45~60 分钟
肌肉力量	每周 2~3 次，每次做 2 组练习，每组练习重复 8~12 次	每周 3 次，每次做 3 组练习，每组练习重复 8~12 次	每周 3 次，每次做 3 组练习，每组练习重复 8~12 次
柔韧性	选择 6~10 项练习动作，每周做 3 次	选择 6~10 项练习动作，每周做 3 次	选择 6~10 项练习动作，每周做 3 次

第四章

◎ 了解营养与健康的关系。

◎ 了解营养素的相关知识。

◎ 根据中国居民膳食指南，养成合理膳食的习惯。

◎ 掌握运动营养的补充方法。

> 营养是人类进行运动的重要物质基础，人体的各种生理活动和体力活动，乃至人体生命的存在，都离不开营养。人们可以用科学的营养方法和合理的膳食来维护身体健康，保持良好的体能和运动能力。

第一节　营养与健康

一、营养对健康的影响

营养是人体从外界摄取食物，经过消化、吸收和代谢，利用食物中身体所需要的物质以维持生命活动的整个过程。膳食营养是影响人类健康的主要因素，合理的膳食营养对人一生的健康都起着重要作用。

（一）促进生长发育

生长是指细胞的繁殖、增大和细胞间质的增加，表现为全身组织、器官和系统的体积和重量的增加。发育是指身体各组织、器官和系统功能的完善过程。营养是影响生长发育的主要因素。蛋白质是构成人体细胞的主要成分，细胞的繁殖和增大都离不开蛋白质。此外，碳水化合物（糖）、脂类、维生素、无机盐、膳食纤维和水等营养素也在生长发育中扮演着重要的角色。

（二）提高智力

婴幼儿和儿童时期是大脑发育较快的时期，需要足够的营养物质，如蛋白质、二十二碳六烯酸（DHA）和卵磷脂等。特别是二十二碳六烯酸，如摄入不足，就会影响大脑发育，阻碍大脑智力的开发。1980 年，联合国粮食及农业组织（FAO）报告，由于面临饥荒，非洲许多地方的孕妇营养不良，其子女的学习能力明显下降。

（三）促进优生

营养是影响优生的一个重要的因素。在怀孕期，如果孕妇营养不良，就可能造成胎儿畸形、流产或早产。例如，孕妇膳食中长期缺乏锌，可能会引起胎儿中枢神经系统问题；膳食中长期缺乏维生素，可能会导致胎儿的骨骼先天畸形。

（四）增进免疫

免疫是机体的一种保护性机制，如果免疫力低下，则人体易受各种病菌的侵害。营养不良，机体免疫系统的反应能力会降低。许多食物中的营养素（如维生素C、维生素E、维生素A等）都可以提高机体的免疫力。

（五）延缓衰老

人体的衰老是一种必然规律，但如果注意合理膳食，则能够延缓衰老。例如，根据人体衰老时的生理特点，有针对性地补充营养，多吃蔬菜、水果和其他清淡食物，避免高盐、高脂肪饮食，可防止心血管疾病、糖尿病的发生或复发。

（六）预防疾病

不良的膳食习惯（如营养不足和营养过剩）可能引起疾病。例如，营养不足可引起缺铁性贫血、佝偻病和夜盲症等；营养过剩可引起糖尿病、心脑血管疾病和肥胖症等。

二、营养素及人体对营养素的需要

机体为了维持生命和健康，保证生长发育和生产劳动的需要，必须从食物中获得必要的营养物质，这些营养物质被称为营养素。营养素包括蛋白质、碳水化合物、脂类、维生素、无机盐、膳食纤维和水等。下面分别对这些营养素的组成、分类、营养功用加以阐述。

（一）蛋白质

1. 组成和分类
蛋白质是一种化学结构非常复杂的化合物，主要由碳、氢、氧、氮四种元素构成（有的还含硫、磷等元素）。当蛋白质在酸、碱或酶的作用下进行水解时，其最终产物是一种含有氨基酸的羧基，这种羧基是构成蛋白质的基本单位。

2. 营养功用
（1）构成机体组织。蛋白质是一切细胞和组织结构的重要成分，是生命的物质基础。蛋白质占细胞内固体成分的80%以上，占体重的18%。

（2）调节生理机能。蛋白质在体内构成许多机能物质，具有多种生理功能，如酶的催化作用、激素的生理调节作用。

（3）供给热量。蛋白质的主要功用不是供给热量，但当碳水化合物和脂肪供给的热量不足，或摄入氨基酸过多时，蛋白质便开始供给热量。

蛋白质广泛存在于动物性食物和植物性食物中。鸡蛋是最好的动物性食物蛋白质来源，生物价高达94%。豆类、谷类和坚果类是植物性食物蛋白质的主要来源，其营养价值虽然低于动物性食物，但是由于食用量大，目前仍然是我国居民膳食中蛋白质的主要来源。

（二）碳水化合物

1.组成和分类

碳水化合物由碳、氢和氧三种元素组成。依其分子结构的繁简，碳水化合物分为单糖（包括葡萄糖、半乳糖和果糖）、双糖（包括蔗糖、麦芽糖和乳糖）和多糖（包括淀粉、糖原、纤维素和果胶）。

2.营养功用

（1）供给能量。碳水化合物是人体主要的能源物质，1克葡萄糖在体内完全氧化成二氧化碳和水时，可以产生约17千焦（约4千卡）的能量。碳水化合物在供给热量方面有许多优点：比脂肪和蛋白质易消化、吸收，产热快，耗氧少，对运动有利；在无氧情况下也能分解产热，这对于进行大强度运动有特殊意义。

（2）维持中枢神经机能。碳水化合物是大脑的主要能量来源。血糖水平正常，才能保证大脑的功能；血糖水平降低，脑的功能即受影响，人体会出现头晕、昏厥等低血糖症。

（3）维持脂肪正常代谢。

（4）降低蛋白质的分解。

（5）保护肝脏。碳水化合物可增加肝糖原的储存，保护肝脏免受某些有毒物质（如酒精、细菌毒素等）的侵害。

（6）碳水化合物是构成机体的重要物质。

碳水化合物在自然界中分布很广，主要存在于植物性食物中。粮食和根茎类植物的碳水化合物含量较高；动物性食物中只有肝脏含有糖原，奶含有乳糖，但数量不多。

（三）脂　类

1.组成和分类

脂类包括脂肪和类脂，由碳、氢和氧三种元素组成，有的类脂还含有磷和氮。脂肪由甘油和脂肪酸组成。脂肪酸的种类很多，按分子结构可分为饱和脂肪酸和不饱和脂肪酸两类，不饱和脂肪酸又可分为单不饱和脂肪酸和多不饱和脂肪酸。通常把维持人体正常生长所需而体内又不能合成的脂肪酸称为必需脂肪酸。亚油酸和亚麻酸是人体所需的两种重要的必需脂肪酸。

蛋白质营养失调对人体的影响

2. 营养功用

（1）供给热量。脂肪是高热量物质，每克脂肪可供热约 37.67 千焦。沉积在体内的脂肪是机体的"燃料库"。

（2）构成机体组织。类脂质是构成细胞的基本原料。体内脂肪组织有保护和固定器官的作用，皮下脂肪有保温作用。一般成年男性的脂肪占体重的 10%～25%，女性的脂肪含量更高。

（3）供给必需脂肪酸。

（4）脂肪是脂溶性维生素的携带者，并促进人体对脂溶性维生素的吸收和利用。

（5）增加食物香味和饱腹感。

膳食脂肪的主要来源是烹调油及各种食物所含的脂肪。目前，我们食用的一些烹调油是按 1:1:1 的比例对脂肪酸进行过调配的调和油。

（四）维生素

维生素是维护身体健康、促进生长发育和调节生理机能所必需的一类低分子有机化合物，其种类较多，化学性质不同，生理功能各异。维生素虽不参与构成组织，也不供给热量，但对体内生物氧化等代谢过程有着重要的作用，能促使机体吸收大量能源物质，调节物质代谢和能量转化等。

维生素的分类

通常按溶解性质将维生素分为两大类：一类是脂溶性维生素，另一类是水溶性维生素。脂溶性维生素包括维生素 A（视黄醇）、维生素 D_2（钙化醇）、维生素 E（生育酚）和维生素 K（凝血维生素）；水溶性维生素包括维生素 B 复合物和维生素 C（抗坏血酸）。

人体所需的维生素有十多种。维生素大多不能在体内合成或合成量甚微，在体内的储存量一般很少，必须从食物中摄取。因此，合理地选择、正确地加工和烹调食物，对保证人体必需的维生素是很重要的。维生素摄入不足会影响正常代谢和生理机能，严重的会导致维生素缺乏症。

（五）无机盐

人体所含无机盐元素的种类很多，总量占体重的 5%～6%。其中，含量较多的是钙、磷、钠、钾、氯、硫和镁七种，被称为常量元素；含量较少的是铁、碘、氟、硒、锌和铜等，被称为微量元素。

脂肪营养失调对人体的影响

维生素对人体的影响

无机盐失调对人体的影响

无机盐对人体十分重要，各种元素都有其独特的功能，其对人体的功用可概括为：构成机体组织，调节生理机能，维持正常代谢。

（六）膳食纤维

膳食纤维是可食植物的细胞壁间质组成成分，不能被人体内消化酶分解消化，在保护健康、预防某些疾病方面有一定作用，是维持人体正常生理机能不可缺少的，因而也是膳食中的重要营养素之一。它的生理作用如下：降低血浆中的胆固醇；降低餐后血糖升高的幅度；改善大肠的代谢，预防便秘，加快有毒物质的排出。

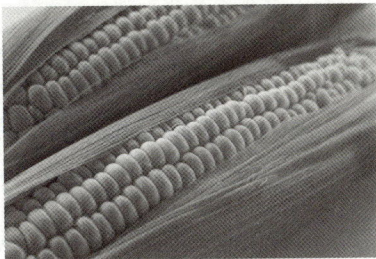

营养专家建议成人每日的膳食纤维摄入量为 25～35 克。适量食用粗杂粮和蔬菜水果，不吃过分精制的食物，摄入的膳食纤维一般均能满足人体需要。含膳食纤维较多的食物有麦麸、鲜豆荚、嫩玉米、草莓、菠萝、芹菜、花生和核桃等。生吃蔬菜可增加膳食纤维的摄入量。需要注意的是，膳食纤维摄入过多，会影响钙、镁、锌、铁等无机盐和某些维生素的吸收，还可引起刺激性腹泻。

（七）水

水是人体除氧以外赖以生存的最重要的物质。一般人体在缺食但不缺水的情况下，可维持生命数十天；若缺水，则仅能生存几天，由此可见水的重要性。

水的营养功用：① 机体的重要组成成分。水是机体中含量最多的组成成分，约占成人体重的 60%。② 保证和参与物质代谢过程。机体代谢过程是在体液环境中进行的，而体液由水、电解质、低分子有机化合物和蛋白质等物质组成。水是良好的溶剂，营养物质的消化、吸收、生物氧化及代谢物的排泄都离不开水。③ 调节体温。水的比热容大，体温易保持稳定。水的蒸发散热（排汗）是调节体温的一种重要方式。④ 运输体内物质。水的流动性大，在体内形成体液，循环运输物质。⑤ 保持腺体正常分泌。各种腺体分泌物均是液体。

人体的需水量取决于排出水量，每日摄入的水量应与机体经过各种途径排出的水量保持动态平衡。1500 毫升是成年人一般情况下每天对水的最低生理需要量。为安全计，每日每千克体重供水量以 40 毫升为宜；高温、运动等出汗多时，供水量应相应增加。

水的来源包括直接饮入的水、食物含有的水，以及蛋白质、脂肪和碳水化合物在体内代谢产生的水分。在摄取水时，除考虑水量需满足机体需要外，还应注意水的卫生状况，必须饮用清洁卫生的水，以保证身体健康，减少毒素和致癌物质在体内堆积。

合理膳食制度的重要性

第二节　合理膳食

一、合理膳食的概念

合理膳食也称平衡膳食。了解人体对营养素的需求以及食物营养价值的优劣之后，还有一个各种食物需求的综合平衡问题，即人们常说的合理膳食。合理膳食，是指膳食所含有的营养素数量充足、种类齐全、比例适当。合理膳食由多种食物构成，它提供足够的热量和各种营养素，以满足人体正常的生理需要。

二、平衡膳食宝塔

中国居民平衡膳食宝塔是根据中国居民的膳食结构特点设计的，它把平衡膳食的原则转化成各类食物的组成，并以直观的宝塔形式表现出来，便于人们理解和在日常生活中实行。

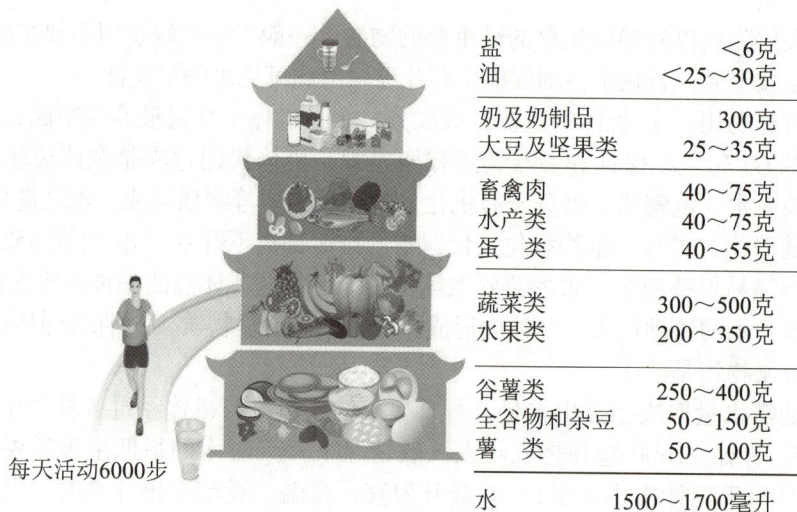

盐	＜6克
油	＜25～30克
奶及奶制品	300克
大豆及坚果类	25～35克
畜禽肉	40～75克
水产类	40～75克
蛋　类	40～55克
蔬菜类	300～500克
水果类	200～350克
谷薯类	250～400克
全谷物和杂豆	50～150克
薯　类	50～100克
水	1500～1700毫升

每天活动6000步

（一）膳食宝塔结构

膳食宝塔共分五层，包含我们每天应吃的主要食物种类。膳食宝塔各层位置和面积不同，这在一定程度上反映出各类食物在膳食中的地位和应占的比重。新的膳食宝塔图增加了水和身体活动的形象，强调足量饮水和增加身体活动的重要性。

（二）膳食宝塔建议的食物量

膳食宝塔建议的各类食物摄入量都是指食物可食部分的生重。各类食物的重量不是指某一种具体食物的重量，而是一类食物的总量。

（三）中国居民平衡膳食宝塔的应用

1. 确定适合自己的能量水平

膳食宝塔中建议的每人每日各类食物适宜摄入量范围适用于一般健康成年人，在实际应用时要根据个人年龄、性别、身高、体重、劳动强度、季节等情况适当调整。

2. 根据自己的能量水平确定食物需要

膳食宝塔建议的每人每日各类食物适宜摄入量范围适用于一般健康成年人，按照 7 个能量水平分别建议了 10 类食物的摄入量，应用时要根据自身的能量需要进行选择。

3. 食物同类互换，调配丰富多彩的膳食

应用膳食宝塔可把营养与美味结合起来，按照同类互换、多种多样的原则调配一日三餐。

4. 要因地制宜充分利用当地资源

我国幅员辽阔，各地的饮食习惯及物产不尽相同，只有因地制宜充分利用当地资源才能有效地应用膳食宝塔。

5. 要养成习惯，长期坚持

膳食对健康的影响是长期的结果。应用平衡膳食宝塔要形成习惯，并坚持不懈，才能充分体现其对健康的促进作用。

三、中国居民膳食指南

（一）食物多样，谷类为主

每天的膳食应包括谷薯类、蔬菜类、水果类、畜禽鱼蛋奶类和大豆坚果类等食物。平均每天摄入 12 种以上食物，每周 25 种以上。每天摄入谷薯类食物 250～400 克，其中全谷物和杂豆类 50～150 克，薯类 50～100 克。

食物多样、谷类为主是平衡膳食模式的重要特征。

（二）吃动平衡，健康体重

各年龄段人群都应天天运动，保持健康体重。食不过量，控制总能量摄入，保持能量平衡。坚持日常身体活动，每周至少进行 5 天中等强度身体活动，累计 150 分钟以上；主动身体活动最好每天 6000 步。减少久坐时间，每过一小时起来动一动。

（三）多吃蔬果、奶类、大豆

蔬菜、水果、奶类、大豆及豆制品是平衡膳食的重要组成部分，奶类和大豆富含

平衡膳食宝塔的注意事项

中国居民平衡膳食宝塔的应用

钙、优质蛋白质和 B 族维生素。餐餐有蔬菜，保证每天摄入 300 ～ 500 克蔬菜，深色蔬菜应占摄入蔬菜的 1/2。天天吃水果，保证每天摄入 200 ～ 350 克新鲜水果，果汁不能代替鲜果。吃各种各样的奶制品，摄入量相当于每天摄入液态奶 300 克。经常吃豆制品，适量吃坚果。

（四）适量吃鱼、禽、蛋、瘦肉

鱼、禽、蛋和瘦肉摄入要适量。每周摄入水产类 280 ～ 525 克，畜禽肉 280 ～ 525 克，蛋类 280 ～ 350 克，平均每天摄入总量为 120 ～ 200 克。优先选择鱼和禽，吃鸡蛋不弃蛋黄，少吃肥肉、烟熏和腌制肉制品。

（五）少盐少油，控糖限酒

培养清淡的饮食习惯，少吃高盐和油炸食品。成年人每天摄入的食盐不超过 6 克，烹调油 25 ～ 30 克。控制添加糖的摄入量，每天摄入量不超过 50 克，最好控制在 25 克以下。每日反式脂肪酸的摄入量不超过 2 克。

足量饮水，成年人每天 7 ～ 8 杯（1500 ～ 1700 毫升），提倡饮用白开水和茶水；不喝或少喝含糖饮料。儿童少年、孕妇、哺乳期妇女不应饮酒。成年人如饮酒，男性一天饮用酒的酒精量不宜超过 25 克，女性不宜超过 15 克。

（六）杜绝浪费，兴新食尚

珍惜食物，按需备餐，提倡分餐不浪费。选择新鲜卫生的食物和适宜的烹调方式。食物制备应生熟分开，熟食二次加热要热透。学会阅读食品标签，合理选择食品。多回家吃饭，享受食物和亲情。传承优良文化，兴饮食文明新风。

第三节　运动能量消耗与补充

一、运动时能量的消耗

人体运动时的供能系统依运动强度和运动持续时间的不同可分为磷酸原系统、无氧糖酵解（乳酸）系统和有氧氧化系统。下面围绕这三个系统来介绍运动时能量的消耗。

（一）磷酸原系统

磷酸原系统又称非乳酸能系统。它由肌肉内的三磷酸腺苷和磷酸肌酸这两种高能磷化物构成。三磷酸腺苷和磷酸肌酸都是通过分子内高能磷酸键裂解时释放能量，实现快速供能的。

磷酸原系统供能不在于其量的多少，而在于其能量的快速可动用性。在三个供能系统中，其能量输出功率最高。凡是短时间最大强度运动（如短跑、举重、冲刺、投掷等）时所需的能量几乎全部由磷酸原系统供给。任何强度的运动，开始首先供能的都是磷酸原系统。

> 一名体重70千克的人参加运动的肌肉以20千克计算，磷酸原系统储备的能量，可供此人轻快走步运动的时间约为1分钟；或可维持最大强度运动时间为6～8秒。30～60米快速跑全靠磷酸原系统供能；60～100米跑主要靠磷酸原系统供能；200～400米跑大部分由磷酸原系统供能（也靠无氧糖酵解系统提供部分能量）。

（二）无氧糖酵解系统

当人体做剧烈运动时，骨骼肌能量消耗得多且速度快，有氧供能不足。当磷酸原大量消耗时，无氧糖酵解系统便开始参与供能。当氧供应不足的程度为氧化供能需要量的2倍及肌肉中磷酸原被消耗的量约为原储备量50%左右时，为了迅速再合成三磷酸腺苷以保证持续运动的能力，骨骼肌中的糖原便大量无氧分解，乳酸开始生成。

【提 示】 无氧糖酵解系统，是800米跑、1500米跑、100米游泳、200米游泳的主要供能系统。

（三）有氧氧化系统

虽然无氧糖酵解系统能迅速释放能量并且不需要氧，但是在这种情况下再合成三磷酸腺苷的量是相当少的。碳水化合物、脂肪和蛋白质在氧供应充足的条件下，氧化为二氧化碳和水，同时释放大量能量，二磷酸腺苷再合成三磷酸腺苷。这种有氧氧化供能过程称为有氧氧化过程，对应的系统称为有氧氧化系统。

三种能量供应系统供能特点对比

磷酸原系统	无氧糖酵解系统	有氧氧化系统
无氧代谢	无氧代谢	有氧代谢
十分迅速	迅速	慢
化学能源：磷酸肌酸	食物能源：糖原	食物能源：碳水化合物、脂肪、蛋白质
三磷酸腺苷生成量很多	三磷酸腺苷生成量很少	三磷酸腺苷生成量有限
没有导致疲劳的副产品	副产品乳酸可导致肌肉疲劳	代谢产物为二氧化碳和水
用于1～3分钟的活动	用于短跑或任何高功率、短时间的活动	用于耐力或长时间的活动

二、运动过程中的营养补充

（一）运动前的营养

1. 运动前的食物选择

运动前应以高糖、低脂肪的食物为主，如面包、米饭、面条和水果等，这些食物容易消化，又能提供碳水化合物作为运动时的能量来源。如果运动时间为 60～90 分钟，则可以选择升糖指数较低的食物，如水果、脱脂牛奶、米饭和豆类，这些食物缓慢地被消化成碳水化合物，能够长时间地供应碳水化合物给运动中的肌肉使用。如果运动时间少于 60 分钟，则可以选择高升糖指数的食物，如面包、运动饮料，这些食物可以很快被消化，能够迅速地提供碳水化合物。

高纤维食物比较容易造成肚子不舒服，因为它们需要比较长的时间才能被消化。有些高纤维食物也富含碳水化合物，如全麦面包、高纤饼干和某些高纤饮料等。如果这些食物使人在运动中感觉不舒服，就应该避免在运动前吃这些食物。

2. 运动前的最佳进食时间

进食的时机随着运动时间的变化和食物的种类而有所不同，原则是吃进去的食物可以在运动过程中提供充足的营养和能量，而又不至于在运动过程中造成肠胃不适。

参与身体震动比较大的运动，如打篮球、跑步等，人体对胃内的食物通常比较敏感，少量的食物可能就会令人感到不舒服。这就需要在运动前更早的时候进食，或是减少食物的摄入量，以减轻这些症状。一般而言，参与身体震动比较小的运动，如骑自行车和游泳，人体一般不会受胃中食物的影响，对于进食的时间和食物的选择有较大的弹性。

（二）运动后的营养

1. 碳水化合物的补充

糖原是运动时的主要能量来源之一，存在于肌肉和肝脏中。肌肉中的肌糖原只能供肌肉细胞使用，而肝脏中的肝糖原可以以葡萄糖的形式释放到血液中，供肌肉及身体其他器官使用。体内糖原存量不足以应付运动后所需是造成疲劳、运动能力降低、无法持续运动的原因之一。运动后体内的糖原存量显著地降低，若是没有糖原的补充，则下次运动时的表现会受到糖原不足的影响。

建议在运动后的 15～30 分钟进食 50～100 克的碳水化合物（大约每千克体重需要补充 1 克碳水化合物），然后每两个小时再吃 50～100 克碳水化合物。正餐及其他运动期间的饮食也应该以摄取富含碳水化合物的食物为主。

2. 肌肉和组织的营养恢复

即使是没有身体接触的运动也会造成肌肉纤维和结缔组织的伤害，而身体接触性强的运动（如篮球、足球等）会造成更多的肌肉损伤。运动后迅速地补充蛋白质有助于修复受伤的肌肉和组织，受伤的肌肉合成和储存糖原的效率也会提高。因此，身体接触性运动或是比赛后受伤的运动员，需要补充更多的碳水化合物，更需要把握运动

后两小时的高效率时段有效地补充体内消耗掉的糖原。

（三）运动过程中水的补充

不同运动阶段的补水方法如下。

1. 运动前正确的补水方法

在较长的运动过程中，每小时流汗量可达 2 ～ 4 升，由于缺水将使身体失去散热作用，因此在耐力性运动前的两个小时最好饮用 600 毫升左右的水（可分两次喝）。

2. 运动中正确的补水方法

大部分研究者认为，在运动及比赛期间每隔 15 ～ 20 分钟补充 200 ～ 300 毫升的水分较为适当。

3. 运动后正确的补水方法

在运动后的恢复期补充饮料和运动前的准备同样重要，即使在运动员休息时正常地补充水分，体内水分依然会以汗水的形式大量流失；而肌糖原浓度可能也会降低一些，身体会感到虚弱、衰竭，此时正是恢复过程开始的时候。研究表明，运动后越早开始恢复越好，此时正确补充水分有助于体力的恢复。可在饮用水中添加葡萄糖聚合物及麦芽糊精（为容易消化的复合碳水化合物），以增加碳水化合物，补充肌糖原含量，使恢复期缩短。

常见食品
的蛋白质
含量

第五章

运动防护与急救

◎ 了解运动风险的相关知识。
◎ 掌握运动风险筛查的方法，预防运动猝死。
◎ 了解常见的运动损伤，掌握预防与处理运动损伤的方法。
◎ 掌握运动急救的方法。

随着人们对体育锻炼的重视，运动健身已经成为人们生活中不可缺少的内容。当我们沉浸在运动带来的健康、快乐时，也不能忽视运动过程中潜在的安全隐患与损伤风险。只有了解了各个常见项目的损伤问题，掌握一定的安全防护和运动损伤预防知识，才能降低运动损伤发生的概率。

第一节　运动风险筛查和运动猝死的预防

一、运动风险筛查

（一）运动前健康状况自测

如果锻炼者对自己的健康状况有疑问，则应在参与体育锻炼之前去医院接受体检。如果锻炼者对以下任何一个问题做出了肯定的回答，那么在开始一项锻炼计划之前应进行全面的体检。

健康状况自评量表

（1）在运动时或运动后，你是否有胸部疼痛或受压的感觉？
（2）在爬楼梯、迎冷风行走或进行任何体育活动时你是否有胸部不适感？
（3）你的心脏是否曾经不规则地跳动或悸动或期前收缩？
（4）在无明显原因的情况下，你是否曾经有过心率突然加快或减慢的经历？
（5）你是否有规律地服用过药物？
（6）医生是否曾经告诉过你，你的心脏有问题？
（7）你是否有诸如哮喘这样的呼吸疾病，或在进行轻微的体力活动时是否呼吸短促？
（8）你是否有关节或背部的疾病，从而使你在运动时感到疼痛？
（9）你是否存在下列心脏病的隐患：
　　①高血压；
　　②血液中胆固醇含量过高；
　　③超过标准体重的30%以上；
　　④长期吸烟；
　　⑤近亲（父母亲、兄弟姐妹等）在55岁以前曾经有心脏病史。

如果锻炼者打算在以后的体育锻炼中增加运动量，请首先回答以下7个问题。如果锻炼者的年龄为15~69岁，该量表的最后结果会告诉锻炼者是否应咨询一下医生。仔细阅读以下每一个问题，并在符合自身情况的小方格中打"√"。

适合健康状况运动量的自评量表

问　题	是	否
（1）医生曾说过，你的心脏有问题，但你仍进行医生并未推荐的体育活动吗？	☐	☐
（2）当你进行体育锻炼时，你感到胸痛吗？	☐	☐
（3）在上一个月中，你不进行体育活动时胸痛吗？	☐	☐
（4）你因眩晕而昏倒过吗？	☐	☐
（5）在体育锻炼时，你的骨头或关节有问题吗？	☐	☐
（6）医生为你的血压或心脏问题开过药方吗？	☐	☐
（7）你知道不应该进行体育锻炼的其他原因吗？	☐	☐

选自：季浏. 体育与健康[M]. 上海：华东师范大学出版社，2000.

如果锻炼者有一个或几个问题回答"是"，请询问一下医生是否可以增大运动量；如果对所有问题的回答都是"否"，锻炼者就可以增加运动量，但应遵循循序渐进的原则。此外应注意的是，当身体暂时不适或生病时（如感冒或发烧），请停止体育锻炼，直到身体完全恢复后再开始活动。

如果锻炼者的回答都是"否"，请在开始进行大强度的运动（特别是竞技性运动项目）前，进一步回答以下5个问题；如果有一个问题回答"是"，请询问一下医生，以确定是否能进行大强度的运动。

问　题	是	否
（1）你计划参加一个有组织的运动队吗？	☐	☐
（2）你曾经在身体接触的运动中由于冲撞而昏倒过吗？	☐	☐
（3）由于以前肌肉受伤，你现在活动时还痛吗？	☐	☐
（4）由于以前背部受伤，你现在活动时还痛吗？	☐	☐
（5）在体育活动时，你有其他不健康的症状吗？	☐	☐

选自：季浏. 体育与健康[M]. 上海：华东师范大学出版社，2000.

（二）运动所导致的心血管风险筛查

运动所导致的心血管风险的大小主要取决于以下因素。

1. 是否患有心血管、肺脏和代谢性疾病

心血管疾病是指心脏病、外周血管疾病；肺脏疾病主要是指慢性阻塞性肺部疾

心血管疾病
风险因素

病、哮喘、间质性肺疾病或囊性纤维化。糖尿病是最常见的代谢性疾病。

2. 是否有疑似心血管、肺脏和代谢性疾病的症状或体征

心血管、肺脏和代谢性疾病的常见症状或体征有胸部疼痛；颈部、下颌或上肢不适；休息或轻度活动时气短、眩晕或晕厥，端坐呼吸或阵发性呼吸困难；脚踝部水肿；心脏杂音；间歇性跛行以及正常活动时出现异常乏力或气短。

根据是否患有心血管、肺脏和代谢性疾病，有无疑似症状体征，心血管危险因素的多少，可以将参加体育锻炼的人分成低度危险、中度危险和高度危险三个层次。

运动中心血管风险分层及医务监督

危险分层	风险评估因素	医学检查	医务监督
低度危险	没有症状，没有或仅有一个心血管疾病危险因素	不需要；男性45岁及以上，女性55岁及以上，大强度运动前应做医学检查	男性45岁及以上，女性55岁及以上，大强度运动测试应该在医务监督下进行
中度危险	没有症状，有两个或两个以上疾病危险因素	大强度运动前要进行医学检查和运动测试	男性45岁及以上，女性55岁及以上，大强度运动测试应该在医务监督下进行
高度危险	已知患有心血管、肺脏或代谢性疾病者，或有一个或多个心血管疾病的症状或体征	全面医学检查	运动健身的开始阶段应有医务监督，并在前6～12次运动中进行心电图和血压监测

综上所述，低度危险人群在开始运动健身之前不需要进行医学检查；中度危险人群应避免大强度运动，或者在医务监督下进行运动测试；而高度危险人群则只能进行中、小强度的体育锻炼，并要进行医学检查和医务监督。在实施健身方案的开始阶段，要加强心电图和血压监测，这样可以有效地规避健身活动中的心血管风险，大大提高运动健身的安全性。

二、运动猝死的预防

运动性猝死因发作突然、病程急、病情严重，很难救治，尤其是心源性运动猝死，所以如何预防和避免其发生是解决问题的关键。针对这一问题，我们应该从以下几个方面入手，大力开展医务监督工作。

【提示】运动性猝死是指在进行某项运动后6小时内非创伤性死亡。现在大多数学者倾向于将猝死的时间限定在发病一小时内。

（一）加强运动猝死高危人群的医务监督

35岁以上的高血脂、高血压运动者，应当每年定期进行体格检查，特别是进行对心血管系统的监测，包括心电图、超声心动图、运动负荷心电图等检查，及早发现和预防冠状动脉疾病。运动前应该评估运动者心脑血管疾病的风险性，运动时应加强医务监督，严格控制运动强度和运动时间。

（二）运动员参加运动训练或比赛前严格进行体格检查

运动引起的猝死很少发生在身体健康的人身上。对运动猝死者进行尸检发现，运动猝死者大多患有器质性心脏疾病，但在病发前他们都被认为是身体健康的人，有些人甚至未进行身体检查就参加高水平竞技运动。因此，参加运动训练或比赛前进行体检是非常必要的。

（三）运动员选材时，应严格进行体格检查

运动猝死者多为有猝死家族史的成员。随着运动竞赛对抗性和对身体要求的提高，认真鉴别高危人群，对有疾病迹象的家族成员，如家族中有马方综合征的、先天性心脏病的和脑血管病变的，应有针对性地进行医学检查和追踪观察。马方综合征尽管发病率很低，在运动员群体中却是一个不容忽视的问题。由于患者身材高大，腿长、臂长，易作为运动员选材的对象，故进行运动员选材时，除重视外部条件外，还应对待选人进行详细的体检，特别是篮球、排球、跳高等需要身材高大的运动员的项目。

（四）积极防治心肌炎

患有流感、急性扁桃体炎、麻疹等疾病的人在患病期间参加剧烈运动均易发生心血管意外，所以此类患者不应带病进行运动、训练和比赛。流感严重患者如果在短期内出现心慌、胸痛、气急、疲乏、头晕等不适症状，应警惕发生心肌炎的可能。由于运动员心脏代偿功能强，因此其即使得了病毒性心肌炎，也可能不会出现任何不适症状。对于运动员或体力活动量很大的人来说，为了避免其可能出现的意外，除做心电图外，可以再做一个超声心动图，检查一下心脏结构有无变化，可帮助判断心肌是否发生病变。在心肌炎的急性期和康复期皆可发生猝死，因此患心肌炎的运动员需至少康复 6 个月后方可重返运动场。

（五）严格鉴别运动员长期训练引起的心脏生理性变化和病理性变化

一些专家认为，某些运动员发生运动猝死可能与"运动员心脏"有关。运动员安静时迷走神经紧张性增强引起房室传导阻滞，运动后可暂时消失，一般对健康和运动无不良影响，但是要注意与心肌炎等病症相区别。运动员心电图中出现的 T 波变化、束支传导阻滞、心律失常等时，都应对运动员进行全面系统的检查。

（六）密切观察运动时出现的各种症状

对运动中出现晕厥的病例，要做全面系统的检查。对运动中或运动后出现的胸闷、胸痛、胸部压迫感、头痛和极度疲乏等症状要引起足够的重视，进行详细的检查；还应注意猝死前的胸痛和失神等先兆。此外，还须普及心肺复苏方法，及时进行抢救。

（七）遵守科学训练的原则，遵守训练的卫生原则和患病后恢复训练的原则

运动训练应遵守循序渐进、系统性、个体性和量力而行的科学原则，锻炼者应保持良好的精神状态，避免情绪激动和过度紧张。为适应大负荷运动，训练和比赛前应充分做好准备活动，结束时做好整理活动。应选择适宜于自己身体机能的运动，未经训练者应慎重参加剧烈运动。运动员不遵守训练的科学原则时，造成过度训练或过度紧张，对心血管系统危害很大。

（八）夏季不应该在炎热的中午进行锻炼

夏季应注意做好运动中防暑工作。运动时，宜身穿宽松、排汗的衣物，注意补充水分以防止脱水。

第二节　运动损伤的预防和处理方法

一、运动损伤的预防

（一）了解和学习相关知识，强化预防意识

普通锻炼者可以通过阅读相关书籍和咨询专家等途径，了解一些运动损伤发生的基本原因和基本预防知识，使自己尽量避免由"无知"而导致的运动损伤；树立预防运动损伤的意识，主观上积极避免运动损伤的发生。

【提示】
运动损伤是指体育运动所致的机体急性或慢性的损伤。运动损伤是发生于运动过程中的损伤。

（二）合理安排运动负荷

运动损伤大多是长期局部负荷过大所致。为了减少这些损伤，锻炼者应严格遵守运动训练原则，根据年龄、性别、健康状况、各运动项目的特点，循序渐进，合理安排运动负荷。

（三）认真做好准备活动

不做准备活动或准备活动不合理都会使运动损伤发生的可能性增加，因此，锻炼者应该重视准备活动，尽可能根据选择的锻炼内容做好准备活动。

运动损伤的分类

（四）合理选择锻炼内容

锻炼者要根据自身周边的客观锻炼环境和身体运动能力等实际情况，选择适合自身条件的运动内容。

（五）加强易伤部位的练习

例如，预防腰部损伤，应加强腰背肌和腹肌的锻炼；预防关节扭伤，应加强关节周围肌肉和韧带的力量、弹性和柔韧性锻炼，加强关节的稳定性；预防肌肉拉伤，在发展肌肉力量的同时，还应注意发展肌肉的伸展性。

（六）加强医务监督工作

大学生应定期进行体格检查，参加比赛前后，要进行身体检查，以观察体育锻炼和比赛前后的身体机能变化；伤病初愈的大学生参加体育活动，应取得医生的同意并做好自我监督；掌握必要的自我医务监督知识和方法，及时了解自己的身体和心理状态，及时调整自己的锻炼计划。

二、常见运动损伤的处理方法

（一）擦　伤

擦伤多发生在摔倒时。对于伤口较脏的擦伤，可先用生理盐水洗净伤口，再用酒精棉球或碘伏消毒，伤口较浅、面积较小的擦伤则无须包扎。

（二）切伤和刺伤

切伤和刺伤的伤口往往较深、较小。如果伤口较脏，除了进行伤口的止血消炎、包扎外，还要注射破伤风抗毒素。

（三）撕裂伤

在撕裂伤中，头面部皮肤伤较多见，如在拳击运动中，眉弓被对方肘部碰撞而引起眉际皮肤撕裂。若撕裂伤口较小，则经消毒处理后，贴上创可贴即可；若撕裂伤口较大，则须止血，缝合伤口；若伤情和污染较重，则应注射破伤风抗毒素。

（四）挫　伤

发生了挫伤应根据情况及时处理。如果皮肤出血，则应立即停止运动，先用酒精或碘伏对伤口消毒，再用净布包扎。如果受伤部位红肿疼痛，则可先用冷水或冰进行局部冷敷，抬高受伤部位，必要时加压包扎，防止继续出血。24 小时后改用热敷、按摩来活血、消肿和止痛。经过治疗，待伤势减轻以后做针对性的活动，使关节、肌肉

43

造成运动损伤的原因

得以恢复功能，如做下蹲、弯腰和举腿等，可以避免伤后关节不灵或发生肌肉萎缩。

运动损伤的 RICE 原则

休息（Rest）——立即停止挫伤肢体的运动。

冷敷（Ice）——即刻用凉水、冰等对挫伤部位进行 10 分钟的冷敷。如果挫伤比较严重，可以在 2～3 小时后再冷敷一次。

加压包扎（Compression）——如果挫伤部位发生肿胀，应将海绵或棉花垫在挫伤部位周围，再用弹力绷带或普通绷带加压包扎 24～48 小时。

抬高肢体（Elevation）——将挫伤的肢体抬高，以超过心脏的位置为宜。

（五）关节韧带损伤

发生关节、韧带扭伤应当在 24 小时内采用冷敷，必要时加压包扎；24 小时后采用理疗、热敷、按摩、针灸治疗。待疼痛减轻后可增加功能性练习。对急性腰部损伤，如果出现剧烈疼痛，切不可轻易处理，可让伤者平卧，并用担架送至医院就诊。

（六）骨　折

一旦发生骨折，暂勿随意移动伤肢，而应先用夹板或其他代用品固定伤肢，动作要轻巧、缓慢，不要乱拉乱拽，以免造成错位，影响整复。如果上肢发生骨折，则可用木板托住伤肢，用绷带扎紧骨折处的上下两端；如果下肢发生骨折，则先将伤腿轻轻放好，再用宽布条或褥单将两条腿缠在一起，慢慢抬到硬板担架上，送往医院救治；如果头部、颈部或脊椎骨发生骨折，运送时就更要小心，以免损伤神经和脊椎而造成肢体瘫痪。搬运伤者时，其头部用枕头或衣服垫住，防止移动，固定好以后，告知伤者不要扭动伤肢。送往医院时要注意做到迅速、平稳。

（七）关节脱位

用长度和宽度相称的夹板固定伤肢。如果没有夹板，则可将伤肢固定在伤者自己的躯干或健肢上，防止震动，随后及时送医院治疗。必须指出的是，如果没有把握做整复处置，切不可随意做整复手术，以免增加伤害。

（八）脑震荡

立即让伤者平卧，头部冷敷；若患者陷入昏迷，则立即指压人中穴、内关穴、合谷穴；若伤者呼吸发生障碍，则立即进行人工呼吸。完成上述处理后，若伤者出现反复昏迷或耳、鼻、口出血，两瞳孔放大且不对称现象，则表明病情严重，应立即送至医院救治。在运送途中，要让伤者平卧，头部固定，避免颠簸。轻微的脑震荡一般可自愈，无须住院治疗，但要注意休息，保持情绪稳定，减少脑力劳动。

第三节 运动急救与处理

一、运动急救的意义和原则

(一) 运动急救的意义

运动急救是指对运动中突然发生的严重损伤进行紧急、初步和临时性的处理,以减轻伤者的痛苦,预防并发症,为转院进一步治疗创造条件。这对保护伤者生命具有十分重要的意义。

运动急救是一项十分重要的工作,如果处理不当,轻者加重损伤,导致感染,增加伤者痛苦,重者致残,甚至危及生命,因此必须及时、准确、合理、有效地实施急救。

(二) 运动急救的原则

(1) 抓住主要矛盾急救。现场急救情况比较复杂,当同时出现多种损伤时,必须抓住主要矛盾进行急救。如伤者发生休克,则应针刺人中穴、内关穴并及时进行人工呼吸。如伴有出血,则应同时进行止血,然后做其他损伤的处理。

(2) 分工明确、判断正确。急救人员必须分工明确,并具有高度的责任感和救死扶伤的崇高品德;要临危不惧,判断正确,有条不紊地抢救;要有熟练、正确的抢救技术和丰富的临场经验。

(3) 快抢、快救、快转运。急救时必须分秒必争,当机立断,切勿犹豫,延误时机。待急救有效后,尽快转运医院,做进一步治疗。运送途中,应保持伤者平衡、安静,消除紧张情绪,必要时进行人工呼吸。

【提示】

心肺复苏指外伤、中毒、低温、淹溺、电击和疾病等因素导致呼吸、心搏骤停时,采用的紧急重建和促进心脏、呼吸功能恢复的技能(人工呼吸和胸外心脏按压合并使用)。

急救的重要性

45

二、心肺复苏

心肺复苏技能是在伤患发生最严重的呼吸、心搏骤停的情况下,进行施救的国际确认的技能。现场徒手心肺复苏分为以下九个步骤。

(一) 判断有无意识

轻拍伤患者肩部,大声叫喊:"喂!睁开眼睛,怎么啦?"5秒内完成,同时判断其意识。

（二）放置体位

伤患者仰卧，体下有硬的依托，两手放于体侧。

（三）求援、呼救

有人在场，请其打急救电话求援。一定要讲明地点、现场联络电话、报案人姓名、发生意外原因、伤情人数、伤员情况及所需支援事宜等。

（四）畅通呼吸道

采用仰头举颌法等打开伤患者气道，清除其口腔中异物、假牙等。

打开气道的三种方法：仰头举颌法、仰头抬颈法、双手拉颌法，使伤患者下颌经耳垂连线与地面成90°角。

（五）检查呼吸

施救者通过看、听、感觉来进行检查，用时 3 ～ 5 秒。

看：眼看伤患者胸部有无起伏。

听：耳听伤患者胸肺有无呼吸声音。

感觉：脸部贴近伤患者口鼻处，感觉伤患者口鼻有无气体呼出。有呼吸时，维持呼吸道畅通，保持复苏体位；无呼吸时，继续向下进行，进行人工呼吸。

复苏体位

（1）将患者仰面平置于地面。

（2）操作者面向患者两膝跪地，身体中线对准患者髂棘连线（大胯骨），膝盖距患者身体一拳远。

（3）将患者近侧上肢上摆成直角，患者远侧下肢屈曲支起。

（4）操作者一手握患者远侧上肢，另一手握患者远侧下肢的膝盖，将患者向自己方向翻动。

（5）将患者头部自然置于其近侧上肢之上，将其远侧手掌手心向下置于颌下，面口稍向地面，头稍后仰。

（6）远侧下肢膝盖置地，起三角支撑作用。整个身体平面与地面成45°。

（7）每隔 5 ～ 10 分钟检查患者呼吸、心跳、意识等情况，如有异常即开始进行急救。

（六）人工呼吸

人工呼吸有口对口、口对口鼻、口对鼻三种方式。施救者深吸气，密封式口套口，缓慢吹气入肺，吹气时一手拇指和食指轻捏伤患者鼻翼，眼看伤患者胸部的起伏，每次吹气后松开捏鼻的手。连续吹气两次，每次吹气 1.5 秒，成年人吹气量为 800 ～ 1200 毫升，儿童吹气量为 600 ～ 800 毫升，婴儿以看到胸廓上抬为度，过量易造成胃扩张。无法把握时，以施救者吸入的气体不过度饱满为宜。

吹不进气时，重新畅通伤患者呼吸道，排除异物，再次吹气；能吹进气时，继续向下进行，检查脉搏。

（七）检查脉搏

三指触摸颈动脉法：食指、中指和无名指在甲状软骨水平胸锁乳突肌前缘的气管软组织上滑动寻找脉搏，找准后看手表，测计 15 秒的脉搏跳动数，将其乘 4 换算为心率。检查婴儿脉搏时应在上臂中点内侧部位，触摸检查肱动脉搏动，用时 5 ～ 10 秒。

（1）有脉搏无呼吸时：进行人工呼吸，直至伤患者苏醒为止。

人工呼吸频率：对于成年人为 10 次 / 分，6 ～ 8 秒 / 次；对于儿童为 16 次 / 分，5 秒 / 次；对于婴儿为 20 次 / 分，4 秒 / 次

（2）无脉搏时：继续向下进行，进行人工循环。

（八）人工循环（闭胸心脏按压与人工呼吸）

按压点：施救者用二指法寻找定位。胸骨切迹上二立指，肋骨框下缘，两指上移至胸骨底端，另一手掌贴两指，掌根垂直落位于胸骨上，手指翘起，寻找定位的手掌掌根落位于前手腕，五指扣环，手指翘起。

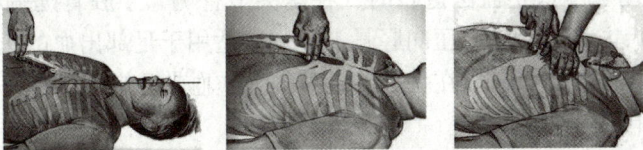

按压方式：施救者成跪姿，两手重叠，手指夹锁扣，两臂伸直，上体前倾，肩在压点正上方，利用自身体重和肩臂肌力，掌根着力，垂直向下按压胸骨。按压要平稳、有规律，掌根不能抬起离开胸骨，以免改变正确的按压点。按压同时数口令，一下、两下、三下……十下、十一、十二……三十（两个节拍）。口令第一节拍时下压，口令第二节拍时放松，下压、放松时间各半。

按压深度：成年人为 4 ～ 5 厘米，儿童为 2.5 ～ 4 厘米，婴儿为 1.5 ～ 2.5 厘米。

按压频率：成年人为 100 次 / 分，儿童为 110 次 / 分，婴儿为 120 次 / 分。

按压与吹气比率：30 ∶ 2。

人工循环首先吹气两口，人工循环间断时间不超过 5 秒，必须垂直向下按压胸骨。

（九）评　估

操作 5 个循环［5×（30 ∶ 2）］，约 2 分钟开始评估。

检查脉搏 3 ～ 5 秒，无脉搏，则继续进行闭胸心脏按压与人工呼吸；有脉搏，继续向下进行。

检查呼吸 3 ～ 5 秒，无呼吸，进行人工呼吸；有呼吸，维持呼吸道畅通，保持复苏体位，尽快送医院。以后每数分钟评估一次。

47

心肺复苏成效

三、止血法

（1）敷法：冷敷可以使血管收缩，减少局部充血，降低组织温度，抑制神经感觉，有止血、止痛和减轻局部肿胀的作用。冷敷止血法常用于急性闭合性软组织损伤，最简便的方法是用冷水冲洗或将敷于患处，有条件的使用氯乙烷喷洒伤处。

（2）抬高伤肢法：抬高伤肢，可使伤处血压降低，血流量减少，以达到减少出血的目的。如果采用加压包扎的方法，则包扎后仍应注意抬高伤肢。

（3）压迫法：可分为指压法、止血带法、包扎法等。

直接指压法用指腹直接压迫出血部位。由于手指直接触及伤口，容易引起感染，因此最好敷上消毒纱布后进行指压。

间接指压法用指腹压迫在出血动脉的近心端搏动的血管处，以阻断血流，达到止血的目的。

颌外动脉压迫止血法进行时，在下颌前1.5厘米处摸到动脉搏动，并将其压迫在颌骨上。此法常用于一侧面部出血的止血。

肱动脉压迫止血法进行时，将伤臂外展，用拇指将上臂中部的肱动脉压迫在肱骨上。此方法适用于前臂和手部出血的止血。

股动脉压迫止血法使伤者仰卧，大腿外旋，在其腹股沟中点下方摸到搏动后，用拇指将股动脉压迫在耻骨或股骨上端。此方法适用于大腿或小腿出血的止血。

胫前或胫后动脉压迫止血法进行时，在踝关节背侧，于胫骨远端将胫前动脉压向胫骨，或在内踝后方将胫后动脉压向胫骨。此方法适用于足部出血的止血。

止血带法先将伤肢抬高，后在伤处的上方绑扎止血带。绑扎时最好加垫，以防绑扎太紧，造成肢体组织坏死。

包扎法主要有绷带卷包扎法（如环形包扎法、螺旋形包扎法、反折螺旋包扎法、8字形包扎法等）和三角巾包扎法。

四、搬运法

对伤者经过现场急救处理后，应迅速和安全地将其送到住所或医院治疗。搬运伤者的方法很多，归纳起来有以下几种：

（1）扶持法：急救者让伤者的一臂搭扶在自己的颈肩上，并拉握其手部，另一手扶住伤者的腰部。此方法适用于神志清醒、伤势较轻的伤者。

（2）抱托法：急救者一手抱托住伤者的背部，另一手托住其大腿处，将伤者抱起，伤者的一臂搭扶在急救者肩上。此方法适用于神志清醒但身体虚弱的伤者。

（3）椅托法：两名急救者相对，用同侧的手相互握住对方的两臂，另一手相互搭在对方的肩上，像一把椅子，让伤者坐在椅架上，伤者的两臂分别搭在急救者的肩上。

（4）三人托抱法：三人站在同一方向，将伤者托抱起来，并协调地行走。此方法适用于严重虚弱和神志不清的伤者。

（5）担架法：可用特制担架或门板、宽凳子运送伤者。

（6）车辆运送法：注意运送途中防止震动和颠簸。

◎ 了解体能的作用。
◎ 了解体能训练的原则。
◎ 学习基础体能的训练方法。

第六章

基础体能

> 体能是通过力量、速度、耐力、柔韧性、灵敏性、协调等素质所表现出来的人体基本的运动能力。了解体能的相关知识可以更好地促进身体健康，预防疾病。对于中医药院校的学生来说，掌握基础体能的锻炼方法，不仅能提高活动能力，还能减轻学习压力。

第一节　体能概述

一、体能的定义

体能是指人体在先天遗传的基础上，通过后天训练而获得的在形态结构、机能调节及能量物质的储存和利用等方面所具有的潜在能力及适应外界环境过程中所表现出来的综合运动能力。机体的形态结构、机体器官的机能水平、能量物质的储备和基础代谢水平、运动器官的运动能力、心智水平及外界环境等条件影响机体的体能发展水平。人体的运动素质是体能的决定因素，而身体形态和身体机能是形成良好运动素质的基础。

人体的体能由身体的防卫能力，以及身体的力量、速度、耐力、柔韧、灵敏、协调、平衡等因素构成，包括走、跑、跳、投掷、攀登、爬越和支撑等人体基本活动能力。

二、体能的构成要素

体能主要由身体形态、身体机能、身体素质和心智能力四大要素构成。由人体骨骼、组织细胞及各器官系统所构成的身体形态是人的身体机能的物质基础。身体机能是人体运动的基础。身体素质是人体在比赛和训练时所表现的各种能力，通常包括力量、速度、耐力、柔韧、灵敏和协调等，而力量、速度、耐力、柔韧、灵敏和协调等身体素质，实际上是人的身体形态、身体机能、机体能量和物质代谢状况的综合表

体能的
分类

现。身体素质的发展对机体的形态结构和机能会产生一定的影响。心智能力伴随人体的身体形态、身体机能和身体素质的发展而发展，是体能的重要组成部分。在体能的四个构成要素之中，身体素质和身体形态是体能的外部表现，身体机能是体能的内在基础，心智能力则是上述三个要素的衍生体，对体能发展具有重要的影响。

三、体能的作用

（一）工作和生活不可缺少的一部分

人的身体有数百块肌肉。人们靠这些肌肉走、跑、跳、提、带、背、扛，靠它们把食物送进消化系统，并帮助我们把食物消化、吸收和排泄出去；人们靠它们把新鲜的空气吸入肺中并把废气呼出；依靠它们把血液送到遍布全身的血管系统中以及使血管收缩或扩张。要使自己保持健壮的身体，首先应该让自身的全部肌肉都强壮有力，否则，身体就不易满足学习、劳动、娱乐等多方面的要求。人要持久地工作，需要心血管耐力和肌肉耐力；要搬动重物或对抗阻力，需要肌肉力量；要做活动幅度较大的动作，需要关节灵活及肌肉、韧带的伸展力强；等等。

（二）有利于掌握复杂的技术动作和提高运动成效

运动的一个重要特征是要求运动者掌握基本且先进的技术，不断提高运动技术水平。因此，身体主要素质（力量、速度、耐力、柔韧、灵敏等）的发展水平，对掌握基本技术和先进技术、提高运动成效起着决定作用。

（三）有利于承受大负荷训练和高强度运动

如果想要不断地提高自己的运动成绩，不断地超越自己，就必须进行大负荷的运动训练。只有良好的体能才能保证机体适应大负荷训练的需要，否则，训练后的酸痛和疲劳是一般人难以忍受的，且不易恢复，甚至会损伤机体的健康，极大地影响运动效果。

（四）促进身体健康，预防伤病，延长运动寿命

良好的健康状况是人们生活和进行运动训练的必要条件。体能训练能有效地改善和提高运动员中枢神经系统和身体各器官的机能，增强骨骼、肌肉、肌腱和韧带的运动功能，有利于克服和改善人体生物惰性，促进人体的新陈代谢，能够有效地提高机体对外界环境的适应能力和对疾病的抵抗能力，从而有效地促进身体健康并起到预防伤病和延长运动寿命的作用。

第二节 体能训练的原则

一、按需发展原则

"用进废退"观点是体能训练按需发展原则的基础。影响项目成绩和专项竞技能力的决定因素是确定体能训练目的和训练内容的核心依据。运动项目需要什么竞技要素，体能训练就训练什么竞技要素。

二、优先与均衡发展原则

人体身体素质的发展均有其最佳时期，这就决定体能训练应优先发展不同时期的"敏感"素质，特别要优先发展对项目起决定作用的那部分身体素质，但与运动项目有关的非"敏感"素质和不能对运动成绩起决定作用的那部分素质也应相继得到发展。均衡发展身体素质是体能训练全面发展理念的集中体现。只有各项身体素质和各器官机能均衡发展，人体整体竞技能力才会不断提高。待身体素质和各器官机能整体发展后，再决定下一阶段体能训练中优先发展的身体素质。

三、负荷渐进原则

体能训练的负荷安排与机体适应的发展过程应逐级变化，其变化特点大致如下：初始负荷—不适应—继续负荷—逐渐适应—增大负荷—又不适应—继续负荷—逐渐适应……循环推进，逐级渐进提高。在体能训练中，要正确处理训练量与训练强度二者之间的关系。训练量是基础，训练强度是核心。盲目注重训练强度时降低训练量，或在增大训练量时显著地降低训练强度，都不利于实质性地提高人体的体能水平。

四、最佳化训练控制原则

从现实条件出发，以所能达到的最高水平为目标，采用最符合客观实际的、最适宜的科学训练方法，对训练全程实施定量、定时、低耗、高效的训练控制才能使体能训练达到最佳化效果。最佳化控制是对体能训练有目的和有序的调节，是科学化体能训练的重要保障。

五、系统性原则

体能训练是一个长期的训练过程，需要循序渐进、科学、系统地按计划进行。只有按计划系统地进行全年和多年的体能训练，机体各器官的机能、身体素质及心智能力才能在长期的重复练习中逐渐发展和提高。体能训练必须重视多年训练的计划性和

体能锻炼的基本原理

系统性，并以年周期训练为基本结构，合理安排各阶段的训练任务、训练内容和运动负荷，着力保持身体素质和机体各器官机能的稳定和持续性提高，并克服体能水平的逆向变化。

六、多样化原则

因为体能训练是一件很单调的事，所以如果只采用一种方式进行体育训练，锻炼者很快就会失去兴趣。没有了兴趣，效果自然要打折扣。利用多种方式进行体能训练有利于保持身体的兴奋感。

第三节　基础体能的训练方法

一、力量的训练方法

负重抗阻练习是增强肌肉力量的基本手段。锻炼者可以通过渐增阻力的力量练习发展肌肉力量。不论锻炼者的性别和年龄差异，只要每周进行适当的力量练习，就可以增加肌肉组织含量，促进健康。

根据肌肉收缩的类型，肌肉力量与耐力练习可分为等张练习、等长练习和等动练习。

（一）等张练习

肌肉以等张收缩的形式进行负重或不负重的动力性抗阻练习，称为等张练习或动力性练习。等张练习是最常用的力量练习法。等张练习能有效地发展动力性力量，改善神经肌肉的协调性，但不足之处是在整个动作过程中不能保证肌肉每一次收缩的负荷都相等，容易造成在某些关节运动角度上肌肉负荷不足。等张练习只能按照力量最弱的关节运动角度来安排负荷，所以在整个练习中负荷往往偏小。

（二）等长练习

肌肉以等长收缩的形式使人体保持某一特定位置或对抗固定不动的阻力练习，称为等长练习或静力性练习。它能有效地发展静力最大力量和静力耐力。

等长练习与等张练习主要有两个方面的区别：① 等长力量的发展是高度特异性的，如果采用等长练习来发展某一特定动作的力量，可在动作的所有范围内的某几点上进行不同的等长练习，而等张练习在整个动作的关节范围内的肌肉力量都能得到发展。② 进行大强度等长练习时，由于血液循环条件不良和憋气等因素的影响，大脑血流量减少，容易产生头晕眼花、隐性心脏病发作等不良反应。

（三）等动练习

等动练习是借助专门的等动训练器，在动力状态下完成练习的方法。在整个练习中，运动关节在各角度上均受到相同的较大负荷，从而使肌肉在整个练习中均能产生较大的张力。

二、耐力的训练方法

提高心肺耐力通常选择有氧运动。

（一）有氧运动形式的选择

有氧运动是指人体需氧量和摄氧量达到动态平衡的运动。做有氧运动时，体内较少产生乳酸，心率和呼吸保持在较为稳定的状态，因而持续运动时间长、安全性高、脂肪消耗多，有利于改善心血管系统的功能。常见的提高心肺耐力的锻炼方式包括慢跑、健步走、登山、跳绳、划船、骑自行车和游泳等。凡是有大肌群参与的慢节奏的运动都是有效的有氧锻炼方式。户外运动和各种有音乐伴奏的有氧健身形式都属于有氧运动的范畴。

（二）有氧练习的方法

（1）综合练习：由几种不同的锻炼内容组成。例如，第一天跑步，第二天游泳，第三天骑自行车。综合练习的一个优点就是避免长期进行同一种练习而产生枯燥感，并且可以防止身体局部的过度疲劳。

（2）持续练习：长时间、长距离、慢节奏的中等强度（强度保持在约70%最大心率）的练习，这是较受欢迎的心肺锻炼方法之一。一次锻炼时间可持续40～60分钟。

（3）间歇练习：对动作结构和负荷强度、间歇时间提出严格的要求，以便机体处于不完全恢复状态下，反复进行练习的训练方法。

（4）法特莱克练习：法特莱克源于瑞典单词Fartlek，意思是速度运动，它是指跑动过程中加速跑与慢跑交替进行，速度比较随意的一种方法。法特莱克练习法的锻炼地点比较随意，可以减少枯燥感。

（三）有氧练习的有效练习强度和频率

健身效果与有氧训练的频率、强度和每次训练的持续时间有关。因此，练习者在进行有氧练习时，要科学地控制练习强度和频率。

（1）选择主要以大肌肉群参与为主而不是以小肌肉群参与为主的运动方式。

（2）每周练习3～5次，一次练习的运动持续时间为30～60分钟。

（3）运动强度控制在靶心率范围内。在这个心率范围的练习既安全，又有效。

（4）运动强度是有氧训练的一个重要因素，因为它与能量来源、能量需求、氧消耗量、运动损伤等因素都相关。运动强度的大小常以心率、耗氧量及安静时能量或耗氧量的倍数来表示。由于年龄、体能和健康等状况存在个体差异，因此，每个人的有氧训练量也不相同。

不同人群有氧训练适宜心率参考值

人群分类	最大心率	有氧锻炼心率
体能良好者	220-年龄	（70%～85%）×最大心率
体能普通者	220-年龄	（60%～75%）×最大心率
体能不佳者	220-年龄	（50%～70%）×最大心率

三、速度的训练方法

速度素质是指人体进行快速运动的能力。速度在运动中主要表现为反应速度、动作速度和位移速度三种形式。

（一）反应速度训练的方法

反应速度反映人体对各种信号刺激的快速反应能力。可运用各种突发信号（哨声、击掌等）进行反应速度的练习。

（二）动作速度训练的方法

动作速度是指人体完成某一动作的快慢，如起跑速度、投掷器械出手速度和跳跃项目的踏跳速度等。可通过掌握正确的预备姿势，形成较大的工作幅度来发展动作速度；也可运用外界的有利条件（如斜坡跑）、减轻器械重量、反复进行快速练习等发展动作速度。

（三）位移速度训练的方法

位移速度反映周期运动中单位时间内人体快速移动的能力。位移速度可通过短距离重复跑、加速动作频率练习（快频率小步跑、高抬腿、摆臂等），以最快的速度反复进行练习。

四、柔韧性的训练方法

发展柔韧性的目的是提高关节周围的肌肉、肌腱、韧带等软组织的伸展性。伸展能力的提高主要是"力"的拉伸作用的结果。这种"力"表现在动作上可分为两种，即主动动作和被动动作，而主动柔韧性练习和被动柔韧性练习又分别可以分为动力练习和静力练习。肌肉伸展的方法有三种：主动或被动的静态伸展法、主动或被动的弹性伸展法、本体感受神经肌肉伸展法。

（一）主动或被动的静态伸展法

主动或被动的静态伸展法是一种行之有效且比较流行的伸展肌肉的方法。它是缓慢地将肌肉、肌腱、韧带拉伸到有一定酸、胀、痛的感觉的位置，并维持此姿势一定时间。关于在酸、胀、痛的感觉位置停留的最佳时间，目前的研究尚无定论，一般认为 10～30 秒应该是一个理想的时间，每块肌肉的伸展应以连续重复 4～6 次为宜。

这种肌肉伸展方法可以较好地控制拉伸时所使用的力量，比较安全，尤其适合于活动少或未经训练的人。它可减少和消除超过关节伸展能力的危险性，避免拉伤，而且由于拉伸缓慢而不会引起牵张反射。

（二）主动或被动的弹性伸展法

主动或被动的弹性伸展法是指有节奏、速度较快、幅度逐渐加大、多次重复一个动作的拉伸方法。主动的弹性伸展靠自己的力量拉伸，并重复地收缩来达到拮抗肌的快速伸展效果；被动的弹性伸展靠同伴的帮助或负重借助外力的拉伸来实现。

利用主动动作或被动动作所产生的动量来伸展肌肉，所用力量应与被拉伸关节的可伸展能力相适应。如果所用力量大于肌肉组织的可伸展能力，肌肉就会被拉伤。运用该方法时，用力不宜过猛，幅度一定要由小到大。先做几次小幅度的预备拉伸，再逐渐加大幅度，从而避免拉伤。

（三）本体感受神经肌肉伸展法

本体感受神经肌肉伸展法原先被用于对各种神经肌肉瘫痪病人的治疗，直到近年来才被当作改善肌肉柔韧性的伸展方法来使用。现在流行许多不同的本体感受神经肌肉伸展法，包括慢速伸展—保持—放松法、收缩—放松法和保持—放松法三种。这些方法都包含有收缩肌和拮抗肌的收缩和放松（一个 10 秒推的过程紧接着一个 10 秒放松的过程）。

以伸展股后肌群为例，慢速伸展—保持—放松法有以下几个步骤：首先仰卧，膝关节伸直，脚与小腿成 90°角，同伴帮助推一腿，弯曲髋关节至有轻微酸痛感；此时开始收缩股后肌群以抵抗同伴的推力，持续 10 秒以后，放松股后肌群而收缩股四头肌（收缩肌）；同伴再加力帮助伸展股后肌群（拮抗肌），放松过程持续 10 秒，此时，从这个关节的新角度开始，再一次对抗同伴的推力，这样的过程至少重复三次。

收缩—放松法和保持—放松法是慢速伸展—保持—放松法的变形。在收缩—放松法中，股后肌群做等张收缩，事实上腿在被推的过程中朝推力的反方向移动；而在保持—放松法中，股后肌群做等长收缩。在放松阶段中，这两种方法都包括股后肌群和股四头肌的放松，股后肌群被动地伸展。

三种伸展方法的优劣

五、灵敏的训练方法

灵敏素质是指迅速改变姿态、转换动作和随机应变的能力，是人体各种活动技能和速度、力量、柔韧等素质在运动中的综合表现。在对抗性体育活动中（如足球、篮球等），灵敏素质非常重要。技术掌握得越多越熟练，大脑皮质的灵活性越高，人体在运动中就显得越灵敏。

发展灵敏素质应从培养各种能力入手，如掌握活动能力、反应能力、平衡能力、观察判断能力和节奏感等，采用变换条件的多种多样的练习。提高大脑皮质神经过程的灵活性的一般练习方法有变向跑、闪躲跑等。提高灵敏素质应加强肌肉的力量及关节的柔韧性，尤其应注意发展爆发力和培养协调性及放松能力；多进行体操、球类、技巧、摔跤、击剑、拳击和跳跃等项目练习，能有效地发展灵敏素质。

第七章

传统保健体育的理论基础

◎ 了解传统保健体育的内涵和学习意义。
◎ 了解传统保健体育的整体观和精气神学说。
◎ 了解传统保健体育的阴阳学说、五行学说、脏腑学说和经络学说。

　　传统保健体育强调内外兼修，平心静气，其理论基础可以源于传统哲学和传统医学。传统保健体育内养精、气、神，外修身、体、形。深刻的内涵、坚实的理论基础和科学的锻炼方法，使这项运动成为当代大学生锻炼身体的很好的选择。

第一节　传统保健体育概述

一、传统保健体育的内涵

　　传统保健体育是中国传统养生学的一个分支，是古代的养生学说与体育锻炼相结合的民族文化遗产。传统保健体育通过姿势调整、呼吸锻炼、意念控制，使身心融为一体，从而增强人体各部分机能，引导和启发人体内在潜力，起到防病、治病、益智、延年的作用。

　　传统保健体育具有医疗和体育的双重属性，但与一般的医疗方法和体育又有区别。一般的医疗方法主要依靠药物的性能和医生的技巧进行康复与治疗，对病人来讲，自身是被动的；传统保健体育则旨在发挥人的主观能动性，通过自身的锻炼，有意识地自我控制心理、生理活动，达到增强体质、防病、治病的目的。体育运动除了能增强体质，还具有竞争性和对抗性；而传统保健体育则重视加强人体内部运动，调整人体内部的机能，也就是精、气、神的锻炼，能有效地防止和避免由于剧烈运动给身体造成的损伤，是一项适合各种年龄层面的人群活动的健身体育项目，尤其适合体质虚弱者和慢性病患者。

　　传统保健体育的内容分为导引和武术两大类。

（一）导　引

导引是我国古代劳动人民在与疾病和衰老做斗争的过程中创造的一项自我身心锻炼的方法。它通过姿势调整、呼吸锻炼、身心松弛、意念集中和运用锻炼方法等，引导和启发人体内在潜力，调节和增强人体各部分机能，以达到保健强身、防治疾病、延年益寿的目的。

导引锻炼功法流派繁多，按照导引锻炼的调身、调息、调心三要素，基本可分成三大类：① 以调心、调息为主，身体姿势处于相对安静状态，不断加强意念对自身的控制能力来养生治病的，归为静功；② 以调身、调息为主，增强身体姿势变化对气机运行的影响，通过姿势和呼吸的调整来养生治病的，归为动功；③ 运用自身按摩、拍击等锻炼方法，达到疏通经络、调和气血、增进健康的，归为保健功。

（二）武　术

武术是以技击为主要内容，以套路和搏斗为运动形式，注重内外兼修的中国传统体育运动项目，主要用于锻炼身体、防御自卫，具有丰富的技术内容和广泛的群众基础，是我国宝贵的民族文化遗产。武术运动在我国古代既是一种训练格斗技能的手段，也是一种增强体质的锻炼方法，许多武术套路都体现了"武"与"健"的密切结合。把武术运动用于保健养生，在我国有着悠久的历史。

武术内容丰富多彩，种类繁多。武术按其运动形式可分为套路运动和对抗运动两大类。套路运动和对抗运动中的散打已先后被列为全国、亚洲、世界性体育正式竞赛项目。按照武术运动形式和技法特征进行区分，武术主要有套路运动、功法运动和格斗运动三大类。用于保健方面的，主要有套路运动和功法运动。

二、学习传统保健体育的意义

（一）有利于继承和弘扬民族传统文化，振奋民族精神

传统保健体育是中华民族灿烂文化的一部分，与中国传统文化有着千丝万缕的联系。

中华民族独特的思维方式、行为方式、审美观、心理模式、人生观、宇宙观等，在传统保健体育中都有集中的反映。中国传统保健体育的思想理论和方法在数千年的流传中历经了历史的选择，一些优秀的思想理论和健身养生实践被一代又一代地流传下来。我们特有的东方文化已经日益被世界各国人民所认同和喜爱，作为中医药院校

的学生，更应该继承和弘扬传统保健体育的精华，为人类的健康服务。

（二）有利于强身健体，增进身心健康

传统保健体育以"形神统一"为重要特点，"形"是指外在的运动形式和身体姿势；"神"是指内在的心理、精神、意志、思维活动。传统保健体育在"形神兼备""内外兼修"上追求完美的统一，既注重筋骨的锻炼，又强调心、神、意、气的结合。传统保健体育可调节人的精神、情感，对现代人的心理健康具有特殊的作用，对强身健体有着重要的意义。

（三）有利于涵养道德、立德树人

我国自古以来就把"涵养道德"作为传统保健体育锻炼的主要内容。"练武先习德""未曾习武先学礼""崇尚武德"等至理名言，体现了传统保健体育对自身品德修养，有利于立德树人。

（四）有利于自我锻炼，可终身受益

依靠自己的亲身体验和体会，领悟传统保健体育内在的意蕴之深、技巧之妙、意境之美。传统保健体育内容丰富、形式多样，对场地、器材条件要求不高，在人的一生中不同年龄、不同气候、不同生活环境下都能提供锻炼身体的方法，有利于自我锻炼。传统保健体育开展简单、经济实用、实效显著，一经学会并坚持，可终身受益，具有终身体育的实用价值。

第二节　传统保健体育的中医基础理论

一、整体观

（一）人体的整体观

整体观是对事物统一性和完整性的看法。中国传统保健体育在人的身心健康方面，既重视人体内环境的统一性和完整性，又重视人与外界客观事物的和谐统一性。

整体观是中国医学的主导思想，也是中国医学的特点之一。它强调事物本身的统一性、完整性和与其他事物的联系性；认为人体各个组成部分之间，在结构上是不可分割的，在功能上是相互协调、相互制约的；同时人体与自然界有密切关系，且能能动地适应自然，从而维持机体的正常生理活动。这种人体自身内外和与自然界的统一

性即中国医学的整体观念。它贯穿于中医理论诊断、治疗、康复等各个方面，也是传统体育保健运动的理论依据。

练习传统保健体育时十分强调"静心"，要求维持"心静体松"的状态。心是一身之主宰，若心神安定，则五脏六腑皆定；若心神不安，则五脏皆不安，易产生各种疾病；反对过分安逸，强调以动为主、内外兼修。脾主四肢，四肢活动能加快脾的运化，使水谷精微得以很好地吸收，进而化生气血，营养全身；如果四肢活动减少，则会导致气血不足，全身虚弱。五脏是五大系统之首，因此，传统保健体育非常重视有针对性的养练。例如，五禽戏、形意五行拳等是针对五脏进行练习的，舒心平血功是针对心脏而练习的。另外，传统保健体育的整体练习强调"以意导功""内外兼修""外三合"等，这些都是整体观念的具体体现。

（二）天人相应观念

人体内环境的平衡协调和外界自然环境的整体统一，是人体得以生存的基础。当自然环境发生变化时，人体也会发生与之相应的变化。《黄帝内经》从"天人相应"的整体观出发，提出了"顺时防病"的思想，强调要"服天气而通神明""顺四肢而适寒暑"等养生防病原则。

整体论是中医学的理论基础，它强调事物本身的统一性、完整性以及与其他事物的联系性。宇宙是一个整体，人和自然具有相通应的关系，遵循着同样的运动变化规律，其生理变化与大自然的整个运动联系在一起，同受阴阳五行法则的制约。自然界的运动变化直接影响着人体，而人体受自然界的影响也必然会相应地产生生理或病理上的反映。因此，人们必须善于掌握自然界的变化，以顺从"天地之和"。传统保健体育强调"顺应四时""天人相应"的养生方法，同时在个体锻炼时，强调个体的完整性、统一性，这种在整体观念指导下的综合调理的方式构成了中国传统保健体育最基本的理念和指导思想。

总之，传统保健体育的整体性包括人体内环境身心的统一、协调、平衡和人体与外界自然、社会的和谐统一。它是人体生命得以生存的基础，也是传统体育保健的理论基础。

二、精气神学说

人体生命力的盛衰和生命的长短与精、气、神的旺盛或衰竭是紧密联系的。精气流通、练气以养、养心调神是传统体育养生法实施的基本目的与要求，研究精、气、神理论对传统体育养生理论的建立和指导养生法的实践至关重要。

传统保健体育运动的锻炼方法分为内功和外功两类，即内练精气神、外练筋骨皮。古代练功家认为：天有三宝，日、月、星；地有三宝，水、火、风；人有三宝，精、气、神。精、气、神被看作人体中三种宝贵的东西，被视为人体生命活动不可或缺的物质和功能的总体。

（一）精是人体生命活动的物质基础

"精"是构成人体的基本物质，也是维持人体生命活动的基本物质，它主持人体的生长、发育、生殖及各种生理功能的活动。精有广义、狭义之分：广义的精，是构成人体和维持人体一切生命活动的精微物质，包括精、气、血、津液等；狭义的精，指肾中化生和贮藏的精，具有促进人的生长、发育和生殖功能的基本物质。精，又因其在人体渊源的不同，有先天和后天之分。"先天之精"是禀受于父母的生殖之精，是生命之源，如《黄帝内经·灵枢·本神》所云："故生之来谓之精。""后天之精"则是指水谷等营养物化生而成的精。二者具有相互依存、相互为用、相辅相成的关系，先天之精依赖于后天精气的不断培育和充养，才能发挥生理效应，而后天之精又依赖于先天之精的活力资助，才得以化生不息。

（二）气是人体生命活动的动力

中医学和传统体育养生认为，人体的气是一种充养人体并维持人体生命活动的精微物质。人体的气有先天气和后天气两种。先天气又称元气，是禀受父母的先天之精气，藏于肾中，又依赖水谷精气的充养，使肾中精气的气化功能沿三焦通道升降敷布全身，发挥其生理效应，推动人体生长和发育，温煦和激发各脏腑、经络等组织器官的生理功能，主持人体复杂的生命活动。元气的盛衰对人体生、长、壮、衰、死全过程的影响至关重要，历来养生家都很重视培补元气，并以各种导引、行气、意念的方法调动丹田之气，循任脉、督脉及全身经络周身运行。后天之气，主要有宗气、营气、卫气等，来源于水谷之精气和空气的清气。水谷精气是靠脾胃从后天饮食中运化而来的，空气中的清气则靠肺司呼吸从空气中吸入。

传统体育养生法非常重视养生练气，通过练气以增强人体气化（气化指气的运动和变化），使全身之气充沛。人体的气，具有很强的活力，流行于全身，无处不有。气的升降出入运动，被称为"气机"。气机畅通，气才能在脏腑、经络、四肢、七窍中川流不息，从而使肾蒸腾汽化、吸清排浊；使肺主司呼吸，宣发肃降；使脾升清，胃降浊，脾、胃、肠的消化、吸收、输布、排泄正常；使肝疏泄调畅；使心肺气血调和畅通。这些都说明人体气机的升降出入运动具有维系、推动、激发、协调、平衡人体各种生理功能的作用。气机的升降出入运动畅通无阻，机体则健旺；否则，气机失调，即气机的升降出入运动受阻，机体就会出现"气滞""气逆""气陷""气结""气郁""气闭"等病理状态。气机运动一旦止息，生命活动就会终止。可见，气是维持人体生命活动最基本的物质，气聚则精盈、神旺，气衰则精走、神病，气绝则精涸、神亡。正如古人所云："气者，人之根本也。"说明养生练气是传统体育养生的指导思想和理论基础。

传统体育养生十分重视人体气的练养。古代养生，一是通过导引、行气、按摩等体育养生法激发和培补元、真二气；二是结合各种调神、调息、调身的体育养生法来增强人体气化功能和促使真气运行。

精气

精气神三者的关系

（三）神是人体生命活动的主宰

人的神，是人体生命存在的标志，也是人体生命活动的主宰。人体形与神是同源、同生、同时存在的，是生命活动的开始。人的神有广义和狭义之分。广义的神，指人体生命活动机能的总称，包括人体生命活动中不同层次的内在"神志"及外在"形征"两方面的含义。狭义的神，指人的精神、意识、思维，是"识神"的主要体现；实质是指人的大脑功能，是大脑对外界事物的反映，它主宰着人的一切心理活动与行为活动，影响着整个人体各方面生理功能的协调平衡。譬如，中医所说的喜、怒、忧、思、悲、恐、惊"七情"，是客观事物在人体反映出的不同的精神状态，受外界环境、信息的影响发生变化，更重要的是受人的意识和思维的调控。外界环境与信息在意识、思维的正确调控下，不会致病，而一旦受到突然、强烈或持久的情志刺激，意识、思维又不能正确调控，则会出现"大怒伤肝""大喜伤心""大悲伤肺""思虑过度伤脾胃""久恐不节伤肾"等致病现象，使五脏的功能气机紊乱，从而导致各脏腑间生理功能不协调，阴阳、气血失调，严重时可出现久病或身亡。

可见，人体的神能统帅五脏六腑、四肢百骸、诸窍以及精、气，它主宰生命力的盛衰和生命的寿夭。神守则身健，神弱则身病；有神则生，无神则亡。

传统体育养生家们一直把同源、同生、同时存在的"形"和"神"看作人体生命活动中统一整体的两大要素，认为只有"形与神俱"，才能"尽终其天年"，主张"形神共养"，强调"性命双修"。所谓"形神共养"，是指养生实践中同时注重形体养护和心神调摄，既要使形体健康，又要使心神健旺，还要使形体与心神协调、均衡地发展。所谓"性命双修"，性，一般指心性，即精神、意识、思维；命，指形体和生命。古代养生家曾指出："命无性不灵，性无命不立""修身以立命""存心以养性"。"性命双修"实际上是指在养生实践中既要重视修性，又要重视修命，性与命要同步练养，相互促进，共同发展。《艺文类聚·养生》甚至还强调"太上养神，其次养形"，可见古人把调心养神当作养生的首要任务。在古代体育养生宝库中，有许许多多养心调神的法则、手段和方法，主要可归纳为调心养神与修身养性两类。

综上所述，精、气、神是人之"三宝"。精、气是构成人体生命活动的基本物质，精气流通是生命活动的基本特征，气化、气机是生命活动的动力，神是生命活动的主宰，保精养气、练气以养、调心养神、形神共养是传统体育养生的指导思想、理论基础与基本理论。使人精盈、气充、神合是传统体育养生法追求的目标。

三、阴阳学说

阴阳学说是我国古代的一种哲学思想，是当时人们用以概括和说明自然界以及人体变化规律的科学。它认为，万事万物都包含着阴阳两个方面，而阴阳的对立、统一活动是宇宙间一切事物产生、变化和消亡的根本原因，世界本身就是阴阳对立、统一、变化、发展的结果。

阴阳学说的基本内容可以用"对立、互根、消长、转化"来概括。阴阳学说包括以下几个方面的内容。

（1）阴阳的相互对立。阴阳学说认为，一切事物都存在着相互对立的阴阳两个方面，两者不断地排斥、斗争，从而推动着事物的变化和发展。阴阳双方处于动态，当人的各种生理机能保持并处于阴阳排斥、斗争的平衡状态时，人的身体就处于健康状态。

（2）阴阳的相互依存。阴与阳两个方面，既相互对立，又相互依存，任何一方都以另一方的存在为条件，即阳依存于阴，阴依存于阳，这种关系又称为"互根性"。《黄帝内经·素问·生气通天论》说"阴阳离决，精气乃绝"，即阴阳的互根性被破坏，生命就会停止。

（3）阴阳的相互消长。阴阳两个方面始终处于互为消长的运动变化之中，或是"阳消阴长"，或是"阴消阳长"。在这种消长的动态变化中，平衡、静止是相对的，变化是绝对的。当阴阳两个方面的变化超出一定的限度时，阴阳的相互制约关系和相对平衡状态就会被破坏，就如《黄帝内经·素问·阴阳应象大论》中所说："阴胜则阳病，阳胜则阴病；阳胜则热，阴胜则寒。"

（4）阴阳的相互转化。相互对立、相互依存的阴阳双方，在一定条件下可向其相反的方向转化，阴可以转化为阳，阳也可以转化为阴，如《黄帝内经·素问·阴阳应象大论》说："重阴必阳，重阳必阴""寒极生热，热极生寒"。生活中，人在发高烧时会感觉到身体发冷，就是物极必反的例子。

在传统保健体育中，处处能体现出阴阳学说的思想。例如，太极拳运动对姿势的要求，要做到百会上领与沉肩坠肘、松腰敛臀相结合，含胸与拔背相结合等；动作技术要做到上领下沉、前推后撑、左与右及上与下、前与后的劲力对拔拉长等；运动特点为动静结合、练养结合、内外合一、动作左右对称、周而复始、一气呵成等，真可谓传统保健体育中无处不阴阳。

根据阴阳学说的观点，方位的东、南属阳，西、北属阴。地理上的高阔之地属阳，低漫之地属阴。练习传统体育养生功（术）宜选择面朝东、南方位与花草树木茂盛、洁净清雅的高阔之地，以求得体育保健的最佳效果。

因此，传统体育养生是根据阴阳学说平衡论的观点，以身体练习为基本手段，从影响人体生命活动的内外环境所表现出的阴阳范畴着手，按照"补其不足，泻其有余"的原则，通过各种养生方法的实施，调节机体的阴阳平衡，使之朝着阴气平顺、阳气固秘的"阴平阳秘"的状态发展，达到培补元气、运行真气、滋阴壮阳、健康长寿的目的。

阴阳学说虽然建立在"平衡论"的基础上，但阴阳两个方面的位置不是绝对同等的，阴阳双方决定事物性质的主要方面是"阳"的一方，在中医学中称其为"阳气"。《黄帝内经·素问·生气通天论》说："阳气者，若天与日，失其所，则折寿而不彰，故天运当以日光明。"因此，传统保健体育的内容、形式以"动"为基础，取意、象形，意、气、力相合，尤其在武术运动项目中更加体现了"动"的主旋律，并且动中求静，静中寓动，培补元气、真气，滋阴壮阳，练习者达到内外兼修的目的。

总之，阴阳是宇宙万物变化的总规律，阴阳学说是古人用于认识宇宙万物的世界观和方法论。阴阳平衡是传统体育保健的指导思想和采用保健健身手段、方法的理论基础，调和阴阳是传统体育保健法的重要法则，"阴平阳秘"是传统体育养生追求的最佳状态。

四、五行学说

"五行"概念是古人在生活实践中总结出来的。人们发现金、木、水、火、土这五种物质是生活中不可缺少的。《尚书》说："水火者，百姓之所饮食也；金木者，百姓之所兴作也；土者，万物之所资生也，是为人用。"

"水"具有滋润和向下流动的特性，"火"具有温热和上升的特性，"木"具有曲直生长的特性，"金"具有容易变化的特性，"土"具有生长庄稼的特性，五行学说以五行的特性，将世界上所有事物推演、归类为具有五种属性的五大类。另外，凡具有寒凉、滋润、向下运行的事物，均归属于水；凡具有温热、升腾作用的事物，均归属于火；凡具有生长、开发、条达舒畅等作用的事物，均归属于木；凡具有清洁、肃降、收敛等作用的事物，均归属于金；凡具有生化、承载、受纳作用的事物，均归属于土。五行学说认为，世界上的事物或现象，都可以根据"五行"的属性归类为五种不同性质的物质，它们之间的相互关系和运动变化决定了事物或现象的发生、发展。事物或现象之间的差异性，是由这五种属性的物质间运动状态所决定的。五行学说是以五行之间的相生、相克、相乘、相侮的不同变化方向和关系来探索、揭示复杂系统内部各事物之间的相互联系的运动变化规律的。

（1）相生。事物之间相互资助、相互养育、相互促进的关系，称为相生。五行相生的顺序，按木、火、土、金、水的顺序依次相互滋生，即木生火，火生土，土生金，金生水，水生木。

（2）相克。一类事物对另一类事物具有承袭、监制等作用，这种关系称为相克。五行相克也是按一定顺序进行的，按木、火、土、金、水的顺序隔位相克，即为木克土，土克水、水克火，火克金，金克木。相克两者之间的关系分为：我克者称为"所胜"，即每一行对其他行的制约作用；克我者称为"所不胜"，即每一行又受到其他行的制约。

（3）相乘。乘，乘袭，即乘虚而袭之，是克制太过的表现。五行相乘的方向和五行相克的方向是一致的，即木乘土，土乘水，水乘火，火乘金，金乘木。

（4）相侮。相侮是五行盛衰超出了正常允许的范围而引起的一种异常克制，即在克制的方向上出现了反向的克制，与五行正常克制的方向相反，亦称反克，其顺序是木侮金，金侮火，火侮水，水侮土，土侮木。

传统保健体育在运动形式和内容上，也体现出了五行生克规律理论的应用。例如，六字诀根据五行配备的统一性，即语音与脏腑相关联的关系，通过吐字发音的吐纳方式，达到调节脏腑的作用，实现保健乃至治病的目的。

传统体育保健把人的生命活动所表现

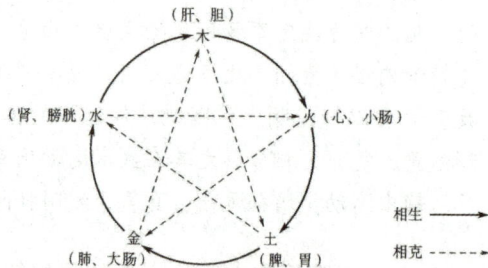

五行相生相克

出来的复杂的事物和现象，按五行的特征用分析、归类、推演络绎的方法进行分类。根据"有诸内，必行诸外"的观察分析，中医和传统保健体育不仅把对人体健康有影响的自然界的季节、气候、方位、味道、颜色以及生物的生死变化等现象归属于五行，还把人体脏腑、五官、形体、情态、声音等也分别归属于五行。

五行属性归属表

自然界						五行	人体						
五味	五色	五方	五化	五气	五季		五脏	五腑	五官	五形	五志	五声	五藏
酸	青	东	生	风	春	木	肝	胆	目	筋	怒	呼	魂
苦	红	南	长	暑	夏	火	心	小肠	舌	脉	喜	笑	神
甘	黄	中	化	湿	长夏	土	脾	胃	口	肉	思	歌	意
辛	白	西	收	燥	秋	金	肺	大肠	鼻	皮毛	悲	哭	魄
咸	黑	北	藏	寒	冬	水	肾	膀胱	耳	骨	恐	呻	志

根据五行的属性，传统保健体育说明养生过程中人体内部各组织器官及其功能以及人体与自然环境具有和谐统一的关系。传统保健体育根据五行生克制化的规律，阐释、探索人在保健过程中肝、心、脾、肺、肾五个系统之间相生相成、相克相制、生中有制、克中有生的联系。

根据五行生、克、乘、侮的规律，传统体育养生学认为，人体生命活动过程中，机体各组织器官或各种生理功能之间，不仅可以通过生克制化维系生命活动动态平衡的正常现象，还可以通过相乘或相侮引起生命活动的不正常现象，导致机体脏腑组织器官的器质和功能产生不平衡、病变或衰竭。

传统保健体育的实践证实，古代养生家在编创养生内容和方法时，自觉地运用了五行学说的生、克、乘、侮观点与方法。例如，武术中的形意拳，其基本拳法劈、崩、钻、炮、横可划分为金、木、水、火、土五种属性，并与肺、肝、肾、心、胃相联系和匹配，体现了武术拳理、拳法的五行思想内涵，表明了武术练养结合、内外兼修的理论依据。

总之，古人根据五行间的属性与生、克、乘、侮的联系和作用探索、阐释宇宙万物，传统保健体育一直把五行学说作为阐释和探索人体生命活动的观点与方法、传统保健体育的指导思想与理论基础及创编传统保健体育法的基本原则和依据。

五、脏腑学说

脏腑是人体内脏的总称。按照脏腑的生理功能特点，可将其分为脏、腑、奇恒之腑三类。脏，即心、肺、脾、肝、肾，合称为"五脏"；腑，即胆、胃、小肠、大肠、膀胱、三焦，合称为"六腑"；奇恒之腑，即脑、髓、骨、脉、胆、女子胞（子宫）。脏腑学说的主要特点是以五脏为中心的整体观。五脏生理功能之间的平衡协调是维持机体内在环境相对恒定的重要环节。

传统保健体育的养生保健作用就是通过一系列自身的调节，不断维系五脏生理功能之间的平衡协调。因此，了解五脏主要生理功能的相互关系，有助于认识传统保健

脏腑学说在传统保健体育中的应用

体育的健身机制，并对各种功法的学练有重要的指导作用。

中医脏腑学说中的"五脏"虽与西医脏器的名称相同，但生理上和病理上的含义不同，现将五脏的重要生理功能分述如下。

（一）心

心位于胸中，其主要生理功能是主血脉、主神明。

心主血脉，包括主血和主脉两个方面：全身的血都在脉中运行，依赖于心气的推动而运送到全身，发挥其濡养作用。心气充沛，才能维持正常的心力、心率和心律，血液才能在脉内正常地运动，周流不息，营养全身，可见到面色红润光泽、脉象和缓有力等外在的表现。血液的正常运行，还有赖于血液本身的充盈和脉道通利。传统保健体育锻炼，加强了心气统辖血液运动的功能，改善了自主神经的功能，使外周阻力降低，回心血量增加，从而达到脉道通利、血液充盈的良好状态。

心主神明，神有广义和狭义之分。广义的神，是指机体生命活动的外在表现。狭义的神，是指人的精神、意识、思维活动。传统保健体育通过"调心"来改善"心主神明"的功能。练功时，放松入静，能调养心神，使心神在不受外界事物干扰下，发挥其"君主之官"的作用，使机体达到"主明则下安，以此养生则寿"的协调平衡状态。

（二）肺

肺位于上焦，其主要生理功能是主气与水液调节、气血的运行及皮肤外表的防御。

肺主气功能包括主一身之气和呼吸之气。肺主一身之气，首先体现于气的生成方面，特别是宗气的生成，主要依靠肺吸入的清气与脾胃运化的水谷精气相结合。其次，肺主一身之气还体现在对全身的气机具有调节作用。肺的呼吸运动，即气的升降出入运动。肺有节律地一呼一吸，对全身之气的升降出入运动起着重要的调节作用。肺主呼吸之气，是指肺作为体内外气体交换的场所，通过不断地呼浊吸清、吐故纳新，促进气的生成。肺的呼吸均匀和调，是气的生成和气机调畅的根本条件。传统保健体育对呼吸有特殊的要求，有意识地"调息"，机体本身所消耗的能量甚少，达到"积气以成精，积精以全神"的效果。

（三）脾

脾位于中焦，其主要生理功能是主运化，把水谷之精微吸收、传输到全身。脾还具有升清、统摄血液的作用。

脾的运化功能可分为运化水谷和运化水液两个方面。运化水谷是对饮食的消化和吸收；运化水液是指对水液的吸收、传输和布散作用。脾的运化功能是以升清为主的。所谓"升清"，指水谷精微等营养物质的吸收和上输于心、肺、头、目，通过心肺的作用化生气血，以营养全身。

中医学对脾胃功能正常与否非常重视，"脾胃为后天之本"，还强调"百病皆由脾胃衰而生也"。传统保健体育中许多要领都直接作用于脾胃，如"意守丹田"、舌抵上腭，能使人体的唾液等消化腺分泌增多；"腹式呼吸"能增大横膈肌的活动幅度，改变腹内压，对脾、胃起"按摩"作用；"虚领顶劲"有助于脾的升清。一些传统保健体育功法，如八段锦中的单举、五禽戏中的熊戏，都有调理脾胃的功效。通过对这些要领和功法的练习，三焦气机通畅，脾胃升降和利，运化水谷机能健旺，从而增加营、卫、气、血、津液的化生，促进机体保持协调平衡的健康状态。

（四）肝

肝位于右肋，其主要生理功能是疏泄、藏血。肝与体表组织的关系是主筋，并开窍于目，与胆相表里；其功能相当于现代医学的神经、消化、内分泌、血液循环和运动系统的部分功能。

肝的疏泄功能，主要表现在调畅气机、促进脾胃的运化功能和调畅情志三个方面。五行中，肝属木，肝木喜畅达而不宜抑郁，肝的主升、主动特点对于气机的疏通、畅达、升发是一个重要因素。肝的藏血功能，主要体现在肝内必须储存一定的血量，以制约肝的阳气升腾，勿使过亢，以维护肝的疏泄功能，使之冲和条达。传统保健体育动静结合，要求练习者放松入静，用适宜的意念进行导引，这有利于肝的疏泄和藏血功能的平衡协调。尤其是练功时，扫除万虑，内清虚而外脱换，松和自然，能使肝气舒和条达，使上亢之肝阳自潜，肝火自降。另外，肝主筋，松和自然的练功状态，有助于肝血的充盈，使筋得其所养，有利于增强人体的运动能力。

（五）肾

肾位于腰部脊柱两旁，左右各主水、纳气、主骨生髓。其主要生理功能是藏精。肾对于精气的闭藏，主要是为精气在体内能充分发挥其应有的生理效应创造良好的条件，不使精气无故流失，影响机体的生长、发育和生殖能力。肾的精气，从其作用来说，包含着肾阴、肾阳两个方面，肾阴又称"元阴""真阴"，亦称"命门之水"，是人体阴液的根本，对各脏腑组织起着濡润、滋养的作用；肾阳又称"元阳""真阳"，亦称"命门之火"，是人体阳气的根本，对各脏腑组织起着温煦、鼓动的作用。肾阴和肾阳在人体内也是相互制约、相互依存的，借以维持人体生理上的动态平衡。传统保健体育中动作、呼吸、意念常以命门为锻炼中心。例如，太极拳运动，讲究"以腰为主宰，全身上下相随"。通过这一系列的锻炼，体内阴阳调和，尤其是肾内精气充沛，阴阳平衡，可充分发挥"先天之本"的作用。

肾的另一个重要生理功能是主纳气，人的呼吸运动虽然由肺所主，但还有赖于肾气的摄纳，《类证治裁·喘证论治》说："肺为气之主，肾为气之根，肺主出气，肾主纳气，阴阳相交，呼吸乃和。"通过传统保健体育的锻炼，一方面肾内精气充足，有利于发挥纳气功能；另一方面，练功时均匀、深长、平和的呼吸，更有助于肾对呼吸的摄纳作用，保证体内外气体的正常交换，达到保精养神、益气全形的目的。

六、经络学说

经络学说是研究人体经络系统的循行分布、生理功能、病理变化及其与脏腑相互关系的学说，它是中医学理论体系的重要组成部分。经络包括经脉和络脉两部分，其中经脉分正经和奇经两大类，此为经络系统的主要部分。正经有十二条，即手足三阴经和手足三阳经，合称"十二经脉"，是气血运行的主要通道；奇经有八条，即督、任、冲、带、阴跷、阳跷、阴维、阳维，合称"奇经八脉"。

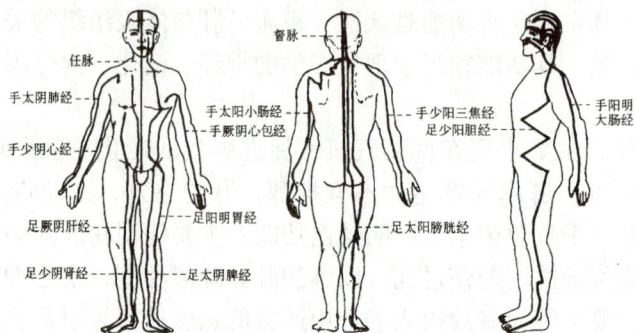

手、足三阴经和手、足三阳经

十二经脉中，每个经脉分别隶属于人体一个脏或一个腑，且左右对称地分布于人体两侧。十二经脉、奇经八脉及分支络脉在人体内纵横交错，内通脏腑，外达肢节，上通头，下达脚，把人体网络连成一个整体。经络是气血运行的通道。

奇经八脉虽与脏腑没有直接关系，但与十二经脉纵横交接，对十二经脉具有调节、疏通作用，其中任脉、督脉至关重要。中医学和传统保健体育把任脉、督脉与十二经脉合称为"十四经"。

中医学把人体具有传输和输注气血的空隙和聚焦点称为腧穴，把循行十四经上的腧穴称为经学。腧穴是脏腑、经络气血输注之处。传统保健体育家往往通过意念导引、意守和点、按、拍、打等方法作用于特定的穴位以疏通经络和调畅气血。传统保健体育养生健身常用穴位如下表所示。

传统保健体育养生健身常用穴位表

身体部位	穴 名	所属经脉	分 布 位 置
头	百 会	督 脉	头顶正中，两耳尖连线中点
	印 堂	经外奇穴	两眉头连线中点，正对鼻尖
	太 阳	经外奇穴	眉梢与目外眦之间向后约1寸凹陷处
	人 中	督 脉	上唇人中沟上1/3处
	承 浆	任 脉	下唇沟正中凹陷处
颈	玉 枕	足太阳膀胱经	枕外粗隆上缘凹陷处
	风 池	足少阳胆经	头颈后两侧发际凹陷处
	天 柱	足太阳膀胱经	平哑门旁开1.3寸斜方肌外缘凹陷中

身体部位	穴 名	所属经脉	分布位置
背腰胸	大 椎	督 脉	第七颈椎棘突下凹陷处
	命 门	督 脉	第二腰椎棘突下凹陷处
	肾 俞	足太阳膀胱经	命门旁开1.5寸
	膻 中	任 脉	两乳头连线中点
腹	中 脘	任 脉	脐上4寸
	神 阙	任 脉	肚脐中
	气 海	任 脉	肚脐下1.5寸
	关 元	任 脉	肚脐下3寸处
裆髋	会 阴	任 脉	前后二阴连线中点
肩	肩 井	足少阳胆经	肩端，平举肩时前上方凹陷处
臂	曲 池	手阳明大肠经	肘弯横纹桡侧端凹陷处
	内 关	手厥阴心包经	仰掌腕横纹上2寸
手腿	劳 宫	手厥阴心包经	握拳，中指指尖所点处
	足三里	足阳明胃经	膝下3寸，胫骨前嵴外侧
	承 山	足太阳膀胱经	腓肠肌腹下出现尖端凹陷处
	委 中	足太阳膀胱经	腘窝横纹中央
	三阴交	足三阴经上	内踝尖上3寸，胫骨内侧后缘处
	太 溪	足少阴肾经	内踝后，跟骨上凹陷中
	太 冲	足厥阴肝经	足第一、二跖骨接合部之前
	涌 泉	足少阴肾经	足心人字纹头凹陷处

注：1寸，拇指最宽指节处为1寸的尺度。

经络内属于脏腑，外络于肢节，沟通于脏腑与体表之间，将人体脏腑组织器官联系成为一个有机的整体，并借以行气血、营阴阳，使人体各部位的功能得以保持协调和相对平衡。传统保健体育疏通经络、调畅气血的健身作用是通过循经取动的形体锻炼、循经导引的意念活动以及意守、点压和拍打特定穴位来实现的。

传统保健体育法通过循经取动的形体锻炼，以及循经导引、行气、按摩、意守等方法的实施，达到疏通经络、协调脏腑、调畅气血、平衡阴阳、健康长寿的目的。可见，经络学说是传统保健体育的理论基础，经络的循行部位、方向、次序、交接部位及穴位对传统保健体育方法的创编和学、练、用等具有重要的指导意义。

经络学说是中医指导临床的一个重要学说，也是传统保健体育运动的基础理论。《黄帝内经·灵枢·经脉》说："经脉者，所以能决生死，处百病，调虚实，不可不通。"传统保健体育锻炼可调动真气沿经络路线内通五脏六腑，外达四肢百骸，给机体的每个组织系统供应充分的能量，从而使新陈代谢旺盛，增强机体的生理功能，使机体的生命力日益旺盛，从而预防疾病、增进健康。因此，了解人体主要经脉的循行部位和常用穴位的分布，对于传统保健体育的学练有十分重要的意义。

第八章 传统养生

◎ 了解中国传统养生学的概念和主要的养生方法。
◎ 了解中国传统体育养生学的概念、内容和功能。
◎ 了解中国传统体育养生文化。

> 中国传统养生学是一门颐养身心的学问，它建立在中华民族对人的生命的独特认识的模式之上，具有修养身心、健身娱乐和延年益寿的作用，是中华民族养生、健身实践所积累的宝贵财富，是中华古文明的重要组成部分。

第一节 传统养生概述

一、中国传统养生学的概念

养生，又称摄生、保生、卫生、寿世等。养生，最早见于《庄子》内篇。生，即生命、生存；养，即保养、养护、调养、养救、补养等。养生可理解为对生命的保养，以及围绕这一主题的各方面的理论思想与具体实践方法。由于对生命的保养涉及的范围非常广泛，如生理的、心理的及围绕生命这一中心的衣、食、住、行、环境、气候等，因此，从广义的概念来讲，人类一切维持生存、保养身体、增强对环境的适应能力和提高生命质量的行为都是养生学的内容。

在中国历史上，养生、寿世的观念很早以前就提出了。早在商代典籍《尚书·洪范》中就提出了"五福"之说："五福：一曰寿，二曰富，三曰康宁，四曰攸好德，五曰考终命。"涉及身体健康的内容就占了三条。古代中国人这种重视长寿的意识，随着古代哲学、医学的发展，促使人们积极地进行争取长寿的探索与实践，并由此开始了早期的对生命养护和延年益寿的研究与探索。健康长寿是人类普遍关心的问题，因此在养护生命和追求长生的过程中，受到中国古代哲学、医学、宗教等各家各派的影响，他们在不同的层次以不同的视角对养生学的理论与实践进行了探讨和研究，使传统养生学得到了充分的发展，并最终在中国历史上形成了涵盖广泛、形式多样的养生内容。

传统养生是在传统养生学理论指导下进行的预防疾病、养护生命、延年益寿的实践活动。中国传统养生学以传统哲学为理论指导，综合运用中医的理论与方法，采用行气、导引、服食、药饵、房中等具体手段，通过提高身心健康水平、发展身体自我调节能力、提高生命和生存质量等途径达到延年益寿的目的。中国传统养生学以追求身心平衡发展为原则，注重人体心理与生理的健康关系，注重人与环境、人与自然的和谐关系，形成了具有中国特色的传统生命科学的理论与方法体系。

传统养生学是一门生命科学，其目的、手段和发展过程均基于人类生命这一中心。从起源来看，传统养生学首先以贵人重生为思想前提，注重延长人的寿命，以追求延年益寿为目的。从发展来看，无论依据什么样的理论体系，采用什么样的实践方法，传统养生学始终是围绕着养护身体、提高生命质量、追求心理与生理平衡这一主线而展开的。中国传统养生学方法多样，理论丰富深刻，而这些理论思想与实践方法也都是围绕人的心理与生理现象而展开的。因此，中国传统养生学是具有中国特色的传统生命科学。

二、中国传统养生学主要的养生方法

（一）精神与养生

精神养生，就是在"天人相应"整体观念的指导下，通过怡养心神、调摄情志、调剂生活等方法，保护和增强人的心理健康，达到形神高度统一、提高健康水平的目的。要想从根本上提高人口素质，必须重视精神心理卫生的研究和运用。

（二）环境与养生

1. 养生环境的基本概念

所谓养生环境，是指空气、水源、阳光、土壤、植被、住宅、社会人文等因素综合形成的有利于人类生活、工作、学习的外部条件。

人与自然的关系，是有机的统一整体。人与环境，像鱼和水一样密不可分。人类依存于环境，受其影响，不断与之相适应；人类又通过自身的生产活动不断改造环境，使人与自然更加和谐。

生活环境对人类的生存和健康意义重大，适宜的生活环境可保证人类日常活动的正常进行，促进人类的健康长寿，有利于民族的繁衍兴旺。

2. 人类适宜的自然环境

中医认为，自然环境的优劣直接影响人寿命的长短。我国人民对于理想的养生环境的选择是有独到认识的。

那么，人类适宜的自然环境应具备哪些条件呢？综合古今研究情况，大致应具备以下几点：洁净而充足的水源、新鲜的空气、充沛的阳光、良好的植被以及幽静秀丽的景观等。这个适宜的自然环境不仅应满足人类基本的物质生活需求，还要适应人类特殊的心理需求，甚至要与不同的民族、风俗相协调。

（三）起居与养生

起居调摄主要指对生活中各个方面进行科学安排及采取一系列健身措施，以达到

传统保健体育对大学生心理健康的影响

祛病强身、益寿延年的目的。

起居调摄包含的内容很多，衣食住行、站立坐卧、苦乐劳逸等的养生措施都属起居调摄的范畴。下面只介绍起居有常、劳逸适度、服装顺时适体和排便保健法四个方面。

1. 起居有常

起居有常主要是指起卧作息和日常生活的各个方面有一定的规律并合乎自然界和人体的生理常度。它要求人们起居作息、日常生活要有规律，这是强身健体、延年益寿的重要原则。

在日常生活中，若起居作息毫无规律，恣意妄行，逆于生乐，以酒为浆，以妄为常，就会引起早衰以致寿命缩短。现代研究认为，人体进入成熟期以后，随着年龄的不断增长，身体的形态、结构及其功能开始出现一系列退行性变化。

只有建立合理的作息制度，休息、劳动、饮食、睡眠皆有规律，并持之以恒，才能增进健康，尽终其天年。

人生活在自然界中，并与之息息相关，因此，人们的生活作息只有与自然界阴阳消长的变化规律相适应，才能有益于健康。规律的生活作息能使大脑皮质在机体内的调节活动形成有节律的条件反射，这是健康长寿的必要条件。把生活安排得井井有条，精神饱满地工作和学习，这对人体健康是大有益处的。

2. 劳逸适度

劳和逸之间具有一种相互对立、相互协调的辩证统一关系，二者都是人体的生理需要。长期的实践证明，劳逸适度对人体养生保健起着重要作用。

（1）调节气血运行。

在人生过程中，绝对的"静"或绝对"动"是不可能的，只有动静结合、劳逸适度，才能对人体保健起到真正作用。

现代医学研究认为，合理的劳动对心血管、内分泌、神经等各个系统都有好处。适当休息也是生理的需要，是消除疲劳、恢复体力和精力、调节身心必不可缺的方法。

（2）益智防衰。

所谓"劳"，不光指体力劳动，也包括脑力劳动，科学用脑也是养生保健的重要方面。应大力提倡善于用脑，劳而不倦，保持大脑常用不衰。经常性合理用脑，可以预防衰老，增加智力，尤其是能够预防阿尔茨海默病。

劳动本来是人类的"第一需要"，但劳累过度则可内伤脏腑，成为致病原因。贪逸过度，气机瘀滞。过劳伤人，过度安逸同样可以致病。根据生物进化理论，用则进、废则退，若过逸不劳，则气机不畅，人体功能活动衰退，气机运动一旦停止，生命活动也就终止。

正确处理劳逸之间的关系，对养生保健起着重要作用。养生学家主张劳逸结合，互相协调。只有劳逸协调适度才会对人体有益。

3. 服装顺时适体

服装是人们日常生活中基本的要素之一，是人类在长期生活中逐渐发明的，是人类文明的表现。首先，服装是用来御寒防暑、保护机体的物品。其次，服装反映了时代精神风貌和物质财富水平，在一定程度上体现着社会的文明程度。

（1）服装的保健意义。

服装的主要作用就在于御寒防暑，保护机体免受外界物理化学因素的刺激和生物因素的侵袭。人们为了适应外界气候的变化，维护机体内外阴阳的动态平衡，除自身生理功能的调节外，衣着也起着极为重要的辅助作用。衣着适宜，可使人体与外在环境之间进行正常的热量交换，从而维持衣服内气候的相对稳定，达到保健的目的。

（2）增减衣服的宜忌。

由于四季气候的变化各有一定的特点，因此脱穿衣服时必须不失四时之节。衣服要随天气变化及时增减，切不可急穿急脱，忽冷忽热。

4. 排便保健法

排便是人体新陈代谢、排除代谢废物的主要形式。排便正常与否，直接影响人体的健康。因此，养成良好的排便习惯对健康长寿具有重要意义。

（1）大便通畅的保健法。

古代养生家对保持大便通畅极为重视。现代的衰老理论中，有一种中毒学说认为，生物体在自身代谢过程中，不断产生毒素，逐渐使机体发生慢性中毒而出现衰老。大便不畅。最易使机体产生慢性自身中毒而出现衰老。保持大便通畅的方法很多，简要介绍如下：①要养成定时排便的习惯，排便要顺其自然，要注意肛门的卫生和便后调理。②按摩通便。③配合其他方面的综合保健，调摄精神，保持情绪安定；饮食调理，饮食多样化，多素少荤，粗细结合；对有便秘者，辅以药物对症治疗。

（2）小便清利的保健法。

小便是水液代谢后排除糟粕的主要途径，与肺、脾、肾、膀胱等脏腑的关系极为密切。水液代谢的好坏反映了机体脏腑功能的正常与否，特别是肾气是否健旺。小便通利，则人体健康，反之，则说明人有疾患。保持小便清洁、通利是保证身体健康的重要方面。其具体方法有饮食调摄法和导引按摩法。此外，要注意排尿宜忌。

（四）饮食与养生

饮食是供给机体营养物质的源泉，是维持人体生长、发育，完成各种生理功能，保证生命延续的不可缺少的条件。饮食养生的目的在于通过合理而适度地补充营养，以补益精气，并通过饮食调配，纠正脏腑阴阳之偏颇，从而增进机体健康、抗衰延寿。

饮食养生主要是补充营养，这是人所共知的常识，但具体说来还有许多讲究。首先，人体重要的物质基础是精、气、神，统称"三宝"。其次，由于食物的味道各有不同，不同饮食对脏腑的营养作用也有所侧重。饮食养生的作用表现为以下两个方面。

1. 强身、防病

食物对人体的滋养作用是身体健康的重要保证。合理地安排饮食，保证机体有充足的营养供给，可以使气血充足，五脏六腑功能旺盛。

饮食又可以调整人体的阴阳平衡。根据食物的气、味特点，以及人体阴阳盛衰的情况，予以适宜的饮食营养，或以养精，或以补形。均衡的饮食既可补充营养，又可调整阴阳平衡，不但保证机体健康，而且是防止发生疾病的重要措施。

此外，发挥某些食物的特异作用，可直接用于某些疾病的预防。例如，用大蒜预防外感和腹泻，用绿豆汤预防中暑，用葱白、生姜预防伤风感冒等，这些都是通过饮食来达到预防疾病的目的的。

2. 益寿、防衰

饮食调摄是长寿之道的重要环节。利用饮食营养法达到抗衰防老、益寿延年的目的，是历代医家十分重视的问题。中医认为，精生于先天而养于后天，精藏于肾而养于五脏，精气足而肾气盛，肾气充则体健神旺，此乃益寿、抗衰的关键。传统的中医养生法中有丰富的调养经验和方法。在饮食调配上，只要调配有方，用之得当，不仅有养生健身功效，还可以收到治疗效果。

饮食养生，不是无限度地补充营养，而是必须遵循一定的原则和法度，需要合理调配、饮食有节、注意卫生。

（五）运动与养生

运用传统的体育运动方式进行锻炼，以活动筋骨、调节气息、静心宁神来畅达经络、疏通气血、和调脏腑，达到增强体质、益寿延年的目的，这种养生方法称为运动养生，又称为传统健身术。

"动则不衰"是我们中华民族养生、健身的传统观点。早在数千年前，体育运动就已经被作为健身、防病的重要手段而广为运用。

1. 运动养生的机理

中医将精、气、神称为"三宝"，它们与人体生命息息相关。现代科学研究证明，经常而适度地进行体育锻炼对机体有许多好处。

（1）可促进血液循环，改善大脑的营养状况，促进脑细胞的代谢，使大脑的功能得以充分发挥，从而有益于神经系统的健康，有助于保持旺盛的精力和稳定的情绪。

（2）使心肌发达，收缩有力，增强心脏的活力及肺脏呼吸功能，改善神经末梢循环。

（3）增强膈肌和腹肌的力量，促进胃肠蠕动，防止食物在消化道中滞留，有利于消化吸收。

（4）可促进和改善体内脏器自身的血液循环，有利于脏器的生理功能。

（5）可提高机体的免疫机能及内分泌功能，从而使人体的生命力更加旺盛。

（6）增强肌肉关节的活力，使人动作灵活、轻巧，反应敏捷、迅速。

正因为如此，勤运动、常锻炼、已成为广大人民健身防病的重要措施。

2. 运动养生的特点

（1）以中医理论指导健身运动。

无论哪一种传统健身法，都是以中医的阴阳、脏腑、气血、经络等理论为基础的。传统健身法以养精、练气、调神为运动的基本要点，以动形为基本锻炼形式，用阴阳理论指导运动的虚、实、动、静；用开合升降指导运动的屈伸、俯仰；用整体观念说明运动健身中形、神、气、血、表、里的协调统一。因此，健身运动的每一招式都与中医理论密切相关。

（2）注意意守、调息和动形的协调统一。

强调意念、呼吸和躯体运动的配合，即所谓意守、调息、动形的统一。意守指意念专注；调息指呼吸调节；动形指形体运动；统一是指三者之间的谐调配合，要达到形、神一致，意、气相随，形、气相感，使形体内外和谐，动、静得宜，方能起到养生健身的作用。

（3）融导引、气功、武术、医理为一体。

传统的运动养生法是我国劳动人民智慧的结晶。千百年来，人们在养生实践中总结出许多宝贵的经验，使运动养生不断地得到充实和发展，形成了融导引、气功、武术、医理为一体的具有中华民族特色的养生方法。源于导引气功的功法有五禽戏、八段锦等，源于武术的功法有太极拳、太极剑等。然而，无论哪种功法，运用到养生方面，都讲求调息、意守、动形，都是以畅通气血经络、活动筋骨和调节脏腑为目的的。由此可见，融诸家之长为一体是运动养生的一大特点。

第二节　传统体育养生概述

一、中国传统体育养生学的概念

中国传统体育养生学是在中国古代养生学说指导下逐渐形成的多种多样的体育活动和健身方法的总称，是中华民族宝贵的文化遗产。中国的养生学说和体育活动的基本思想，在于大力开发和充分利用人体自身的潜能，通过调整呼吸、集中意念、改变姿势来调节和加强人体五脏六腑、四肢百骸的机能，从而起到强身健体、益寿延年、防治疾病的作用。因此，中国传统体育养生学既属于人体生命科学的范畴，又与祖国医学有着密切的联系。

二、中国传统体育和养生方法的内容与分类

中国传统体育和养生方法种类繁多，内容丰富。广而言之，中国古代的呼吸吐纳、导引、健身气功、按摩、荡秋千、放风筝、踢毽子、划龙舟、游泳、滑冰、杂耍、跑马、射箭、武术、摔跤、举重、驾车、狩猎、蹴鞠、马球、弈棋、投壶等，都属于中国古代的传统运动，都具有养生和强身健体的性质。简而言之，中国的传统体育和养生方法的内容主要包括导引和武术两大类别。

三、中国传统体育养生学的功能

中国传统体育养生学及其丰富多彩的练功方法，具备以下功能。

（一）培补元气

人体的健康状况，在很大程度上取决于元气的盈亏与盛衰。《黄帝内经·素问·天元纪大论》云："人有五脏化生五气，以生喜怒思忧恐。""气有多少，形有盛衰。"这段话告诉我们，人体禀受自然之气生成五脏，五脏生成五气，五气合为元气，元气不但支配人类的情志，而且它的多少（即盈亏）还直接关系到人体的盛衰。元气充盈，则后天之气得以扶持，从而脏腑和洽协调，身心健康。如果先天不足，或后天因各种因素损伤元气时，诸气失调，百变丛生，脏腑衰弱，就会导引各种疾病的发生。传统体育养生学特别重视培补元气，如练功当中意守丹田、命门之法，就是根据"肾为先天之本，命门为真火之源"的理论总结出来的宝贵经验，因为丹田、命门所在的部位皆属于腰肾。通过意守丹田和深长的呼吸锻炼，肾中元精充固，而"精化为气"，元气得到源源不断的补充输送。元气既以充沛，则可以激发和推进人体五脏六腑、四肢百骸进行正常的、有规律的生命活动，这对维持机体健康、延长寿命具有积极而重要的意义。

（二）平衡阴阳

《黄帝内经·素问·阴阳应象大论》云："阴在内，阳之守也；阳在外，阴之使也。"《黄帝内经·素问·生气通天论》云："阴平阳秘，精神乃治；阴阳离决，精神乃绝。"这两段话的大意是，人体生命的延续，依靠元气的充盈；而人体生命活动的维系，则依靠阴阳的平衡。阴主体内五脏六腑、气血精津，它是阳的基础；阳主外部皮肤肌腠、四肢关节，它是阴的护卫。人体生命的正常活动，依靠阴阳的平衡和协调，精神才会健旺，身体才会强壮。一旦阴阳失去平衡，人体生命的危机就到来了。所谓"阴盛则阳病，阳盛则阴病"，就是这个道理。传统运动养生学之所以反复强调"阴平阳秘"，就在于它所包括的各种练功方法都特别重视人体阴阳的消长变化。对阴盛阳衰之人，练功就应选择扶阳抑阴之法；对阴虚阳亢之人，练功则应选择养阴平阳之术。《黄帝内经·素问·四气调神大论》云："所以圣人春夏养阳，秋冬养阴，以从其根，故与万物沉浮于生长之门。"这段话一直是传统运动养生的指导性原则。因为春夏二季，阳气日升，阴常不足，所以此时练功当以静功为主，保护人体真阴不受伤耗，注意调养阳气不使过旺，同时尽量减少自然界阳气对人体的侵害。秋冬二季，阳气日衰，阴气日盛，此时练功当以动功为主，以振奋和鼓舞人体阳气，御寒防冻，以防止阴气侵袭人体，造成伤害。再有，如病势向上（肝阳上亢、呕吐呃逆等），则应意念向下；而病势向下（气虚脱肛、下痢泄泻等），则应意念向上。总而言之，任何一种传统体育养生方法，都必须注意因人因时因地制宜、平衡阴阳，才会达到预期目的。

（三）疏通经络

经络学说不仅是祖国医学的一大特色，而且也是中国传统体育养生学的重要理论依据之一。在祖国医学看来，经络是一个庞大系统，它遍布人体周身上下和内外，是人体气血、津液运行的通道，是联络五脏六腑的径路。经络的生理作用很多，概括起来，有运行气血、营内卫外、联络脏腑、沟通上下等。同时，经络是外邪侵扰、内病滋生、病邪传变、内邪外出的管道。也正是基于经络的特点，传统养生练功方法的医疗保健作用是通过疏通经络来实现的。在练功的时候，意念所注意的部位，大多是经络的径路和腧穴所在之处。而腧穴正是气血汇聚和经气出入流注的地方。人体在练功时，以意引气，其实就是引导真气循经运行。祖国医学经常提到的"痛则不通，通则不痛"，就是指只有疏通经络，才能祛除疾病。很多人在练习过程中，可以亲身体会到这种经络传感的现象。这个事实证明，经络不仅是真实的存在，而且把经络学说当作传统体育养生学的理论基础之一，确实是有客观依据的。通过呼吸锻炼，肢节活动，或按摩拍打，可以触动气血循经络互流，以促进百脉调和、气血充盈，这样医疗保健的作用就发挥出来了。

（四）调理气血

气血是人体的重要组成部分，是生命活动的物质基础。关于气血的特点和功能，祖国医学对此论述甚多，这些理论也普遍适用于传统体育养生学，如《黄帝内经·素问·至真要大论》："气有多少，病有盛衰"，直接把"气"的多少和疾病的转归联系起来。《黄帝内经·素问·生气通天论》云："阳气者，精则养神，柔则养筋"，则强调诸气之中，阳气是至关紧要的。《黄帝内经·素问·血气形志篇》云："夫人之常数，太阳常多血少气，少阳常少血多气，阳明常多气多血，少阴常少血多气，厥阴常多血少气，太阴常多气少血。此天之常数。"必须指出，这里所说的"多"与"少"是相对的，是一种生理现象。气血关系十分密切，在人体的三阴三阳虽然多少有一定差异，但从总体上说，应当是平衡的。气血总体平衡，在三阴三阳又有所差异，这样就推动了生命的正常活动。气血密切相关，二者又有所侧重。气具有推动、温煦、御防、固摄和气化的作用，血则具有滋润和营养的功能。在正常情况下，"气为血之帅，血为气之母"，三者相辅相成，互助互补，处于动态平衡。在异常情况下，气血不和，气滞血瘀，各种疾病就发生了。传统体育所倡导的养生方法，就是要通过意守、调身、调息、调心，从而起到调理气血的作用，恢复和重建气血的动态平衡。在练静功时，下意识地意守病变部位，以意领气，使气推动血达病灶，从而改善病变的供血状况，气行则血行，血行则百病消。在练动功时，在意守病变部位的同时，以意念和动作，使气推动血达病灶，加强营养，修复组织，祛邪外出，恢复健康。因此，调理气血是传统体育养生的重要功能之一。

（五）安定脏腑

祖国医学把心、肝、脾、肺、肾称为"五脏"，把胆、胃、小肠、大肠、膀胱、三焦称为"六腑"，合称"五脏六腑"，简称"脏腑"。人体脏腑安定、功能协调是健康的标志。传统体育养生功法大多数以腰为根本，这是有道理的。因为腰部既为肾之外府，又是命门所在，而肾气为先天之本，命门之火为生命之源。命门相火旺盛，就能使肾气充盈，从而温煦脾土。脾胃为后天之本，脾土得温，脾阳得助，则脾能健运，水谷得消，精微得化，那么五脏六腑皆得所养而安定协和，经络骨节皆得所润而通利，由此达到生机旺盛、体魄强壮、健身除病、延年益寿的目的。另外，因心为"君主之官"而主神明，故传统体育养生也特别注重"调心"，就是调养心神，心神宁静，则身体安和，喜怒不留于心，悲恐不栖于面，情、魂、魄、意、志各得其所，衣、食、住、行各得其宜，这样就真正实现了脏腑安和、身心健康的美好愿望。

以上讲述了中国传统体育养生学的概念、内容、分类及功能，从中不难了解到，中国传统体育养生学不但历史悠久，源远流长，内容丰富，形式多样，而且功效显著，简便易学，适应性强，便于推广。它博大精深，堪称中华民族传统文化的瑰宝。在充满机遇和挑战的21世纪，在人类进入知识经济和信息时代的历史新阶段，人们要很好地适应日益紧张的学习节奏、工作节奏和生活节奏，必须具有良好的心态和健壮的体魄。随着国民经济的发展和全面实现"小康"，逐步富裕起来的中国人会比任何时候都渴求健康，而传统体育养生学所提供的练功方法，正是大众最好的选择。

第三节　传统体育养生文化

一、传统体育养生的文化特色

传统体育养生在中国传统文化的影响下成长、发展，从古代的简单文字记载到现代不断涌现的巨著，丰富了传统体育养生这种文化形态的构建，展现了传统体育养生的本体特征和运动规律，并与其他的文化形态（如哲学、医学、美学等）进行着不断的交流与渗透，逐步形成了自己的文化特色。

早在两千多年前，中国最古老的医学经典著作《黄帝内经》就对中国传统的养生保健方法作了高度概括，主要包括"法于阴阳，和于术数，食饮有节，起居有常，不妄作劳"五个方面，古人的这种认识基本符合现代的科学理念。正是在这种认识的基础上，中国传统文化的一个分支——传统体育养生诞生了。传统体育养生本身就是一种传统文化，承载了传统文化的很多信息，是中国古代哲学、医学、美学等多学科知识的集中体现，是中国传统文化的优秀代表。传统体育养生作为民族传统体育项目，一方面，同其他体育运动一样，来源于人们的生产生活实践，如有些传统体育养生的内容，本身就是古代中国人民为了祛除恶劣的自然环境带来的病痛、强健身体，模仿飞禽走兽的动作编创而成的；另一方面，传统体育养生又与多数运动项目不同，它在进行肢体运动的同时，还包括了呼吸吐纳的配合和心理状态的调整，除功法动作外，还往往讲求富含哲理思想的健身理论。相比之下，传统体育养生具有更多的意识形态内容，显现出更为强烈的文化特色。

二、传统体育养生的社会价值

传统体育养生可以有效地降低人们的医疗费用，缓解社会矛盾。传统体育养生不同于追求人体极限的竞技体育，它的运动形式比较舒缓，运动量适宜，能够很好地起到"有病治病、没病防病"的效果。调查显示，经常练习传统体育养生功法的人群，其医疗费用支出明显低于不经常练习的人群的，而在经常练习的人群中，中老年群体占据了很大比例，相对而言，他们属于社会的弱势群体，经济收入水平较低，传统体育养生间接降低了他们的医疗费用，可在一定程度上缓解社会收入分配差距拉大的矛盾。从这个意义上讲，大力发展传统体育养生，可以满足人们健身防病的需要，提高人们的身体素质，这样，不仅降低了医疗费用，还提高了工作效率，有利于全面建设小康社会。

传统体育养生是开展全民健身运动的重要内容，可以有效地增进人们之间的和睦关系。传统体育养生以追求身心平衡发展为原则，注重人体心理与生理之间的健康关系，注重人与环境、人与自然、人与人之间的和谐关系，符合中国人的思维方式、处事原则和审美要求，天然地占据着全民健身运动的重要一隅。传统体育养生要求心情舒畅、无为不争，注重个体修养的提升，可以有效地增进人们之间和睦相处。和谐社会首先是人的和谐，人只有在"和"的状态下，其生命才能得到最顺畅、最理想的发展。习练传统体育养生的过程，也就是从人自身的"和"，进入人与自然、人与社会的"和"的过程。在进行传统体育养生锻炼的同时，融入中华民族和气、和美、和满的思想内涵，可以促进人的个性全面发展，培养美德，磨炼意志，由个体而进一步发展到全社会素质的提升，推动社会向着更高的阶段发展，为和谐社会的实现增砖添瓦。

第九章 保健按摩

◎ 了解保健按摩的产生及发展。
◎ 了解保健按摩的生理作用。
◎ 掌握保健按摩的操作方法。
◎ 了解运动按摩的方法。

> 按摩是通过双手、足或器械进行的各种操作，以提高、改善和调节人体生理功能、病理状况、消除疲劳和防治疾病的一种方法。按摩，是中国古老的医疗方法之一。古老而新兴的按摩疗法深受人们喜爱。

第一节　保健按摩概述

一、保健按摩的产生及发展

在中国传统养生学的发展过程中，保健按摩也在同时发展、进步、完善。远古时代，人类要生存、生活，就必须猎取食物，要防御野兽的伤害和各种自然灾害，而在这些过程中，不可避免地会造成伤害，产生疼痛、肿胀等症状。起初，人们无意识地按压、抚摸局部，结果意外地获得使肿痛减轻或消失的效果，于是，便逐渐地认识了按摩的作用，经过长期的实践，并不断地进行总结，中国古代人逐步形成了最古老的按摩疗法。

随着社会的进步，按摩疗法也不断地发展。到了先秦两汉时期，按摩已在医学体系中占有极其重要的地位。在这个时期成书的我国现存最早的医学经典巨著《黄帝内经》中，有关论述按摩的理论、治疗工具与治疗病种等多次出现。魏晋隋唐时期是按摩发展史上的鼎盛时期。在这个时期，按摩与导引结合，在预防疾病、保健养生方面的效果较为突出。例如，梁代陶弘景在《养性延命录》中记有浴面保健按摩法；隋代巢元方在《诸病源候论》中，几乎于每卷末都记有导引按摩之法；唐代孙思邈在《千金要方》中记有以自我按摩为主的"老子按摩法"。另外，在隋唐时期不但设有按摩专科和按摩的专科医生，而且建立了按摩医政，如隋代有按摩博士的职务；唐代在太医院设有按摩科。唐代是我国历史上政治、经济、文化、交通极为繁荣昌盛的时期，随着对外经济文化的交流，按摩陆续地传入朝鲜、日本、印度和西欧等国。明清时代，在按摩的手法、操作和穴位等方面积累了丰富的临床经验，相应的著作如明代陈氏著《小儿按摩经》、清代徐谦光著《推拿三字经》等。中华人民共和国成立以后，曾在民国时期受到制约的中医、按摩在中医政策的指引下获得新生。1956年，上海开办了按摩训练班，并先后出版了《中医推拿学讲义》《按摩疗法》《按摩》《推拿学》等十几部专著。如今，按摩正以其独特的疗效，吸引着世界各国的人们，许多国家派人来我国学习和邀请我国派遣按摩人员去工作和讲学。

可以预言，古老而又新兴的按摩疗法将越来越为人们所喜爱，必将为人类的医疗保健事业作出更大的贡献。

二、保健按摩的生理作用

（一）对神经系统的作用

按摩是一种良好的物理刺激，对神经系统可起到兴奋或抑制作用，并可通过神经反射影响各器官的功能。不同的按摩手法，对神经系统起着不同的作用，如叩打、重推摩等对神经系统起兴奋作用，轻推、轻揉等起抑制作用。同一按摩手法，由于其运用的方式不同，对神经系统也有着不同的影响，如手法缓急、用力轻重、时间长短不同，其作用也各不相同。一般地说，频率慢、用力轻、时间较长的按摩起镇静作用，频率快、用力重、时间较短的按摩则起兴奋作用。

（二）对皮肤的作用

按摩可改善皮肤呼吸，提高皮肤温度，增强皮肤的光泽度和弹性。按摩首先作用于皮肤，使局部衰老的上皮细胞得以清除，皮肤的呼吸得到改善，有利于汗腺和皮脂腺的分泌。按摩可使皮肤内产生一种类组织胺的物质，使皮肤的毛细血管扩张，血流量增多，提高皮肤温度，改善皮肤的营养，使皮肤润泽而富有弹性。

（三）对运动系统的作用

按摩能使肌肉中毛细血管扩张和后备毛细血管开放，使局部的血液循环和营养得到改善，并可加速疲劳时肌肉中乳酸的排除，因而可以加速疲劳的消除，提高肌肉的工作能力、防止伤后肌肉萎缩。此外，经常进行按摩还能增强韧带的柔韧性和加大关节的活动范围，这不仅对体育运动有实际意义，还能消除骨折后病人因伤肢固定过久而对关节、韧带、肌腱所产生的不良影响，并能预防关节、韧带因过度牵拉而引起的损伤。

（四）对循环系统的作用

按摩可增强心肌收缩，使心率明显减慢，脉搏跳动有力；使心血输出量在吸气时稍增加，呼气时则减少，使心肌氧耗量降低；可使血管扩张，通透性增加，降低体循环的阻力，加速静脉血的回流，减轻心脏的负担。对于高血压患者，按摩可使收缩压和舒张压均降低；可使血液循环和淋巴循环加快，可使血液中的白细胞总数和吞噬细胞增加，促使淋巴回流加快，能使因病导致的不正常的血压恢复正常，提高机体抗病能力，同时有助于渗出液的吸收，消除局部水肿。此外，按摩还能影响血液的重新分配，调整肌肉和内脏的血液流量，以适应肌肉紧张工作时的需要。

（五）对呼吸系统的作用

按摩可使呼吸频率减慢和加深，使肺部最大通气量的平均值增大，肺部活动量增加，肺泡的有效通气量增加，使气体交换良好，以利于机体组织与器官充分获得氧气。

（六）对消化系统的作用

按摩可促进或抑制胃肠蠕动和消化腺分泌（改善与促进体内和局部的新陈代谢），调节消化系统自主神经活动，使唾液中淀粉酶含量增加，活性明显增强，能使胃液分泌增多，有利于人体消化吸收功能，并能有效地消除胃肠积气，保持大便通畅。

（七）活血散瘀、消肿镇痛的作用

按摩能促进血液循环和淋巴循环，促进伤部的物质代谢，促进瘀血的吸收和消除水肿，同时减缓伤部的血管、肌肉的痉挛，使周围神经兴奋性降低，使神经暂时失去传导功能，从而起到理气活血、疏通经络、减轻伤痛的作用。

（八）理筋生新、松解粘连的作用

按摩能使血管扩张，加强局部血液循环，改善局部代谢，使因局部气血瘀结而产生的硬结、粘连而狭窄的腱鞘松懈，使肌肉与筋膜、韧带与关节囊的粘连分离，逐渐恢复功能。

第二节　保健按摩的种类和手法

一、按　法

定义　利用指尖或指掌，在患者身体适当部位有节奏地一起一落按下，叫作按法。

方法　通常用单手按法或双手按法在两肋下或腹部进行按摩。在背部或肌肉丰厚的地方还可使用单手加压按法，也就是左手在下，右手轻轻用力压在左手指背上，也可以右手在下，左手压在右手指背上。

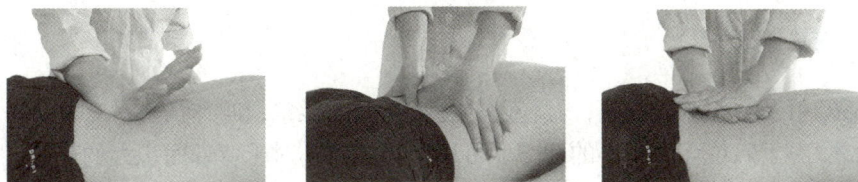

二、摩　法

定义　摩，就是抚摩的意思。用手指或手掌在患者身体的适当部位，给以柔软的抚摩，叫作摩法。

方法　摩法多配合按法和推法，有常用于上肢和肩端的单手摩法和常用于胸部的双手摩法。

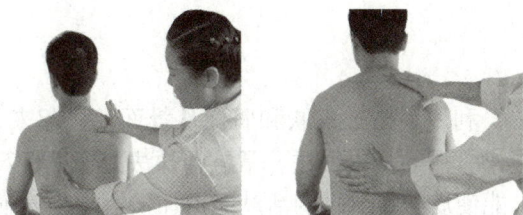

三、推　法

定义　在前用力推动叫作推法。因为推与摩不能分开，推已包括摩，所以推、摩常配合一起用。

方法　推摩的手法是多样的。用拇指与食指夹持肌肉，叫作单手推摩法。把两手集中在一起，使拇指对拇指，食指对食指，两手集中一起往前推动，叫作双手集中推摩法。

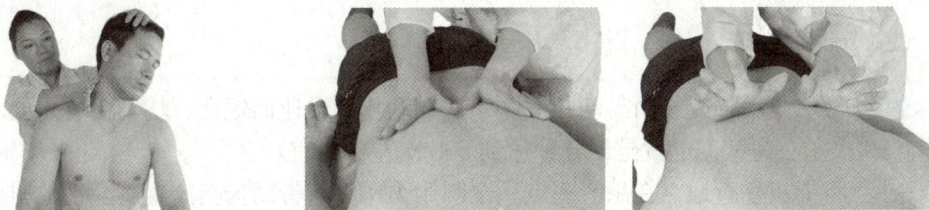

四、拿　法

定义　用手把适当部位的皮肤稍微用力拿起来，叫作拿法。

方法　常用的拿法有在腿部或肌肉丰厚处的单手拿法。如果患者因情绪紧张、恼怒，突然发生气闷、胸中堵塞，出现类似昏厥的情况，则可在锁骨上方肩背相连的地方，用单手拿法把肌肉抓起来再放下，放下再抓起，以每秒拿两下的速度，连拿 20 次，稍为休息，再连拿 20 次，则胸中通畅，气息自渐调和。

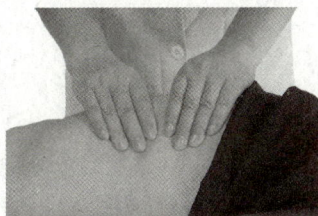

五、揉 法

定义 用手贴着患者皮肤，做轻微的旋转活动的揉拿，叫作揉法。

方法 对于穴位等面积小的地方，可用手指揉法；对于背部面积大的部位，可用手掌揉法。还有单手加压揉法，如揉小腿处，左手按在患者腿肚处，右手则加压在左手手背上，进行单手加压揉法。

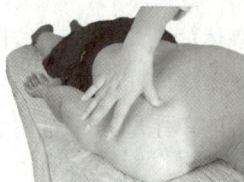

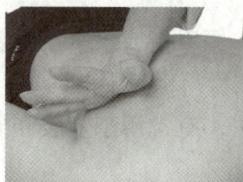

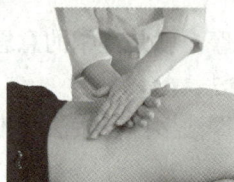

六、捏 法

定义 在适当部位，利用手指把皮肤和肌肉从骨面上捏起来，叫作捏法。

方法 捏法是按摩中常用的基本手法，常常与揉法配合进行。捏法具有指尖的挤压作用。轻微挤压肌肉，能使皮肤、肌腱的活动能力加强，能改善血液循环和淋巴循环。

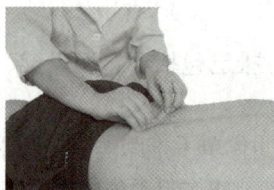

【提 示】 捏法和拿法有某些类似之处，但是拿法要用手的全力，捏法则着重在手指上。拿法用力要重些，捏法用力要轻些。

七、颤 法

定义 颤法是一种震颤而抖动的按摩手法，动作以迅速而短促、均匀为宜。要求每秒颤动10次左右为宜，也就是1分钟达到600次左右为宜。

方法 将拇指垂直地点在患者痛点，全腕用力颤动，带动拇指产生震颤性的抖动，叫作单指颤动法。将拇指与食指，或食指与中指，放在患者疼处或眉头等处，利用腕力进行颤动，叫作双指颤动法。

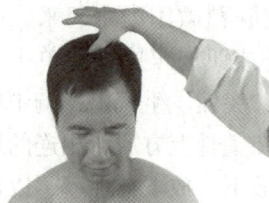

八、打 法

定义 打法，又叫作叩击法。

方法 手劲要轻重有准，柔软而灵活。手法合适，能给患者以轻松感，否则就是不得法。打法主要用的是两手。常用手法有侧掌切击法、平掌拍击法、横拳叩击法和竖拳叩击法等。下图为平掌拍击法。

第三节　运动按摩

运动按摩可以调整和保护运动员良好的竞技状态，调动运动员潜在体能，从而达到提高运动成绩的目的。

在体育运动中，按摩在调整运动员的生理功能、消除疲劳、防治运动损伤和提高运动能力等方面起着积极的作用，而且简便易行，不需要特殊设备。应用于运动实践的按摩，称为运动按摩。在运动前进行按摩，可作为准备活动的补充；在运动中进行按摩，可以帮助缓解肌肉的僵硬和痉挛；在运动后进行按摩，可以起到加速消除疲劳的作用。

运动按摩分为运动前按摩、运动中按摩、运动后按摩和自我按摩。这里主要介绍前三种。

一、运动前按摩

运动前按摩是运动员参加比赛前和训练前的按摩。通过按摩，韧带的柔韧性和关节的灵活性得到提高，肌肉力量增强，为提高运动能力和创造最佳运动成绩做准备。运动前按摩是预防运动损伤的重要措施，在冬季尤为重要。运动前按摩可以与准备活动结合起来做，也可以在一般准备活动后，结合专项准备活动进行。按摩所需时间为5～10分钟，宜在比赛或训练前15分钟内进行，并要根据赛前不同的状态、不同的比赛专项和不同的气候条件等选择有关手法。

（一）提高兴奋性的按摩的具体操作方法

（1）被按摩者取坐位，按摩者站立于身旁。用两手拇指螺纹面揉攒竹穴、丝竹穴、太阳穴，点按风池穴、大椎穴、内关穴和足三里穴等穴位。

（2）用较重和快速的手法揉捏和拍击肩部，有力地搓动和抖动上肢。使按摩所产生的机械刺激达到头部，可起到提高中枢神经系统兴奋性的作用。按摩的时间为3～4分钟，安排在准备活动以后进行。

（二）克服比赛前紧张状态的按摩的具体操作方法

运动新手参加比赛，在赛前可能因情绪过分激动而产生过度兴奋，常表现为坐立不安、夜间睡眠不良、食欲减退等一系列不良反应，以及运动时动作协调性下降。这些不良反应往往使运动员的运动能力减弱，运动成绩下降。

（1）被按摩者取坐位，按摩者站立于身旁。按摩时，用力较轻，频率较慢，时间较长，按摩的面积较大。根据所从事的项目，对运动时负荷量较大的肌肉和关节进行擦、揉捏等手法。通过这些弱刺激，神经的抑制过程扩散，兴奋过程减弱，从而克服过分紧张状态而起到镇静作用。

（2）进行头部按摩也能起到镇静作用，用拇指指腹揉印堂穴、太阳穴各10次，并将两手拇指指腹紧贴于印堂穴上方皮肤，然后进行来回交叉抹动于眉上方10次，最后3次当拇指抹到眉梢时再延伸至太阳穴，并在太阳穴上做回旋，最后向外上缘提起而告终。

（3）两手四指紧贴头部两侧，虎口置于前额，将两手拇指紧贴于额前皮肤，交替向头顶方向抹动，重复10次，揉百会穴、风池穴各5次。

二、运动中按摩

运动中按摩是利用运动中的间歇来进行的，如跳跃、投掷、体操等项目在训练或比赛中均有间歇。运动中按摩的目的是及时消除疲劳或消除肌肉僵硬，提高训练或比赛时的兴奋性。

运动中按摩一般是针对负荷量较大的肌群进行的。根据项目的特点和间歇时间的长短，以及短时间内达到兴奋的目的，可先采用柔和的手法，继而再用较重而快速的手法，并着重按摩将承受较大负荷的部位，按摩时间为3～4分钟。

三、运动后按摩

运动后按摩的目的是加速疲劳的消除，有利于体力的恢复，可以在运动结束部分一并进行，也可以在运动结束后或洗澡后及晚上临睡前进行。如果运动员处于极度疲劳状态，则应先休息2～3小时再进行按摩。按摩的部位应随运动项目和疲劳程度而定，一般按摩运动中负担最大的部位，若运动后严重疲劳则可采用全身按摩法。

下篇　体育运动实践学与练

◎ 了解武术的起源与发展、形式与分类。

◎ 了解武术的锻炼价值。

◎ 掌握武术锻炼的基本功。

第十章

武术

武术是以技击动作为主要内容，以套路和格斗为主要运动形式，注重内外兼修的中国传统体育项目。武术具有极其广泛的群众基础，是中华民族在长期的社会实践中不断积累和丰富起来的一项宝贵的文化遗产。

第一节　武术概述

一、武术的起源和发展

中华武术源远流长，是世界古老文化之一，是中华民族所独有的文化艺术瑰宝。

武术萌芽于原始社会时期，起源于我国古人的生产劳动。古人在狩猎的生产活动中，创制了石刀、石锤、木棍等武器，逐渐学会了躲闪、跳远、滚翻，以及运用石器、木棒劈、砍、刺等技能。氏族公社时代，部落战争经常发生，因此在战场上搏斗的经验也不断得到总结，击、刺等进攻技能不断被模仿、传授和习练，产生了武术的萌芽。武术成形于奴隶社会时期。夏朝建立后，经过连绵不断的战火，武术为了适应实战需要进一步向实用化、规范化发展，主要体现在军队的武术活动和以武术为主的学校教育中。商周时期，武术训练的重要手段——田猎出现了，"武舞"被用来训练士兵、鼓舞士气，周朝设立的"序"等学校也把射御、习舞等列为教育的内容之一。进入春秋战国以后，诸侯争霸，都很重视技击在战场中的运用；秦汉以后，角力、击剑等武术活动盛行。随着"宴乐兴舞"的习俗，手持器械的舞练时常在乐饮酒酣时出现。此外，"刀舞""力舞"等虽具娱乐性，但从技术上更近似于今天的套路形式的运动。唐朝实行武举制，并对有一技之长的士兵授予荣誉称号，对武术的发展起到了促进作用。宋元时期，以民间结社的武艺组织为主体的民间练武活动蓬勃兴起，有习枪弄棒的"英略社"、练习射箭的"弓箭社"等。由于商业经济活跃，浪迹江湖、以习武卖艺为生的"路歧人"出现了，习武卖艺的形式不仅有单练，还有对练。明清时期是武术的大发展时期，流派林立，拳种纷显。拳术有长拳、猴拳、少林拳、内家拳等几十家之多，同时形成了太极拳、形意拳、八卦拳等重要的拳种体系。

民国时期，民间出现了许多拳社、武士会等武术组织。1927年，中央国术馆在南京成立。1936年，中国武术队赴柏林奥运会参加表演。中华人民共和国成立后，武术得到了蓬勃的发展。1956年，中国武术协会建立了武术协会、武术队等，形成了空前广泛的群众性武术活动，为武术的发展开拓了广阔的道路。1985年，在西安举行了第一届国际武术邀请赛，国际武术联合会筹备委员会成立，这是武术发展历史性的突破。1987年，在日本横滨举行了第一届亚洲武术锦标赛。1990年，武术被列入第十一届亚洲运动会（简称亚运会）竞赛项目，标志着武术开始走进亚运会。1999年，国际武术联合会被吸收为国际奥林匹克委员会（简称国际奥委会）的正式国际体育单项联合会成员，这是武术发展中的又一历史性突破，这意味着武术即将成为奥运会项目，预示着"把武术推向世界"的雄伟目标进一步实现。

二、武术的形式和分类

武术主要包括套路和散打两种运动形式。武术套路形式有拳术、器械、对练和集体项目。

（1）拳术项目：长拳、南拳、太极拳、形意拳、通背拳、地躺拳等。
（2）器械项目：刀、剑、棍、枪、双刀、双剑、九节鞭、三节棍等项目。
（3）对练项目：徒手对练、器械对练及徒手对器械三种类型。
（4）集体项目：多人进行拳术、器械演练的形式。

这些不同的套路形式，不但体现了武术的攻防格斗内涵，而且具有优雅美观、节奏鲜明的风格特点。

武术散打是徒手格斗运动的一种形式。

三、武术的锻炼价值

（一）提高素质，健体防身

武术套路运动包含屈伸、回环、平衡、跳跃、翻腾、跌扑等动作，人体各部位几乎都要参与运动。系统地进行武术训练可提高人体速度、力量、灵敏、耐力、柔韧等身体素质，使人的身心得到全面锻炼。实践证明，参加武术运动对外能利关节，强筋骨，壮体魄；对内能理脏腑，通经脉，调精神。武术运动讲究调息行气和意念活动，对调节内环境的平衡、调养气血、改善人体机能、健体强身十分有益。

（二）锻炼意志品质

练武对意志品质的考验是多方面的。练习基本功，要不断克服"疼痛"关，冬练三九，夏练三伏，常年有恒，坚持不懈。套路练习，要克服"枯燥"关，可培养刻苦耐劳、砥砺精进、永不自满的品质。遇到强手，克服"消极逃避"关，可锻炼勇敢无畏、坚忍不屈的战斗意志。经过长期锻炼，可以培养人们勤奋、刻苦、果敢、顽强、虚心好学、勇于进取的意志品质。

（三）竞技观赏，丰富生活

武术具有很高的观赏价值，无论是套路表演，还是散打比赛，都深受欢迎。无论是显现武术功力与技巧的竞赛表演套路，还是斗智较勇的对抗性散打比赛，都引人入胜，给人以美的享受，具有很高的观赏价值。观赏武术表演，可以给人以教育和乐趣。

（四）交流技艺，增进友谊

武术运动蕴涵丰富，技理相通，入门之后会有"艺无止境"之感。群众性的武术活动是人们切磋技艺、交流思想、增进友谊的良好手段。随着武术在世界范围内的广泛传播，武术活动促进了国内外武术爱好者的交流，在与世界各国人民友好交往中发挥着越来越大的作用。

武术比赛欣赏

欣赏武术表演首先注意的是手法、手型、拳法、掌法以及肩、肘、腕关节活动。

武术在手型上讲究"握拳如卷饼，伸掌赛瓦拢""勾要屈腕，爪要屈指"；在拳法和掌法上讲究轻快、准确，一冲拳、一推掌，都必须迅速有力，正所谓"拳如流星"；在肩、肘、腕的关节活动上讲究"行肩、游背、活腕"。"走步"有蹿、蹦、跳、跃之分，有踢、弹、扫、挂之别。踢腿要"高"，弹腿要"刚"，扫腿要"贴"（就是要贴着地面），挂腿要"摆"（就是要有摆荡的力量）。一般拳系中讲究挺胸（有些动作也必须要含胸）、直背、塌腰、收腹、落臀等"身法"。眼是"心之苗"，"眼法"在武术运动中不仅讲究"眼随手到"，还讲究武术的"运动感情"要通过眼神表达出来。

第二节 武术基本功

一、腿 功

（一）正压腿

动作方法 面对一定高度的物体，左脚脚跟放在物体上，脚尖勾起，两腿伸直，两手扶按在左膝上，或用两手抓握左脚，然后上体立腰向前下方振压，尽量用头顶触及脚尖。两腿交替进行。

技术要点 两腿伸直，立腰挺胸前压。

【提示】 武术基本功是练习武术必须具备的身体活动能力、技术和技巧能力等的基础。基本功训练的方法和手段突出了武术运动的专项要求，具有内外兼修的运动特点。

正压腿

（二）侧压腿

动作方法　右腿支撑站立，左脚脚跟放置在一定高度的物体上，脚尖勾起，右臂上举，左掌立于胸前，两腿伸直，腰部挺立，上体向左侧下振压，振压幅度要逐渐加大，直到上体能侧倒在左腿上。两腿交替进行。

技术要点　两腿伸直，开髋立腰挺胸，上体完全侧倒。

（三）仆步压腿

右腿屈膝全蹲，全脚着地；左腿向左侧伸直，脚尖内扣；两手分别抓住两脚脚背，成左仆步；腰部挺直，左转前压。左右仆步交替进行。

技术要点　直腰抬头，一腿全蹲，另一腿伸直，两脚压紧地面。

（四）正搬腿

动作方法　右腿伸直支撑，左腿屈膝提起，左手扶膝，右手抓住左脚，然后将左脚向前方伸出，直至膝关节挺直，左脚外侧朝前，也可由同伴帮助向上搬起。两腿交替进行。

技术要点　两腿伸直，立腰挺胸，被搬腿的脚尖勾紧。

92

仆步压腿

正搬腿

侧压腿

（五）侧搬腿

动作方法 右腿伸直支撑，左腿从体侧抬起，左手经左小腿内侧绕脚后抱住左脚脚跟，将左腿伸直，脚尖勾紧。两腿交替进行。

技术要点 两腿伸直，立腰挺胸，身体直立平稳。

（六）竖　叉

动作方法 两腿伸直前后叉开成直线。左腿后侧着地，脚尖上翘；右腿前侧着地，脚背扣在地上，两臂立掌侧平举。两腿交替进行。

技术要点 立腰挺胸，沉髋挺膝。

（七）劈横叉

动作方法 两腿伸直向左右两侧叉开下坐成直线，两腿内侧着地，两臂立掌侧平举。

技术要点 髋关节完全打开，立腰挺胸。

二、腰　功

（一）前俯腰

动作方法 并步站立，两手十指交叉，直臂上举，掌心向上；上体前俯，挺胸，塌腰，两手尽力触地；再松开两手，两手绕过两腿，抱住两脚脚跟部，尽量使自己的上体、脸部贴紧两腿。

技术要点 两腿挺膝伸直，上体前俯时，挺胸、塌腰、收髋。

（二）甩　腰

动作方法 开步站立，两臂伸直前举，以腰为轴，上体做前后屈和甩腰动作，两臂也随之甩动。

技术要点 两腿伸直，腰部放松，后甩时抬头挺胸，甩腰动作紧凑而有弹性。

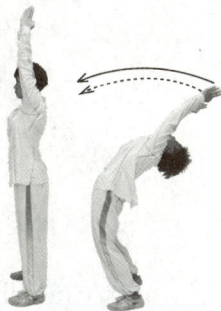

（三）涮　腰

动作方法 两脚开立，略宽于肩，上体前俯，以髋关节为轴，两臂向左前下方伸出；然后挥动两臂，随上体向前、向

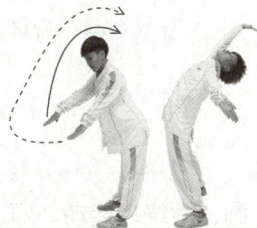

93

侧搬腿

竖叉

前俯腰

甩腰

右、向后、再向左做翻转绕环。左右涮腰交替进行。

技术要点 两腿伸直，以腰为轴，翻转绕环圆活、和顺。

（四）下 腰

动作方法 两脚开立，与肩同宽，两臂伸直上举；腰向后弯，抬头，挺腰，两手撑地，身体呈桥形。

技术要点 两脚支撑站稳，膝关节尽量挺直，腰部后弯上顶，脚跟不能离地。

三、肩 功

（一）压 肩

动作方法 面对一定高度的物体，两脚开立同肩宽，上体前俯，两手抓住横杆，抬头挺胸，塌腰，用力向下振压两肩。

技术要点 两腿伸直，肩部松沉，用力震压，力点集中于肩部。

（二）单臂绕环

动作方法 左弓步站立，左手扶按左膝，右臂以肩为轴做直臂的顺、逆时针绕环。两臂交替进行。

技术要点 臂伸直，肩放松，绕立圆。

（三）双臂绕环

动作方法 开步站立，以肩关节为轴，两臂分别向前、向后做直臂绕环。顺、逆时针绕环交替进行。

技术要点 身体正直，臂伸直，肩放松，绕环协调和顺。

（四）双臂左右绕环

动作方法 开步站立，左右两臂以肩关节为轴，同时向右、向上、向左、向下画圆，做绕环运动。顺、逆时针绕环交替进行。

涮 腰

肩 功

技术要点 身体正直，两肩放松，两臂平行做绕环运动。

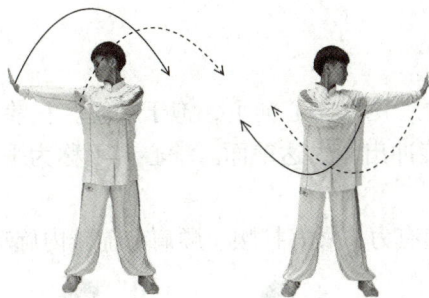

（五）两臂交叉绕环

动作方法 开步站立，两臂直臂上举，左臂以左肩关节为轴，向前下做顺时针绕环；同时，右臂以右肩关节为轴，向后下做逆时针绕环。两臂顺、逆时针交替进行。

技术要点 身体正直，两臂伸直，绕环协调和顺。

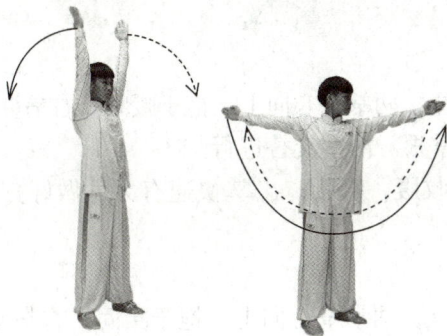

四、基本动作

（一）手 型

1. 拳

动作方法 四指并拢握紧，拇指紧扣食指和中指的第二指节。

技术要点 拳握紧，拳面平，腕平直。

2. 掌

动作方法 四指并拢伸直，拇指弯曲紧扣于虎口处。

技术要点 掌面直立后翘，四指并紧。

3. 勾

动作方法 五指端捏拢，屈腕。

技术要点 五指捏紧，腕关节用力回屈。

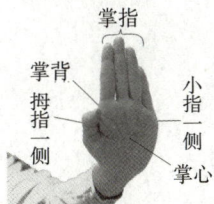

拳轮
拳面
拳背
拳眼
拳心

掌指
掌背
掌拇指一侧
小指一侧
掌心

勾顶
勾尖

手 型

（二）手 法

1. 冲 拳

动作方法 开步站立，两拳拳心向上，抱于腰间。右拳从腰间向前猛力冲出，转腰，顺肩，右拳向前内旋冲出，力达拳面。拳心向下称为平冲拳，拳眼向上称为立冲拳。两拳交替练习。

技术要点 出拳快速有力，做好拧腰、顺肩和前臂内旋动作。

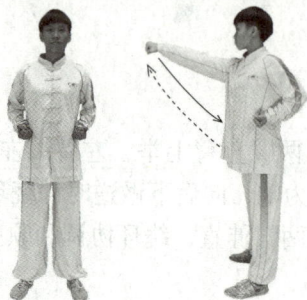

2. 推 掌

动作方法 开步站立，两拳拳心向上，抱于腰间。右拳变掌，前臂内旋向前立掌推出，力达掌根。两掌交替进行。

技术要点 挺胸，收腹，直腰；出掌快速有力，做好拧腰、顺肩、沉腕动作。

3. 亮 掌

动作方法 开步站立，两拳拳心向上，抱于腰间。右拳变掌，经体侧向右、向上画弧，举至头部右前方时，抖腕亮掌，臂呈弧形，掌心朝上。眼睛始终随右手动作转动，抖腕亮掌时，转头注视左方。两掌交替进行。

技术要点 抖腕、亮掌与转头动作要同时完成。

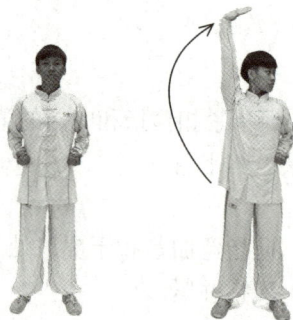

手 法

4. 架 拳

动作方法 开步站立，两拳拳心向上，抱于腰间。右拳沿下、左、上的顺序经头前向右上方画弧架起，拳眼向下，转头两眼注视左方。两拳交替进行。

技术要点 松肩，肘微屈，前臂内旋。

（三）步　型

1. 弓　步

动作方法 左脚向前上一大步，脚尖微内扣，屈膝半蹲，大腿与地面平行，膝与脚面垂直；右腿蹬直，右脚脚尖内扣，斜向前方，全脚着地，成左弓步。右脚在前为右弓步。持久练习，可做弓步桩训练。

技术要点 挺胸，塌腰，沉髋，前后脚成一直线。

2. 马　步

动作方法 两脚左右开立，距离约为脚长的 3 倍，脚尖内扣正对前方，屈膝半蹲，大腿接近水平，膝部不超过脚尖，全脚着地。持久练习，可做马步桩训练。

技术要点 挺胸，塌腰，两脚脚跟外蹬，重心落在两脚之间。

3. 仆　步

动作方法 右腿屈膝全蹲，大腿和小腿靠紧，臀部接近右小腿，全脚着地，脚尖和膝稍外展；左腿挺直平伸，脚尖内扣，全脚着地，成左仆步。右腿伸直为右仆步。

技术要点 挺胸，塌腰，沉髋。

4. 虚　步

动作方法 右脚却尖斜向前，屈膝半蹲，大腿接近水平，全脚着地；左腿向前微屈，脚背绷紧，脚尖虚点地面，成左虚步。右脚在前为右虚步。持久练习，可做虚步桩训练。

技术要点 挺胸，塌腰，虚实分明。

5. 歇　步

动作方法 两腿交叉，屈膝全蹲；左脚全脚着地，脚尖外展；右脚脚跟离地，臀部坐于右小腿上，接近脚跟，成左歇步。右脚在前为右歇步。

技术要点 挺胸，塌腰，两腿靠拢并贴紧。

（四）腿　法

1. 正踢腿和斜踢腿

动作方法 正踢腿：左腿向前上半步，全脚着地，右腿向前上方踢起，脚尖勾紧，踢向前额，上体保持正直。两腿交替进行。

斜踢腿：动作与正踢腿类似，不的是脚尖踢向异侧耳部。

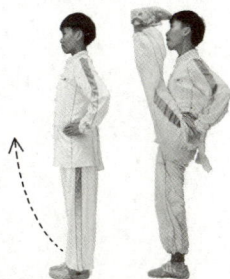

步　型

正踢腿

技术要点 挺胸，收腹，立腰，两膝伸直。踢腿过腰后猛然发力加速，动作要轻快有力。

2. 侧踢腿

动作方法 两臂立掌侧平举，右脚向前上步，脚尖外展，身体稍右转；左脚脚尖勾紧，左腿经体侧踢向脑后，同时，左掌回收至右胸外侧立掌，右掌向上摆至头顶亮掌。两腿交替进行。

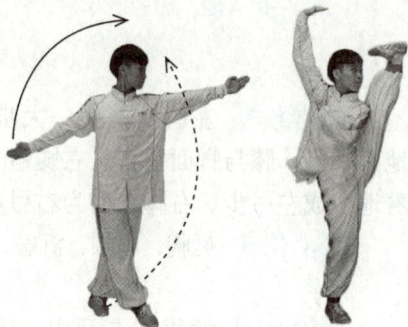

技术要点 挺胸，立腰，开髋，两膝伸直，侧身踢腿。

3. 里合腿

动作方法 两臂立掌侧平举，右脚前上半步，全脚着地，左脚脚尖勾紧且内扣，从左侧向上踢起，经体前向右下做弧形直腿摆动，最后落脚于右脚右前方。两腿交替进行。

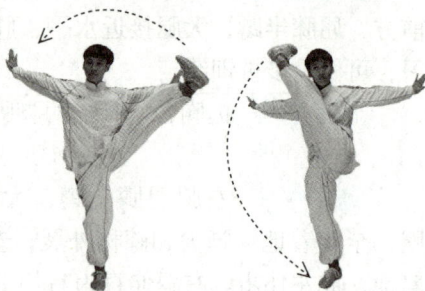

技术要点 挺胸，立腰，两膝伸直，里合摆腿幅度要大，呈扇形。

4. 外摆腿

动作方法 两臂立掌侧平举，右脚向前上半步，全脚着地；左脚脚尖勾紧，向右侧上方踢起，然后经体前向左下做弧形摆动，最后直腿落在右腿旁边。两腿交替进行。

技术要点 挺胸，立腰，两膝伸直，外摆腿幅度要大，呈扇形。

5. 弹　腿

动作方法 右腿屈膝提起，大腿与腰平，右脚脚背绷直。右腿随即以膝关节为轴，迅速向前弹出，力达脚尖。两腿交替进行。

技术要点 直腰，收腹，绷直脚背，弹击要有爆发力。

6. 蹬　腿

动作方法　右腿屈膝提起，大腿与腰平，脚尖勾起，以膝关节为轴，迅速向前挺膝蹬出，力达脚跟。两腿交替进行。

技术要点　直腰，收腹，脚尖勾紧，蹬击要有爆发力。

7. 侧端腿

动作方法　右脚向左侧方盖步，右膝略弯曲，两腿交叉；随即左腿屈膝提起，脚尖勾起内扣，向左侧上方用力端出，力达脚跟；上体略右倾。两腿交替进行。

技术要点　挺膝，开髋，猛端。

8. 单拍脚

动作方法　左脚向前上半步，随即右腿伸直、直膝、绷紧脚背向上踢起；同时，右拳变掌，自腰间向前伸至脸前迎拍右脚脚背。两腿交替进行。

技术要点　挺胸，立腰，收髋，击拍点接近脸前，准确响亮。

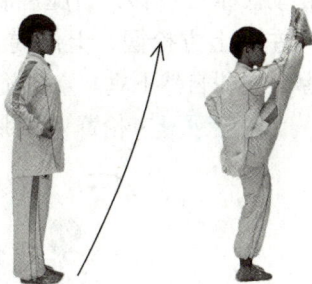

9. 后扫腿

动作方法　左脚向前迈一步成左弓步，同时两掌从体侧向前立掌平推。左腿屈膝全蹲，上体右转并前俯，两掌随身体右转到右腿内侧扶地，两手推地上体向右后拧转，右腿伸直，脚尖内扣，脚掌擦地向后扫转一周。

技术要点　上下肢动作要协调，转体、俯身、推手要连贯紧凑。

（五）跳　跃

1. 腾空飞脚

动作方法　右脚上步，左脚向前、向上摆踢，右脚蹬地跃起，身体腾空，两臂向头上摆起，右手手背迎击左手掌。在空中，右腿向上弹踢，脚背绷平，脚约与肩同

蹬腿

单拍脚

后扫腿

腾空飞脚

高，右手迎击右脚脚背；同时，左腿屈膝，脚背绷平，脚尖向下；左臂摆至左侧上方，上体略前倾。

技术要点 右手拍击右脚时，左腿屈膝收控于右腿侧；在空中，上体微前倾，不要坐臀。

2. 旋风脚

动作方法 高虚步亮掌开始，左脚向左侧上步，同时左掌前推，右掌向右后摆动。右脚随即上步，脚尖内扣，准备蹬地起跳；左掌摆至右胸前，右掌自右向左直臂摆动。重心右移，右腿屈膝蹬地跳起，左腿提起向左后上方摆动；同时，两臂向下、向左后上方抢摆，上体向左上方翻转，右腿做里合腿摆动，左手在面前迎击右脚脚掌，左腿自然下垂。空中旋转一周后落地。

技术要点 抢臂、踏跳、转体、里合腿击响协调连贯，身体旋转幅度不小于270°。

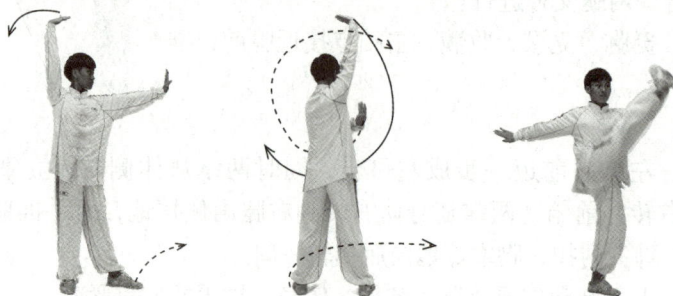

旋风脚

平衡

（六）平　衡

1. 提膝平衡

动作方法 右腿伸直支撑，上体保持正直；左腿屈膝提起过腰，小腿斜垂里扣，左脚脚背绷平内扣；右臂上举于头顶上方亮掌，左臂侧推掌。

技术要点 平稳，挺胸，塌腰，收腹，提膝过腰，绷脚背，脚内扣。

2. 燕式平衡

动作方法 右腿伸直支撑，左腿屈膝提起，两掌在胸前交叉；然后两掌向两侧分开平举，上体前俯略高于水平，挺胸展腹，右腿向后上方蹬伸，脚背绷平，高于水平。

技术要点 两腿伸直，抬头，挺胸展腹，腰后屈，后举腿的脚要高于头顶。

第三节　初级长拳（第三路）

一、初级长拳（第三路）简介

初级长拳第三路创编于 1957 年。全套除预备动作和结束动作以外，分为 4 段，来回练习 4 趟，每段 8 个动作，合计 38 个动作。本套路内容充实，具体包括了拳、掌和勾 3 种手型；弓、马、虚、仆和歇 5 种步型；手法有冲、劈、抡、砸和栽等拳法，推、挑、穿、摆和亮等掌法，盘和顶等肘法；腿法有弹、踹、踢和拍等；还有跳跃和平衡等动作。套路编排由简到繁，由易到难，便于循序渐进地进行练习；套路布局和路线变化前后呼应，左右兼顾，安排合理；在强调动作规格化、注重功力的同时，较好地体现了攻防意识。

【提示】 长拳是以套路为主的拳术。其特点是姿势舒展、动作灵活、节奏鲜明，并多起伏转折、蹿蹦跳跃和跌扑滚翻等动作。

101

初级长拳

练习长拳的八点要求

二、初级长拳（第三路）动作图解

（一）预备动作

1. 预备势

动作方法 头要端正，颔微收，挺胸，塌腰，收腹。

2. 虚步亮掌

动作方法 三个动作必须连贯。成虚步时，重心落在右腿，右大腿与地面平行。左腿微屈，脚尖点地。

3. 并步对拳

动作方法 并步后挺胸、塌腰。对拳、并步、转头要同时完成。

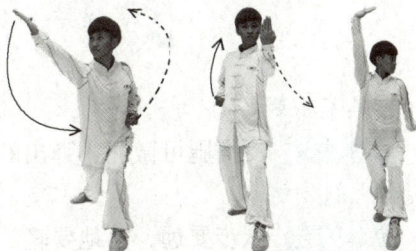

（二）第一段

1. 弓步冲拳

动作方法 成弓步时，右腿充分蹬直，脚跟不要离地。冲拳时，尽量转腰顺肩。

2. 弹腿冲拳

动作方法 支撑腿可微屈，弹出的腿要有爆发力，力点达于脚尖。

3. 马步冲拳

动作方法 成马步时，大腿要平，两脚平行，脚跟外蹬，挺胸，塌腰。

4. 弓步冲拳

动作方法 成弓步时，左腿充分蹬直，脚跟不要离地。冲拳时，尽量转腰顺肩。

5. 弹腿冲拳

动作方法 支撑腿可微屈，弹出的腿要有爆发力，力点达于脚尖。

6. 大跃步前穿

动作方法 跃步要远，落地要轻，落地后立即接下一个动作。

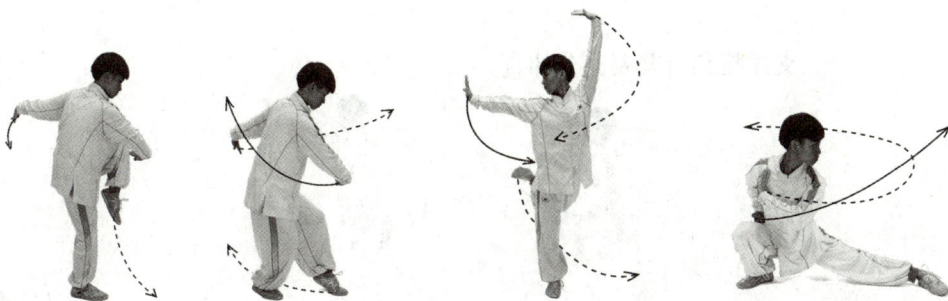

7. 弓步击掌

动作方法 右腿猛力蹬直成左弓步。左掌经左脚脚背向后画弧至身后成勾手，左臂伸直，勾尖向上；右拳由腰侧变掌向前推出，掌指向上，掌外侧向前，目视右掌。

8. 马步架掌

动作方法 重心移至两脚之间，左脚脚尖内扣成马步，上体右转。右臂向左侧平摆，稍屈肘；同时左勾手变掌由后经左腰侧从右臂内向前上方穿出，掌心均朝上。目视左手，右掌立于左胸前；左臂向左上屈肘，抖腕亮掌于头部左上方，掌心向上。目视右侧。

（三）第二段

1. 虚步栽拳

动作方法 右脚蹬地，屈膝提起；左腿伸直，以前脚脚掌为轴向右后转体180°。右掌由左胸前向下经右腿外侧向后画弧成勾手；左臂随体转动并外旋，使掌心朝右。目视右手。右脚向右落地，重心移至右腿，下蹲成左虚步。左掌变拳下落在左膝上，拳眼向里，拳心向后；右勾手变拳，屈肘向上架于头右上方，拳心向前。目视左方。

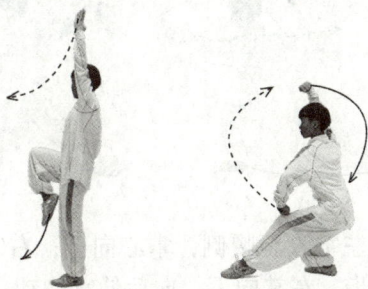

2. 提膝穿掌

动作方法 支撑腿和右臂要充分伸直。

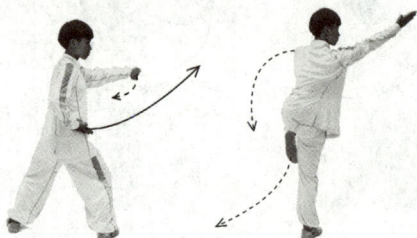

3. 仆步穿掌

动作方法 右腿全蹲，左腿向左后方铲出成左仆步。右臂不动，左掌由右胸前向下经左腿内侧，向左脚脚背穿出。目随左掌转视。

4. 虚步挑掌

动作方法 上步要快，虚步要稳。

5. 马步击掌

动作方法 左手做捋手时，先使臂稍内旋、腕伸直，手掌向下、向外转，接着臂外旋，掌心经下向上翻转，同时抓握成拳。收拳和击掌动作要同时进行。

6. 叉步双摆掌

动作方法 两臂要画立圆，幅度要大，摆掌与后插步配合一致。

7. 弓步击掌

动作方法 两腿不动。左掌收至腰侧，掌心向上；右掌向上、向右画弧，掌心向下。左腿后撤一步，成右弓步。右掌向下、向后伸直摆动，成勾手，勾尖向上；左掌成立掌向前推出。目视左掌。

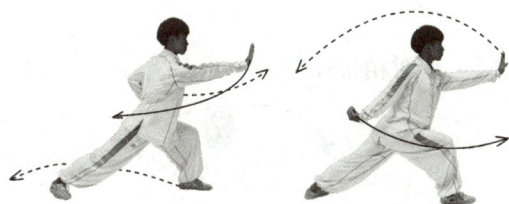

8. 转身踢腿马步盘肘

动作方法 两臂抡动时要画立圆，动作连贯。盘肘时要快速有力，右肩前顺。

（四）第三段

1. 歇步抡砸拳

动作方法 抡臂动作要连贯完成，画成立圆。歇步要两腿交叉全蹲，左腿大小腿靠紧，臀部贴于左小腿外侧，膝关节在右小腿外侧，脚跟提起；右脚脚尖外撇，全脚着地。

2. 仆步亮掌

动作方法 仆步时，左腿充分伸直，脚尖内扣，右腿全蹲，两脚脚掌全部着地。上体挺胸塌腰，稍左转。

3. 弓步劈掌

动作方法 左右脚上步时稍带弧形。

4. 换跳步弓步冲拳

动作方法 换跳步动作要连贯、协调。震脚时，腿要弯曲，全脚掌着地，左脚离地不要过高。

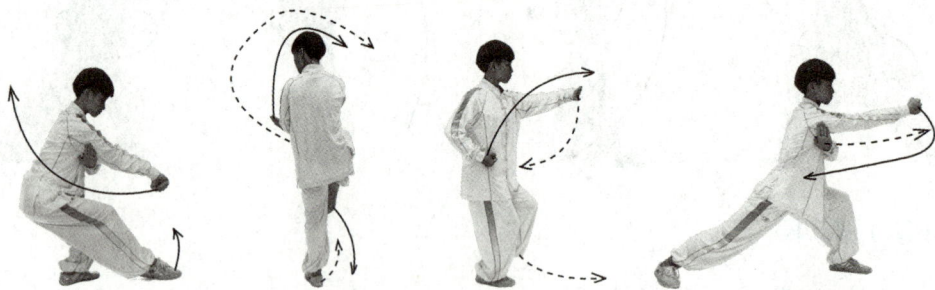

5. 马步冲拳

动作方法 上体右转 90°，重心移至两脚之间，成马步。右拳收至腰侧，左掌变拳向左冲出，拳眼向上。目视左拳。

6. 弓步下冲拳

动作方法 右腿蹬直，左腿弯曲，上体稍向左转，成左弓步。左拳变掌向下经体前向上架于头左上方，掌心向上，右掌变掌自腰侧向左前斜下方冲出。目视右拳。

7. 叉步亮掌侧踹腿

动作方法 插步时上体稍向左倾斜，腿、臂的动作要一致。侧踹高度不能低于腰，大腿内旋，着力点在脚跟。

8. 虚步挑拳

动作方法 上步要快，虚步要稳。支撑腿充分伸直，两臂抬动时要画立圆。

（五）第四段

1. 弓步顶肘

动作方法 交换步时不要过高，但要快。两臂抡摆时要画圆弧。

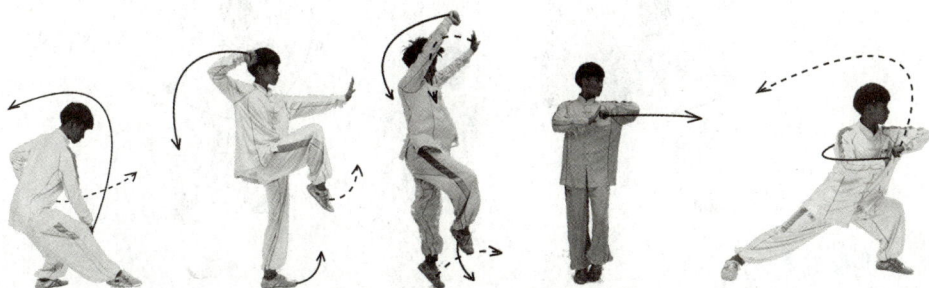

2. 转身左拍脚

动作方法 右掌拍脚时，手掌稍横过来，拍脚要准而响亮。

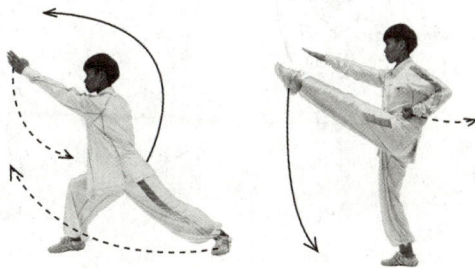

3. 右拍脚

动作方法 与本段的转身左拍脚相同。

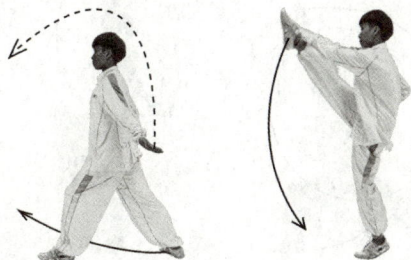

4. 腾空飞脚

动作方法 蹬地要向上，不要太向前冲，左膝尽量上提。击响要在腾空时完成，右臂伸直成直线。

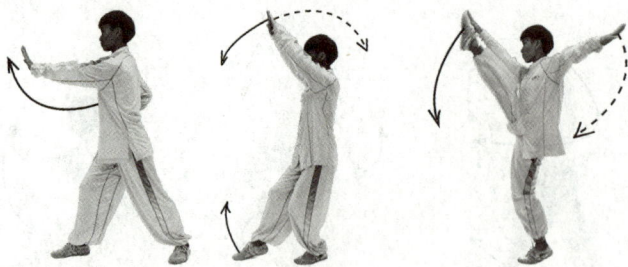

5. 歇步下冲拳

动作方法　左右脚先后落地。左掌变拳收至腰侧。身体右转90°，两腿全蹲成歇步。右掌抓握、外旋变拳收至腰侧；左拳由腰侧向前下方冲出，拳心向下。目视左拳。

6. 仆步抡劈拳

动作方法　抡臂时要画立圆。

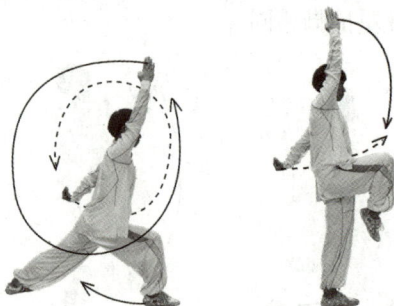

7. 提膝挑掌

动作方法　抡臂时要画立圆。

8. 提膝劈掌弓步冲拳

动作方法　下肢不动。右掌由上向下猛劈伸直，停于右小腿内侧，用力点在小指一侧；左勾手变掌，屈臂向前停于右上臂内侧，掌心向右。目视右掌。右脚向右后落

地；身体右转 90°，同时左掌变拳收至腰侧，右臂内旋向右画弧做劈掌。上一动作不停，左腿蹬直成右弓步。右手抓握变拳收至腰侧。左拳由腰侧向左前方冲出，拳眼向上。目视左拳。

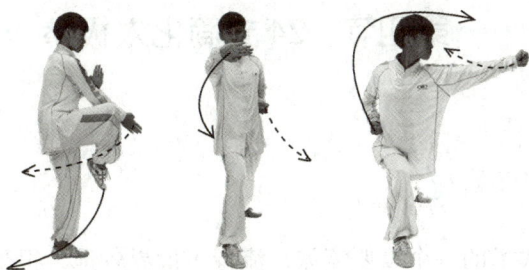

（六）结束动作

1. 虚步亮掌

动作方法 左脚扣于右膝后，两拳变掌，两臂右上左下屈肘交叉于体左前。目视前方。左脚向左前落步，脚尖点地；右脚向右后落步，重心后移，右腿半蹲，上体稍右转，同时右掌向上、向右、向下画弧停于左腋下；左掌向左、向上画弧停于右臂上与右胸前，两掌左下右上。目视右掌。左脚脚尖稍向右移，右腿下蹲成左虚步。左臂伸直向左、向后画弧成反勾手；右臂伸直向下、向右、向上画弧抖腕亮掌，掌心向上。目视左方。

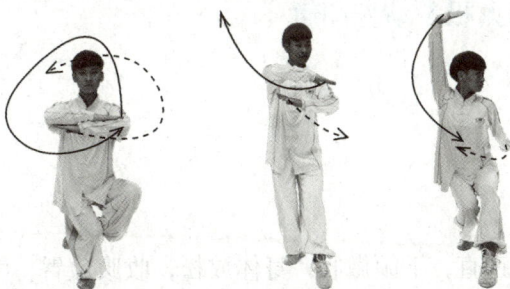

2. 并步对拳

动作方法 左腿后撤一步，同时两掌从两腰侧向前穿出伸直，掌心向上。右腿后撤一步，同时两臂分别向体后下摆。左脚后退半步向右脚并拢。两臂由后向上经体前屈臂下按，两掌变拳，停于腹前，拳心向下，拳面相对。目视左方。

3. 还 原

动作方法 两臂自然下垂，目视正前方。

第四节 24 式简化太极拳

一、太极拳起源概览

太极拳是中国武术的一个重要流派，流行于世界各地，很受人们欢迎。太极拳是根据我国古代阴阳哲学的学说而命名的拳术。所有动作的开合、起落、进退、刚柔、蓄发、顺逆、虚实、曲直等，无不和谐地体现出阴阳对立与统一的辩证规律。

太极拳在长期的流行过程中形成了陈式、杨式、吴式、孙式、武式等技术流派。中华人民共和国成立以后，又编创了 24 式简化太极拳、48 式太极拳、32 式太极剑等。20 世纪初到 80 年代末，为了适应武术的国际交流与竞赛，又编创了陈式、杨式、吴式、孙式、武式太极拳和 42 式综合太极拳、太极剑等竞赛套路。各式太极拳尽管在运动风格上有所不同，但体松心静、柔和缓慢、连绵不断、圆活自然、协调完整的要求是基本一致的。

二、24 式简化太极拳动作图解

第一组

（一）起　势

动作方法 头颈正直，下颌微收，身体放松，收腹敛臀，气沉丹田，两臂自然垂于体侧。两臂上抬时配合吸气。两肩下沉，两肘松垂，手指自然微屈。屈膝、松腰、敛臀，身体重心落在两脚之间。两臂下落与身体下蹲的动作要协调一致。

（二）左右野马分鬃

动作方法 两臂分开时要保持弧形，弓步动作与分手的速度要协调一致；身体转动时要以腰为轴带动上肢做动作；移动重心时，上体要保持平稳，不可前俯后仰；胸部宽松舒展。

（三）白鹤亮翅

动作方法 两手抱球动作与右脚脚跟进半步动作要协调一致，重心后移与右手上提、左手下按要协调一致；转动动作要以腰带臂，虚步动作要收腹敛臀，臀部与脚跟在同一垂直面上。

第二组

（四）左右搂膝拗步

动作方法 腿成弓步的同时，手掌向前推出；身体不可前俯后仰，要松腰松胯；推掌时，要沉肩垂肘、坐腕舒掌，同时须与松腰、弓腿上下协调一致；弓步时，两脚脚跟的横向距离保持在30厘米左右。

太极拳运动的特点

（五）手挥琵琶

动作方法 身体重心转变带动上肢动作，上下协调一致；左手上起时要由左向上、向前，微带弧形；身体姿势要平稳自然，沉肩垂肘，胸部放松。

（六）左右倒卷肱

动作方法 前推臂微屈，后撤臂随转体走弧线；前推时，要转腰松胯，两手的速度要一致；转体时，前脚以脚掌为轴扭正；退左脚略向左后斜，退右脚略向右后斜，避免使两脚落在一条直线上。

第三组

（七）左揽雀尾

动作方法 掤出时，两臂肘部微屈保持弧形；分手、松腰、弓腿三个动作必须协调一致；揽雀尾弓步时，两脚脚跟横向距离不超过10厘米。向前挤时，上体要正直；挤的动作要与转腰、弓腿协调一致。重心右移时，要松腰、坐胯，两手收至腹前；向前按时，两手须走曲线，按掌与弓腿协调一致，腕部高与肩平，两肘微屈。

（八）右揽雀尾

动作方法 与"左揽雀尾"相同，只是方向相反。

第四组

（九）单 鞭

动作方法 完成定式时，右肘稍下垂，左肘与左膝上下相对，两肩下沉；左手向外翻掌前推时，要随转体边翻边推出，翻掌不要太快或最后突然翻掌；全部过渡动作，上下要协调一致。如面向南起势，则单鞭的方向（左脚脚尖）应向东偏北（大约15°）。

（十）云　手

动作方法　身体转动要以腰脊为轴，松腰松胯，不可忽高忽低；两臂随腰转动而运转，动作自然圆活，速度缓慢均匀；下肢移动时，重心要稳，两脚脚掌先着地再踏实，脚尖向前；视线随左右手而移动；第三个"云手"的右脚最后跟步时，脚尖微内扣，以便于接下面的"单鞭"动作。

（十一）单　鞭

动作方法　与前"单鞭"势相同。

第五组

（十二）高探马

动作方法　上体左转与推右掌、收左掌协调一致；跟步转换重心时，上体保持自然正直，不要有起伏。

（十三）右蹬脚

动作方法　两手分开时，腕部与肩平齐；蹬脚时，左腿微屈，右脚脚尖回勾，力达脚跟；分手与蹬脚要协调一致，右臂与右腿上下相对。如面向南起势，则蹬脚方向应为正东偏南（约30°）。

（十四）双峰贯耳

动作方法　完成本式时，头颈正直，松腰松胯，两拳松握，沉肩垂肘，两臂均保持弧形。双峰贯耳式的弓步和身体方向与右蹬脚方向相同。弓步时，两脚脚跟横向距离同"揽雀尾"势。

（十五）转身左蹬脚

动作方法 与右蹬脚相同，只是左右方向相反。左蹬脚方向与右蹬脚方向成180°，即正西偏北约30°。

第六组

（十六）左下势独立

动作方法 左手、左小腿回收协调一致；仆步时，左脚脚尖与右脚脚跟踏在中轴线上。上体要正直，独立的腿微屈，右腿提起时左手上挑。

（十七）右下势独立

动作方法 右脚脚尖触地后再提起向下仆腿。其他均与"左下势独立"势相同，只是左右相反。

第七组

（十八）左右穿梭

动作方法 左右穿梭分别向左斜前方、右斜前方约30°；架推掌与前弓腿上下要协调一致；上体保持正直。

（十九）海底针

动作方法 身体要先向右转再向左转，完成姿势后向西，上体微前倾。

（二十）闪通臂

动作方法 推掌、架掌与弓腿动作要协调一致；弓步时两脚横向距离同"揽雀尾"势，不超过 10 厘米。

第八组

（二十一）转身搬拦捶

动作方法 向前冲拳时，右肩随拳略向前引伸，沉肩垂肘，右臂要微屈。

（二十二）如封似闭

动作方法 身体后坐时，应避免后仰，臀部不可凸出；两臂随身体回收时，肩、肘部略向外松开，不要直着抽回；两手推出时，间距不超过肩宽。

（二十三）十字手

动作方法 两手分开和合抱时，上体不要前俯；站起后，身体自然正直，头要微向上顶，下颌稍向后收；两臂环抱时要圆满舒适，沉肩垂肘。

（二十四）收　势

动作方法　两手左右分开下落时，要全身放松，同时气徐徐下沉（呼气略加长）。呼吸平稳后，左脚收到右脚旁再走动。

第五节　初级剑术

一、初级剑术起源概览

剑术，古称剑道或剑法，现已成为全民健身的体育活动和用于观赏的表演形式。由于剑术动作具有优美潇洒、蓄发相间、气势流畅、虚实分明、刚柔相济、动静相兼、灵活多变等特点，因而长期练剑，既能有效地增强体质，又能充实人们的精神生活，陶冶人们的情操，使人们能够保持乐观的情绪、进取的精神和蓬勃向上的朝气。

二、初级剑术动作图解

（一）预备势

动作方法　上身微挺胸，收腹，两膝挺直。持剑时，前臂与剑身要紧贴并垂直于地面。

1. 压把穿指
动作方法　动作连贯、协调，眼随手动。两臂抡动画弧成立圆。

剑的基本握法和剑指

预备势　　　　　　　　　　压把穿指

2. 转身平指
动作方法　身体重心前移时，右脚并步要轻灵。右手剑指向前指出时，肘要伸直，剑指尖稍高过肩。

3. 弓步分指

动作方法 成右弓步时，左腿要蹬直，两脚的全脚掌均匀着地。上身略向前倾，挺胸、塌腰。左手持剑伸平，左肩放松，两臂朝反方向伸展。

4. 虚步接剑

动作方法 要虚实分明，右脚脚跟不能掀起。两肘要平，剑尖朝前，剑身贴紧左前臂。

转身平指　　　　　　　弓步分指　　　　　　　虚步接剑

（二）第一段

1. 弓步直刺、回身后劈、弓步平抹

动作方法 弓步时，右脚脚跟不要离开地面。腰要向左拧转、下塌，臀部不凸起。两肩松沉，右肩前顺，左肩后引。剑尖稍高于肩；上步、转身、平劈与剑指向上侧举必须协调一致。转身后，腰向右拧转，左脚不移动。剑身和持剑臂须成直线；抹剑时，右手手心向上，剑与臂成一条直线，用力柔和。左肩向后带。

弓步直刺　　　　　　　回身后劈　　　　　　　弓步平抹

2. 弓步左撩

动作方法 整个动作，连贯、协调一致，直背、收臀，剑尖稍低于剑指。

3. 提膝平斩、回身下刺

动作方法 剑从左向后平绕时，要仰头，使剑从脸部上方平绕而过。提膝时，左腿伸直，上身稍向前倾；向前落步，身体尽量向右后拧转，剑与右臂成一条直线。

弓步左撩　　　　　　　提膝平斩　　　　　　　回身下刺

4. 挂剑直刺

动作方法 挂剑、下插、直刺动作必须连贯，并与下肢动作协调一致，转身要快，刺剑力达剑尖。

5. 虚步架剑

动作方法 虚步必须虚实分明，剑身成立剑。

挂剑直刺   虚步架剑

（三）第二段

1. 虚步平劈、弓步下劈

动作方法 身体重心移动时，左脚脚尖迅速内扣，左右虚实变化要分明。劈剑成一直线，力达剑刃；右手绕转幅度不要过大，劈剑时，右肩前顺，左肩后引。

2. 带剑前点

动作方法 带剑时，右手手腕上挑，上体略后倾。点剑时，力达剑尖，手腕略高于肩。

虚步平劈   弓步下劈   带剑前点

3. 提膝下截

动作方法 剑从右向左画弧下截要连贯，独立要稳，右臂与剑成一直线，剑身斜平。

4. 提膝直刺

动作方法 抱剑与落步、直刺与提膝动作必须协调一致。直刺时，右肩前顺，力达剑尖。

提膝下截   提膝直刺

5.回身平崩

动作方法 身体向右拧转要快速有力。收剑、崩剑要连贯。崩剑时，力达剑尖。

6.歇步下劈

动作方法 成歇步时，右脚脚跟离地，臀部坐在右小腿上。劈剑时，剑身与地面平行。劈剑与跃步成歇步动作需同时完成。

  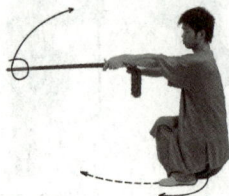

回身平崩　　　　　　　　　　　　　　　　　歇步下劈

7.提膝下点

动作方法 右腿独立时，膝部要挺直，左膝尽量上提。点剑时，右手手腕要下屈，力达剑尖。

（四）第三段

1.并步直刺

动作方法 身体向左后转要快。并步下蹲时，大腿要平。前刺时，剑与臂成一直线，力达剑尖。

2.弓步上挑、歇步下劈、右截腕

动作方法 两臂均应伸直，上举剑刃朝前、后方向；歇步时，两大腿交叉叠紧，歇步与劈剑同时完成；剑刃向右上方翻转，力点要明确。画弧避免过大，剑尖稍高于剑柄。

提膝下点

并步直刺　　　　　　　弓步上挑　　　歇步下劈　　　右截腕

3.左截腕、跃步上挑

动作方法 左截腕同右截腕；跃步要腾空，落地要稳健。跃步与上挑剑协调一致，挑剑时腕部猛力上屈，剑身斜举于侧上方。

左截腕

跃步上挑

4. 仆步下压、提膝直刺

动作方法 仆步与压剑同时完成。上身微前探时要挺胸，两肘略屈环抱剑于身前；左脚蹬地要有力，右腿独立须挺膝站稳，左膝尽量上提，脚背绷直，脚尖下垂。刺剑要有力，剑与臂成一直线，力达剑尖。

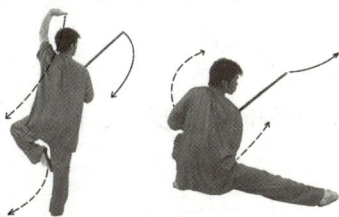

仆步下压

提膝直刺

（五）第四段

1. 弓步平劈、回身后撩

动作方法 转身时，右脚碾转要有力，上体转动带动全身。左脚落地方向偏向左前方。向前劈剑和剑指绕环，必须同时协调完成；站立要稳。后撩剑时，力达下剑刃。

2. 歇步上崩

动作方法 跃步、歇步、崩剑三个动作要连贯、协调。跃步要远，落地要轻；崩剑时，手腕快速上屈，力达剑身前半段，剑尖高于肩平。

弓步平劈

回身后撩

歇步上崩

3. 弓步斜削

动作方法 削剑时，力达上剑刃，右手稍低于肩，剑尖略高于头，剑指略高于肩。

4. 进步左撩

动作方法 剑绕环要圆活、连贯，上下协调配合，剑刃绕环时始终朝前。

弓步斜削

5. 进步右撩

动作方法 动作连贯，身、剑配合要协调。

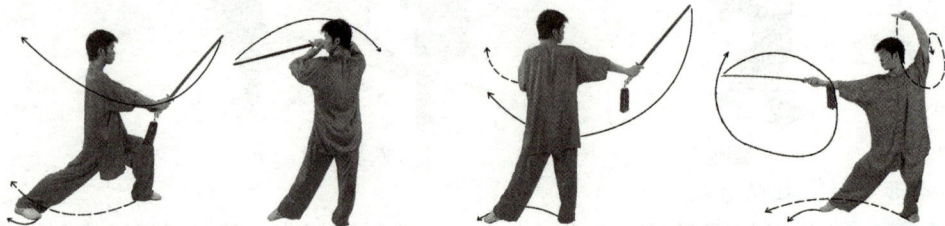

进步左撩　　　　　　　　　　　进步右撩

6. 坐盘反撩

动作方法 坐盘时，左腿外侧盘坐地面，右腿盘落于左腿上，全脚掌着地，上身倾俯时，胸要内含。剑与臂成一直线。

7. 转身云剑

动作方法 转身与云剑的动作要连贯。云剑时，要挺胸、仰头，剑身经过面前要平、要快、要圆活。

坐盘反撩　　　　　　　　　　　转身云剑

（六）收　势

虚步持剑、并步站立

动作方法 左肘略上提，剑身紧贴前臂后侧。左手离胯约 10 厘米。

虚步持剑　　　　并步站立

第六节　32 式太极剑

一、太极剑起源概览

　　太极剑是太极拳运动的一个重要内容，它兼有太极拳和剑术的风格特点，一方面它要像太极拳一样，表现出轻灵柔和、绵绵不断、重意不重力；另一方面要表现出优美潇洒、剑法清楚、形神兼备的剑术演练风格。32 式太极剑是国家体育运动委员会（现国家体育总局）于 1957 年创编的。它取材于杨式太极剑，最适合初学者与身体较差者学习。此套路包括 13 种剑法，即点、刺、带、劈、抽、挂、撩、拦、云、截、托、抹、捧。

　　太极剑的剑法轻巧灵活，吞吐自如，轻快潇洒。练习太极剑要求心静体松，神态自然，精神集中，在姿势形态上要求中正安舒。太极剑与其他剑术不同，动作既细腻又舒展大方，既潇洒、飘逸、优美又不失沉稳，既有技击、健身的价值又有欣赏价值。

二、32 式太极剑动作图解

预备势

　　动作方法 两脚并立，面向正南，身体正直，眼睛平视，虚领顶劲，两臂垂侧，左手持剑，剑尖向上，右手剑指，手心向内。

32 式太极剑

起势（三环套月）

　　动作方法 两臂前举，肩宜松沉，不能耸起。转体、迈步与两臂动作协调柔和，弓步横向距离约 30 厘米。上体自然挺直，重心移动平稳。

太极剑练习
注意事项

123

第一组

1. 并步点剑（蜻蜓点水）

动作方法　剑身立圆向前环绕时，两臂不可上举。点剑时，持剑要松活，要用腕部的环绕将剑向前下点出。并步时，两脚不宜并紧，两脚脚掌要全部着地，身体略下蹲，身体保持直立。

2. 独立反刺

动作方法　提膝时，右腿自然直立，左脚脚面展平，小腿和脚掌微内扣护裆，左膝要正向前方，与左肘上下相对，不要偏向右侧，独立稳定。刺剑时，通过伸臂使剑刺出，力贯剑尖，注意避免将剑身由下向上托起的错位做法。

3. 仆步横扫

动作方法　劈剑与扫剑转换过程中步型应为半蹲仆步，也可做成全蹲仆步，身体应保持直立。扫剑时，持剑要平稳，有一个由高到低（与膝或与踝同高）再到高的弧线，力在剑刃，不要做成拦腰平扫。定势时，右臂微屈，剑置于体前中线，高与胸平。

4. 向右平带、向左平带

动作方法　带剑时，剑应边翻转边斜带，剑把左右摆动的幅度要大，剑尖要始终控制在体前中线附近，力在剑刃，左右摆动幅度不要过大；剑的回带和弓步要协调一致；带剑时应注意由前向后带，不要横向右推或做成扫剑；向左平带同向右平带，只是左右相反。

5. 独立抡劈、退步回抽

动作方法　抡剑、举剑、劈剑应连贯轮绕立圆，并与转腰、旋臂、独立配合一致，连贯不停。左手的运动要和持剑的右手相互配合，当右手持剑向前下方劈出时，左剑指由后向上画弧至头侧上方，两手一上一下、一前一后地对称交叉画立圆；抽剑时，立剑由前向后画弧抽回，力点沿剑刃滑动，右手手心先翻转向上将剑略向上提，随后由体

前向后画弧收至右肋旁，避免将剑直线抽回。左脚后落的步幅不要过小，重心前后移动要充分，两腿虚实要分明。定式时，两臂撑圆合抱，上体左转，剑尖斜向右上方，两肩要松沉，不可紧贴身体。

6. 独立上刺

动作方法 上步步幅不超过一脚长。上刺剑时，手与肩同高，两臂微屈。趁上刺之势，上体可微向前倾，不要耸肩、驼背。

第二组

7. 虚步下截

动作方法 下截剑时，转体挥臂以带动剑向右下方截出，身、剑、手、脚协调一致，剑身置于身体右侧。右虚步的方向左偏约30°，转头目视的方向是偏右约45°。

8. 左弓步刺、转身斜带

动作方法 右手持剑向下卷收时，前臂外旋，使手心转向上；同时仍要控制住剑身，使剑尖指向将要刺出的方向。全部动作要在转腰的带动下，圆活、连贯、自然完成；弓步的方向为中线偏右约30°，斜带是指剑的走向。

9. 缩身斜带、提膝捧剑

动作方法 收剑时上体挺直，稍向右转。上体略向前探，送剑方向与弓步方向相同。收脚带剑时，身体向左转，重心落在左腿；上体保持挺直，松腰松胯，臀部不外凸；右脚退步要略偏向右后方，上体转向前方。两手向体前摆送要走弧线，先微向外，再向内在胸前相合。捧剑时，两臂微屈，剑把与胸部同高。

10. 跳步平刺

动作方法 向前跳步，动作轻灵、柔和。刺剑、分剑、再刺剑，动作连贯，上下肢配合协调一致。

11. 左虚步撩、右弓步撩

动作方法 剑运行的路线，一要贴身，二要立圆，同时右前臂内旋，右手心转向外，虎口朝下，活握剑把，力达剑尖。整个撩剑的动作要在身体左旋右转的带动下完成，要协调完整、连贯圆活，不要做成举剑拦架的动作；持剑手要活握剑把，剑尖不要触地，整个动作要连贯圆活。

第三组

12. 转身回抽

动作方法 剑指向前指出，左脚点地成虚步，上体向左回转，三者要协调一致。虚步的方向和剑指所指的方向为中线偏右约30°。下抽剑时，要立剑向下、向后走弧线抽回，下剑刃着力。

13. 并步平刺、左弓步拦

动作方法 刺剑和并步要协调一致，方向正中；剑刺出后两臂要微屈，两肩要松沉；绕剑时以剑把领先，转腰挥臂，剑贴近身体左侧绕立圆。拦剑时反手用剑下刃由下向前上方拦架，力在剑刃。拦剑时，剑要在体右侧随身体右旋左转，贴身绕一完整的立圆，右手位于左额前方，剑尖位于中线附近。

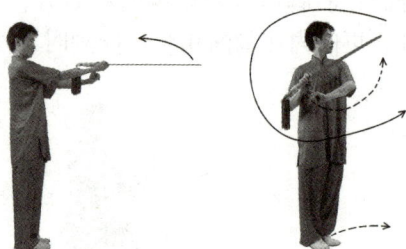

14. 右弓步拦、左弓步拦

动作方法 右弓步拦与左弓步拦相同，只是左右相反，弓步方向为中线偏右约30°，眼随剑移动；参看右弓步拦。

15. 进步反刺

动作方法 反刺剑时，右臂、肘、腕要先屈后伸，使剑由后向前刺出，力达剑尖。右手位于头前稍偏右，剑尖位于中线，与面部同高。松腰松胯，上体挺直，不可做成侧弓步。

16. 反身回劈、虚步点剑

动作方法 左脚脚尖尽量内扣，右脚提收后不要做成独立步。剑要劈平，剑身与臂成一条线，力在剑尖中段。劈剑和弓步要协调一致，同时完成。虚步和点剑的方向与起势方向相同。点剑时，要活握剑把，腕部上提。点剑时，右臂先向下沉落，再伸臂提腕；点剑与右脚落地协调一致，同时完成；身体保持挺直。

第四组

17. 独立平托、弓步挂劈

动作方法 绕剑要与向左插步同时进行；上体保持挺直，并微向左转。托剑是剑下刃着力，剑由下向上托架。平托剑时，右手要活握剑把，手心向外，举至头侧上方；剑身放平，剑尖朝前；挂剑时，腕部先屈，使剑尖转向下，随转体，右臂向下、向后摆动，虎口向后，剑尖领先，剑身贴近身体左侧向后挂，剑的运行路线成立圆。视线随剑移动。

18. 虚步抢劈

动作方法 抢劈剑时，剑先沿身体右侧抢绕一个立圆，再顺势向前下劈剑，力点仍为剑刃中部。整个动作完整连贯。下劈剑时，剑身与右臂保持一条直线，不要做成点剑。

19. 撤步反击、进步平刺、丁步回抽

动作方法 撤步时，右脚脚掌先向后撤，再蹬左腿。反击时，在向右转体的带动下，将剑向右上方击打，右臂、肘、腕先屈后伸，力达剑尖。分手、弓腿、转体动作协调一致；以腰带臂，以臂领剑，剑走平弧；剑卷落时，右臂外旋，手心转向上，剑尖指向正前方。刺剑时，转腰顺肩，上体挺直，剑与右臂成直线。刺剑、弓腿和剑指动作要协调一致；抽剑时，右手先外旋，将剑把略向上提，随即向后、向下收至腹前，剑走弧线抽回。

20. 旋转平抹、弓步直刺

动作方法 身体向右旋转近一周，转身要求平稳连贯、速度均匀；上体保持挺直。摆步和扣步的脚应落在中线附近，步幅不超过肩宽。特别是扣步时，不可扫腿远落，也不要跨越中线过多，致使收势回不到原位。撤步要借身体向右旋转之势，以左脚掌先着地，摆步时脚跟先着地，扣步时脚掌先着地，撤步也是右脚脚掌先着地；左脚提起收至右脚内侧后再向前迈出。左剑指先收至腰间，再附于右腕一齐将剑刺出。

收　势

动作方法　接剑时，左掌心向外，拇指向下，与右手相对；两肘与肩同高，两肩注意松沉。换握剑后，左手持剑画弧下落，与重心前移要协调一致；右剑指画弧下落，与右脚脚跟进半步要协调一致。

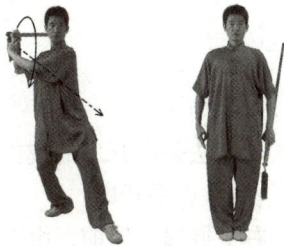

第七节　功夫扇

一、功夫扇简介

功夫扇集合了长拳的舒展大方和太极拳的缓慢柔和的特点，演练时似彩蝶飞舞，既体现了长拳和太极拳的武术基本功，又充满了舞蹈特有的韵味，是一套适合大学生武术表演和健身的拳术。

二、功夫扇基本动作

（一）握扇法

1.合扇握扇法

（1）正手螺旋握扇：拇指和食指扣紧扇根部位，其他三指自然屈握于食指下方。

（2）倒握：手螺旋握扇，拇指和食指紧握扇首部位，其他三指自然屈握于食指下方，扇根朝上。

（3）满握：手满把握住扇根一侧，虎口朝斜下方，如套路里的提握扇动作、挂扇动作等。

2.开扇握扇法

开扇螺旋握法：手握扇根，拇指一侧扣紧扇根，其余四指螺旋屈握扇根另一侧。具体可分为掌心朝上螺旋握法、掌心朝前螺旋握法、掌心朝左螺旋握法、掌心朝右螺旋握法、掌心朝下螺旋握法。

3.换手接扇法

右手握扇，手心朝上；左手拇指朝上，以虎口为力点接握。

功夫扇

（二）扇　法

1. 开扇法

开扇法是指开扇的技击方法。

（1）正平开扇。

右手握扇于体前，由右向左突然抖腕开扇，力达扇沿。

（2）反平开扇。

右手握扇，由左朝右掌心朝外突然抖腕开扇，力达扇沿。

（3）平立扇。

右手握扇，由下向上撩击，直臂抖腕立开扇。

（4）倒立扇。

右手握扇，由上向下抖腕倒立开扇。

（5）反立扇。

右手握扇，由前向后反臂抖腕立开扇，扇柄斜向上。

2. 合扇法

合扇法是指合扇的技击方法。

（1）挂扇。

右手握扇根，虎口朝下，扣腕，一般在身体的左侧或右侧走立圆。

（2）撩扇。

右手握扇根，前臂外旋，以小指一侧为力点，由下向上撩击，或在身体左侧或右侧撩扇走立圆。

（3）上击扇。

右手握扇根，技击时以扇首为力点。一般技击部位是在头的斜上方。

（三）步　法

步法是指脚步移动变化的方法。步法是身、手、腿各种技法实现的关键。

1. 上　步

后脚前进一步，或前脚前移半步。

2. 盖　步

一脚经支撑脚向前横落步。

3. 插　步

两脚连续前进，通常力从脚跟至脚掌。

4. 行　步

两脚连续前进，通常力从脚跟至脚掌。

5. 跟　步

后脚向前跟进半步。

6. 退　步

前脚后退一步。

7. 跳 步

前脚蹬地跳起，后脚随身体向前，落脚于前脚的前方或后方。

（四）腿 法

腿法是指腿部运动的方法。腿部动作的攻防含义多为攻击对方。

1. 中举腿

一腿站立，另一腿向后抬起，膝关节微屈，脚心向上与臀部同高。上体直身立腰。

2. 踢 腿

一腿直立，踩实，另一腿提膝，脚尖上勾，脚掌擦地向对侧斜前方踢出，高至过膝。

3. 勾 踢

一腿支撑，另一腿脚尖上勾，脚掌擦地向对侧斜前方踢出，高至过膝。

4. 蹬 腿

一脚支撑，另一腿屈膝提起，脚尖上勾向前方蹬出，力达脚跟。

5. 分 腿

一腿支撑站稳，另一腿屈膝提起，然后小腿上摆伸直，至同腰高，脚面绷平，脚尖向前。

（五）眼 法

定势时，眼看前方或看手或看扇。换势运转时要做到眼随扇走，或眼随手走，或环视手和扇。

三、功夫扇动作图解

（一）起势部分

1. 大鹏展翅、矫然立鹤、霸王扬旗

动作方法 摆头与开扇一致，头要上顶，身体挺拔；右臂伸直成水平，目视右侧；上步和开扇一致。

2. 孔雀开屏

动作方法 云扇、合扇后并步，摆头和开扇一致。

3. 上步打虎

动作方法 步型为半跪步，右臂伸直成水平，扇沿向下。

4. 挥鞭策马

动作方法 右臂伸直走立圆。

5. 揽扎衣

动作方法 右手随身体先向左转再向右转。左手收至左腹前，手心向上。

6. 雏燕凌空

动作方法 左手外旋，向左画弧，摆动立掌收至右肩；右手反穿，动作要协调。

（二）第一段

1. 悬崖勒马（左）、悬崖勒马（右）、怀中抱月

动作方法 左臂撑圆，动作要饱满；右臂撑圆，动作要饱满；左脚脚尖微外撇，上体左转；左臂撑圆。

2. 螳螂捕蝉

动作方法 左脚脚跟点地。

3. 苏秦背剑

动作方法 右手扇走立圆，上体微右转，目视斜后方。

4. 霸王扬旗

动作方法 上步和开扇一致。

5. 彩蝶飞舞

动作方法 右手舞扇要协调，目视左侧。

6. 古树盘根

动作方法 右手从耳侧向下穿出，扇子成水平。

（三）第二段

1. 白鹤亮翅

动作方法 右臂伸直向上，左膝微屈。

2. 推窗望月

动作方法 上体微向左转，扇沿向左；目视左侧。

3. 风摆荷叶

动作方法 左臂撑圆，右手持扇成水平。

4. 黄蜂入洞

动作方法 右脚先退一小步，再跨一步成弓步；转身与收扇动作协调一致。

5. 乌龙摆尾

动作方法 做捋时重心要后移，右手持扇成水平。

6. 顺鸾肘

动作方法 右手持扇收至胸前，马步顶肘，力达肘尖。

7. 猛虎捕食

动作方法 震脚，两手收至腰间，弓步推出。

8. 排山倒海

动作方法 以左脚为轴，上体左转180°；右手持扇贴于腹前。

（四）第三段

1. 金瓶倒水

动作方法 右臂伸直成水平，扇沿向下。

2. 鱼跃龙门

动作方法 跳起时空中开扇，落步后动作要缓慢柔和。

3. 凤凰点头

动作方法 左臂撑圆，左手高于头。

4. 坐马观花

动作方法 步型为丁步，扇沿向上。

5. 黄莺落架

动作方法 步型为歇步，两臂打开成水平，扇沿向上。

6. 拨草寻蛇、霸王举鼎

动作方法 马步收扇时要慢，上步、马步下插扇时要快；转身与抡臂协调一致，震脚、开扇与摆头相一致。

7. 仙人指路

动作方法 合扇与震脚一致；手臂伸直刺扇。

（五）第四段

1. 力劈华山

动作方法　两手直臂走立圆。

2. 神龙返首

动作方法　步型为歇步，扇沿向上，目视右侧。

3. 转身抛接

动作方法　转身时步型为马步，抛接时左脚脚尖可外撇。

4. 顺水推舟

动作方法　要先收后放，左脚支撑要稳；左臂撑圆。

5. 彩蝶飞舞

动作方法　右手舞扇要协调，单脚支撑要稳，目视左侧。

6. 白蛇吐信

动作方法　震脚与翻扇一致，右臂微屈。

7. 霸王举鼎

动作方法　右脚向斜后方落步，上体向左转；左手伸直推掌。

8. 移花接木

动作方法　挂扇时抛扇，使之立圆旋转，左手接握扇柄。

第八节　攻防技术与应用

进攻技术的优劣直接关系到比赛和实战的胜败，准确、巧妙的防守，既能保护自己，又能为进攻创造条件。防守应是积极主动的，其目的是更好地进攻。以下就是常用的攻防技术动作。

一、实战姿势

（一）标准实战姿势

左脚在前叫左势，右脚在前叫右势。

动作方法　两脚前后开立，与肩同宽，前脚脚尖 45° 斜向右前方，后脚脚跟抬起，膝关节微弯曲，重心在两脚之间；上身自然直立，45° 斜向右前方，双手握拳，拳心相对；两臂弯曲置于胸前；头部直立向前，目视正前方。

动作要点　身体自然，肌肉放松；膝关节松而不懈，富有弹性；心无杂念，以无意为有意。

易犯错误 全身紧张，肌肉僵硬；重心偏前或偏后，不利于起动；膝关节不弯曲，缺乏弹性。

（二）侧向实战姿势

动作方法 身体完全侧向，前后脚在一条直线上，其他部位同标准实战姿势。

（三）低位实战姿势

动作方法 身体姿势同标准实战姿势，只是两膝弯曲幅度加大，重心降低。这种姿势重心低、不易失去重心，但移动速度相对较慢。

实战姿势的原则是便于进攻、防守、移动；重点是要做到两手紧护身体，保护和防守自己的要害部位。

二、实用的攻防技术动作

（一）左冲拳

运用 出拳隐蔽，灵活性强，虚招诱晃对手，以假乱真，为后面的进攻创造机会。多用于进攻对手的头部和躯干。

（二）右勾拳

运用 进攻距离长，在实战中有较强的威胁和杀伤力，多用于进攻对手的头部和躯干。

（三）左贯拳

运用 一种横向进攻动作，上盘可击太阳穴，中盘可击腰肋部位。

（四）右勾拳

运用 侧向进攻动作，进攻时力度大，可用于进攻对手的头部和躯干。

（五）抄　拳

运用 多用于近距离实战，由下往上进攻对手的胸、腹和下颌。

（六）鞭　拳

运用 横向进攻动作，动作幅度大，力度较大，多在防守对手进攻后，旋转反击对手头部。

（七）弹　腿

运用　出腿隐蔽、有力度。可在实战中配合手法，踢击对方腰部以下的位置。

（八）蹬　腿

运用　多用于进攻对方的躯干，当击中对方时，脚踝发力，前脚脚掌下压，这样的击打容易将对方蹬开或使其倒地。

（九）踹　腿

运用　多用于攻击对方下肢的膝关节，也可以突然攻击对方的头部，踹腿时容易调整步法、距离，因此变化多、速度快、力量大，对方不容易防守。

（十）鞭　腿

运用　多用于侧向攻击对方的躯干和头部。鞭腿幅度和力度大，能出其不意地重创对方。

（十一）勾踢腿

运用　常用于破坏对方的支撑稳定性。

（十二）外格挡、内格挡

运用　防守对方横向的手法或腿法对己方躯干和头部的攻击。

（十三）上架挡

运用　防守对方由下向上的手法对己方头部的攻击。

（十四）下截挡

运用　防守对方正面攻击己方的手法或腿法。

（十五）抄腿（抄抱）

运用　抄抱对方横向或正面攻击对方的躯干或头部的腿法。

第十一章

◎ 了解导引养生和健身功法的相关知识。
◎ 学习八段锦、五禽戏和易经筋。
◎ 练习导引养生功法。

导引养生和健身功法是以中国医学的整体观念、辨证施治和经络学说为理论根据创编而成的，具有防病、治病及提高人体各个系统机能的功效。中医药院校学生学习导引养生和健身功法，不仅能够提高自身健康，还能够指导他人通过习练导引养生和健身功法进行自我保健。

第一节　导引养生和健身功法概述

一、导引养生起源概览

导引是一种将呼吸运动（导）与肢体运动（引）相结合的古老养生法，也是气功中的动功之一，与现代的保健体操相类似。

1972—1974 年在长沙马王堆汉墓（西汉初期诸侯家族墓地）出土的帛画，是全世界现存最早的导引图谱。原帛画长约 100 厘米，与前段 40 厘米帛书相连；画高 50 厘米；分上下 4 层，绘有 44 个各种人物的导引图势，每层绘 11 幅图。每图势平均高 9 ～ 12 厘米。每图势为一人像，男、女、老、幼均有，或着衣，或裸背，均为工笔彩绘。其术势除个别人像做器械运动外，多为徒手操练。图傍注有术势名，部分文字可辨。从导引的功能方面看，既有用于治病的导引，也有用于健身的导引；从肢体运动的形式看，既有立式导引，也有步式导引和坐式导引；既有徒手的导引，也有使用器物的导引；既有配合呼吸运动的导引，也有纯属肢体运动的导引。此外，还有大量模仿动物姿态的导引。其中涉及动物的有鸟、鹊、鹤、猿、猴、龙、熊等式，与五禽戏相近而仅缺鹿戏与虎戏。原无图谱名，现名《导引图》由马王堆汉

【提　示】

导引原为古代的一种养生术，早在春秋战国时期就已出现与"吹呴呼吸、吐故纳新"相结合的名为"熊经""鸟申"的二禽戏。

三国时期的华佗把导引术式归纳总结为五种，名为"五禽戏"，即虎戏、鹿戏、熊戏、猿戏、鸟戏，比较全面地概括了导引疗法的特点，且简便易行，对后世医疗和保健都起到了推进作用。然而，华佗的五禽戏业已失传，后人南朝梁代陶弘景《养性延命录》记有华佗"五禽戏"，模仿虎、熊、鹿、猿、鸟这五种鸟兽的活动形态，编制出一套导引程式。《正统道藏》所收《太上老君养生诀》亦录此"五禽戏"，署华佗授广陵吴普。这套导引术一直流传下来，明代周履靖在所著《赤凤髓》中，将它加以改进，降低动作难度，并与行气相结合，除了文字说明外，还绘制出程式图谱。清代人更于五种术势之外，加入向后顾望的"鹗顾势"和摇头摆尾的"狮舞势"，称作"七禽戏"，可见"五禽戏"对后世影响之大。

东晋葛洪《抱朴子·杂应》记录过"龙导""虎引""熊经""龟咽""燕飞""蛇屈""鸟伸""虎据""兔惊"九种导引术势名称，但未记录具体做法。梁代陶弘景《养性延命录·导引按摩篇》除记录几种按摩术外，对"狼踞鸱顾""五禽戏"等几种导引术势做了具体记载，并绘制过《导引养生图》一卷。

唐代著名医家孙思邈《千金要方》卷二十七《养性》篇记有"天竺国按摩法""老子按摩法"，虽题名按摩，实为导引。其中，"老子按摩法""天竺国按摩法"和司马承祯《服气精义论·导引论》所记的"养生操"，都曾在当时广为流传。前二者还被明代高濂收载于所著《遵生八笺》之《延年却病笺》中。

唐代还出有导引专著《太清导引养生经》，其中收载"赤松子导引法""宁封子导引法""虾蟆行气法""彭祖卧引法""王子乔导引法""道林导引要旨"等多种导引法，这些导引法皆详载具体做法，或十势或数十势不等。

北宋张君房《云笈七签》卷三十六又收"玄鉴导引法"，除具载十三势的做法外，又指明某势治某病。宋道士蒲虔贯著《保生要录》，分"养神气""调肢体"等六门，调肢体门提出"小劳术"导引法，简便易行，为后世所推崇。宋代的著作真君《灵剑子》之《导引势第八》载导引十六势，写明每势补益某脏腑，于何季节施行。以上诸书所记导引法，可谓千姿百态，式样繁多，为我国导引术之一大宝库。

约北宋末出现的"八段锦"，也曾在社会上长期流传。其术势口诀（八句），最先被北宋末南宋初人曾慥《道枢》所记录。其后《灵剑子引导子午记》的口诀为句子整齐而有韵的八句。《修真十书》卷十九除所记口诀为三十六句（有韵）外，又记八段的具体做法，且绘制术势图像配于每段之下，称名"钟离八段锦法"。

不仅如此，此八段锦又在明初演化为十二段锦、十六段锦，明初道士冷谦的《修龄要旨》和其后的几种书中皆有记载，可见八段锦影响之广泛和流传之久远。至清代，《易筋经图说·附录》再将《灵剑子引导子午记》之口诀修饬为更加通畅易懂的八句。

在以上众多导引术中，有不少曾对当时社会产生过很大影响，有的还广泛流衍于近现代。

二、导引健身功的特点

导引健身功是以中国医学的整体观念、辨证施治和经络学说以及某些常见病、多发病的病因、病理为理论根据创编成的。它是一套具有综合防治作用的经络导引动功。多年的临床观察证明，导引健身功对心血管系统疾病、肺部疾病、消化系统疾病、生殖泌尿系统疾病、神经系统疾病和关节疼痛等有明显的辅助疗效。

导引健身功有以下特点：一是意形结合，重点在意；二是动息结合，着重于息；三是周身放松，姿势舒展；四是逢动必旋，逢作必绕；五是提肛收肛，贵与息和；六是缓慢柔和，圆活连贯。习练中须紧紧把握这些特点，才能收到事半功倍之效。

第二节　导引健身功法基本功

导引锻炼就是选择坐、卧、站等姿势，结合意念的集中和各种呼吸方法的锻炼，以达到治病强身、延年益寿的目的。这种姿势的选择即"调身"，意念的集中即"调心"，呼吸的锻炼即"调息"，此"三调"构成了导引锻炼的三大要素。因此，任何一个导引锻炼的功种，都是根据特定的锻炼目的，选择所需的"三调"操作内容，将它们有机地结合在一起而形成的。

一、调　身

（一）调身的意义

调身是指练功者在练功过程中对体位和形态的调整。要求做到：通过调整身体姿势，使得身体各部位放松、舒适，符合生理体位和形态，进而使呼吸轻松，思想集中，为练功奠定良好的基础。古人说："形不正则气不顺，气不顺则意不宁，意不宁则神散乱。"这说明了调身在练功中的重要性。

姿势选择的恰当与否和治病强身作用密切相关。例如，高血压、青光眼、头痛、头胀、肝阳上亢型的病人，宜采取站式；消化性溃疡、慢性结肠炎、胃肠功能紊乱的病人，宜采取坐式；老年体弱、极度衰弱的虚证病人，宜采取卧式。

（二）调身的姿势

1. 坐　式
（1）平坐式。

动作方法　取一高度适宜的凳子或椅子，臀部二分之一坐在凳面上，头身正直，下颌微收，口眼轻闭，舌抵上腭，松肩含

胸，直腰收腹，两脚分开，与肩同宽，平行踏地，使上身与大腿、大腿与小腿夹角均为90°，两手自然抬起，放在两大腿中部。

运用 平坐式是最普通、最常见的一种坐式，适用范围广，除高度体质衰弱的病人不能持久采用外，普通人均可采用。

（2）靠坐式。

动作方法 取一高度适宜的凳子或椅子，除臀部满坐，背部轻抵椅背外，其他要求均同平坐式。

运用 靠坐式比平坐式更省力，机体更放松，且时间持久，故对年老体弱者尤为适宜。

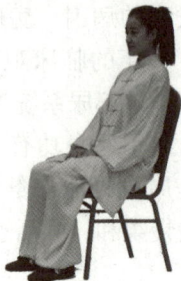

（3）盘坐式。

取凳面比坐凳大的木制矮方凳、普通的床、炕或地毯，在上面均可盘坐。

动作方法

自然交叉盘：上半身要求基本与平坐式相同，只是两手虎口交叉重叠，掌心向内，放在腹部丹田处；臀部略垫高3～5厘米，两腿自然交叉盘起，两脚交叉放在两大腿下面。

单盘：将右脚放于左大腿上（亦可将左脚放在右大腿上），两小腿上下重叠。其余均同自然交叉盘。

双盘：将左脚置于右大腿上，然后搬起右脚置于左大腿上，两脚脚心朝天。其余同自然交叉盘。

运用 姿势稳定，易于宁神定志。但是屈曲紧张，影响血液循环，故采用得较少。

2. 卧 式

（1）仰卧式。

动作方法 面朝天，平卧于床上，枕头高低适宜，口眼轻闭，舌抵上腭；两臂自然伸直，两手掌心朝下，分别放在身体两侧或虎口交叉重叠放在腹上；两腿自然伸直，两脚分开与肩同宽或将一只脚的脚后跟扣在另一只脚的脚踝上。

运用 此式适用于年老体弱者和神经衰弱症患者的睡前练功。缺点是练功者容易昏沉入睡，影响练功效果，因此要逐步过渡到坐式。高血压人不宜采用此式。

（2）侧卧式。

动作方法 侧身卧于床上（左右均可，一般采用右侧卧）。以右侧卧为例：腰部稍弯成弓形，头略向胸前收，枕高适

宜，口眼轻闭，舌抵上腭；左臂自然放在身体侧面，手掌放在左髋侧上；臂弯曲，手心朝上，置于枕上；右腿自然伸直，左腿弯曲搁在右腿上。

运用　此式作用与仰卧式同，优点是比仰卧式更容易放松，由于腹肌的松弛，更易于形成腹式呼吸。

（3）半卧式。

动作方法　在仰卧式的基础上，将上半身及头部垫高靠在床上，也可在膝下垫物。其余均同仰卧式。

运用　此式适宜于心脏病、哮喘患者及体力衰弱的病人。

3. 站　式

（1）自然式。

动作方法　两腿分开，与肩同宽或略窄于肩，平行站立，两膝微屈；头正身直，下颌微收，百会承天，双目平视，面带微笑，舌抵上腭；沉肩含胸，松腰收胯，命门打开，收腹提肛；两手自然下放于体侧。

运用　此式有清心降压、宁神定志的作用，一般病人均可采用，体弱者可将其与坐式、卧式交替来用。

（2）三圆式。

动作方法　两脚分开，与肩同宽，脚尖内扣，呈半圆形，屈膝下蹲，高低量力而行，膝盖垂线不超过脚尖；两臂抬起弯曲成环抱状，高与胸平，两手手指均张开弯曲，掌心相对，如抱球状；其余要求均同自然式。所谓"三圆"，即足圆、臂圆、手圆。

运用　此式对调理、疏通督脉和补气升阳有独特作用，在练功姿势上属于补的一种，对虚证病人有一定疗效。

（3）下按式。

动作方法　两脚分开，与肩同宽，平行站立；两臂下垂微屈，两手下按，掌心朝下，手指向前，置于两髋旁。其他要求同自然式。

运用　此式意念朝下，加上两掌心、两足心，称为五心朝地，对实证病人有一定疗效。

二、调　息

（一）调息的意义

所谓调息就是调整呼吸的方式、速度、节奏、强弱等。呼吸在古代称为吐纳，它是练功中的重要环节之一。古人云："一呼一吸为一息，不呼不吸亦为息。"意思是说，虽然我们平时没有意识地去注意自己的呼吸，但呼吸是客观存在的。在导引锻炼时，我们要有意识地注意调整自己的呼吸，选择和掌握适合自己身体情况的呼吸方法，尽可能多地摄取和利用空气中的氧气，排出机体代谢的废气。这对培育人的真

气、提高脏腑各器官系统的功能、增进人体的健康有很大的作用。

　　练功时，要注意呼吸的出入，使腹肌、膈肌不断地收缩和扩张，既可以加强胃肠的蠕动，进而带动肝、肾、脾等内脏的活动，又可以起到加强肺的通气量和吸氧排碳的生命活动过程，改变和加速全身的血液循环，促进消化和营养的吸收，调整各内分泌系统的功能，增强机体的抗病能力。练功时注意呼吸的调整，不仅能使肺功能得到加强，还改善了其他脏器的功能。《黄帝内经》指出："肺者，气之本，魄之处也。""脉气流经，经气归于肺。"肺是一个独立的代谢器官，具有维持机体内环境稳定的作用。它与人体的新陈代谢和多种激素的分泌有密切的关系，影响人体的生长、发育、生殖和免疫系统功能的增强和变化。

（二）调息的方法

1. 自然呼吸法

　　自然呼吸法是指人们按照原来的呼吸频率和呼吸方法进行呼吸，只是更为柔和，每分钟 16 次左右。要求顺乎自然，柔和均匀，丝毫不用力，不加意念支配，采用鼻吸鼻呼法、鼻吸口呼法均可。此法适用于初学者和慢性病患者。

2. 腹式呼吸法

　　顺腹式呼吸法：吸气时腹部隆起，呼气时腹部缓慢回收。

　　逆腹式呼吸法：吸气时腹部轻轻凹陷，呼气时腹部放松还原。

　　腹式呼吸增强了膈肌运动，使胸腔容积增大，气体进出量增加。它可以使呼吸更完全，功能残气减少，尤其是使双肺下部的通气功能得到改善，因此对呼吸系统疾病有较好的疗效。由于增强了腹肌的收缩和放松，对腹腔内脏起到一定的按摩作用，有助于改善消化吸收功能，故腹式呼吸对消化系统疾病亦有良好的辅助治疗作用。

3. 停闭呼吸法

　　在呼气和吸气之间，或者吸气和呼气之间，停闭片刻，称为停闭呼吸法。这种呼吸法能充分扩展肺泡，有利于气体在肺泡中的交换，从而改善肺功能，增强机体的供氧能力。停闭呼吸增加了腹腔内压，所以对消化系统疾病也有一定的辅助治疗作用。

4. 鼻腔喷气法

　　鼻腔喷气法是一种鼻吸鼻呼法。先吸气，鼻孔微微张开，眉毛轻轻上抬，要求缓、长、匀、深，得法时，可有气在鼻腔中的回荡声，有吸气直入丹田之感，腹部隆起，胸部不动；呼气时，鼻腔收缩，速度略快，气体喷出有声，同时腹部收缩，协同逼气外出，自然提肛。此法呼吸量大，气感足，有益气升阳、填补下焦元气的作用；但对一些体质过于虚弱及高血压、心脏病的患者并不适宜，故要慎用。

5. 三吸一呼法和三呼一吸法

　　三吸一呼法和三呼一吸法均为鼻吸鼻呼法。三吸一呼是连续三次短的吸气，一次长的呼气；三呼一吸是连续三次短的呼气，一次长的吸气。这是根据吐纳的补泻作用而设计的呼吸方法。三吸一呼，吸多呼少，作用偏补；三呼一吸，呼多吸少，作用偏泻。两种呼吸法均可加强腹式呼吸作用，加强丹田的聚气和储能作用，加强脾、胃、心脏等内脏的功能。此法适用于各种内脏疾病和癌症病人，但要辨别虚实而选用之。

调息的注意事项

6. 大呼大吸法

大呼大吸法为古代吐纳、导引采用的一种呼吸方法。用鼻使劲吸气，用鼻口呼气，每一吸一呼都要求尽量延长时间，尽可能加大气体出入量，并且呼和吸都要发出较大的声音。这是一种以扩大肺活量为主的呼吸法。此法能增强体质，调动内气，适用于体质较强的练功者；对一些患慢性疑难杂症和痼疾，但体质尚未衰弱者，也有一定的辅助治疗作用。

三、调　心

（一）调心的意义

调心是练功的重要环节，也是导引有别于其他运动的特有内容。它包括意念、感觉、情绪等方面的调整。调心就是使练功者把注意力集中到身体某一部位、某一练功姿势、某一事物或某一词义上来，以便能安静地练功，不断地排除杂念，从而达到放松身体及大脑的入静状态。

大脑的入静，就是杂念不生，意识思维活动相对集中，进入非常轻松、舒适、宁静的愉快境界。这种入静状态，能使机体进一步放松，全身气血进一步流畅，这对激发调动人体内在的潜能，诱发聚集人体内部的真气、元气具有重要作用，起到更好地调整整个机体中存在的功能紊乱、修复机体的病理状态、恢复机体的动态平衡，并使之向正常方面转化的作用。这就是导引锻炼能强身治病、延年益寿的根本所在。

人的思维活动和情绪变化皆能影响五脏六腑的功能，如怒伤肝，喜伤心，思伤脾，悲伤肺，恐伤肾等。调心就是要把这些不利于身体健康的情绪变化和思想杂念排除掉，做到清心寡欲，创造一个美好的内环境，以抵御各种外界因素对我们机体的不良刺激。

（二）调心的方法

1. 默念字句法

默念字句法是指在练功中用意念去默诵选定好的句子，而不需要念出声来的一种练功方法。通过默念字句，机体逐渐放松；若机体已基本放松，默念字句又可以使意念逐渐集中，大脑思维逐渐安静下来。具体的操作方法：吸气时默念"静"，呼气时默念"松"；或者吸气时不默念，呼气时默念"静坐使我健康"等字句；或者是在吸与呼或呼与吸之间停顿呼吸来默念字句。

总之，默念的字句要简单，词义要轻松、愉快。

2. 意守部位法

把注意力集中起来，放在身体的某一部位上，称为意守。常用的部位大多是经络上的主要穴位。这种意守，一方面是为了更好地排除杂念，另一方面可以打开穴位，疏通经气，加强体内气血的运行和脏腑功能。

3. 注意呼吸法

（1）数息法：数呼吸的次数，可从 1 到 10 或 100，周而复始。可以数吸不数呼，也可数呼不数吸。

调心的注意事项

意守穴位法

（2）听息法：静心细听自己的呼吸是否细长而均匀。

（3）随息法：意念随呼气、吸气的出入，不计次数。

4. 内视法

眼帘下垂或轻闭，目不外视，向内返观，可内视丹田、心肺等五脏六腑，注意内脏的活动。内视法可以起到加强内脏功能的作用。

5. 观想法

观想自然界的外景和身体里的秀丽内景。外景可以是生态景观，如青松、花草、山川、河流、大海、蓝天等，也可针对疾病选择外景。例如，阳虚内寒的病人宜观想明媚温暖的阳光，阴虚内热的病人宜观想宁静凉爽的夜空，阳盛火旺的病人宜观想冰天雪地的冬天，阴盛水寒的病人宜观想骄阳烈日的夏天等。这与中医"热者寒之，寒者热之，温者凉之，凉者温之"的治疗原则是一致的。

第三节　八段锦

八段锦是中国古代导引术的一个重要组成部分。全套功法由 8 节动作组成，因简便易学，动作舒展优美，被比喻成"锦"（精美的丝织品），故名"八段锦"。

八段锦发端于北宋年间，宋代洪迈在其所著的《夷坚志》中记载："政和七年，李似矩为起居郎……尝以夜半时起坐，嘘吸按摩，行所谓八段锦者。""政和"是北宋徽宗的年号，由此可见，北宋时八段锦就已流传于世。

八段锦从宋代流传和发展到现在，几经演变，内容十分丰富。以其动作特点，八段锦大体可分为坐式和站式两大类。坐式八段锦又称为文八段，体现了古人席地而坐的迹象，文八段偏重于内功。站式八段锦又称为武八段，武八段又分南、北两派。难度较大，骑马式较多，动作以刚为主的，称为北派；难度不大，骑马式较少，动作以柔为主的称为南派。从文献和内容上分析，南派和北派同出一源，都是根据生活实践需要和中国传统医学理论逐步发展和充实起来的。

八段锦的文字记载起初并不是以七言八句的歌诀形式出现的。南宋无名氏记述的八段锦，是以多少不等的文字记述的八条，各条之间也不押韵。直到金元时期，特别是元末明初，八段锦的文字记载才出现了歌诀的形式。歌诀有助于练习者对八段锦动作的背诵和记忆，对八段锦的普及和流传起到了积极的作用。

八段锦是一套针对特定脏腑、病症而设计的健身功法，其中每一句歌诀都明确提出了动作的要领、作用和目的。它的各个动作对特定脏器的作用有特定的针对性，如功法中伸展、前俯、后仰、摇摆等动作，分别作用于人体的三焦、心肺、脾胃、肾腰等部位和器官，可以防治心火、五劳七伤及其他各种疾病，并有利滑关节、发达肌肉、增长气力、强壮筋骨、帮助消化和调整神经系统的功能。然而，这种作用又是综合性、全身性的，只有把八段锦各节动作综合起来，才能真正起到强身健体的作用。

下面介绍一下八段锦的动作方法。

一、预备式

动作方法

（1）两脚并步站立，两臂垂于体侧。左脚向左开立。

（2）两臂摆起，与髋同高，掌心向后。

（3）两膝稍屈，两臂合抱于腹前。

技术要点

（1）头向上顶，下颌微收，沉肩坠肘，腹部松沉，收髋敛臀，上体中正。

（2）呼吸徐缓，气沉丹田，调息6～9次。

二、第一式　两手托天理三焦

动作方法

（1）十指腹前交叉。

（2）两膝伸直，两掌上托于胸前翻掌，掌心向上，眼随手走。

（3）肘关节伸直，下颌内收，平视前方。

（4）膝关节微屈，十指分开下落，合抱于腹前。

一上一下为1次，做6次。

技术要点

（1）两掌上托要舒胸展体，略有停顿，保持伸拉。

（2）两掌下落，松腰沉髋，沉肩坠肘，松腕舒指，上体中正。

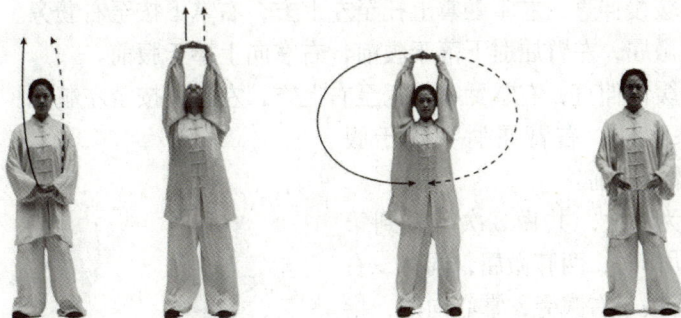

三、第二式　左右开弓似射雕

动作方法

（1）向左开大步站立，两掌交叉于胸前，左掌在外，右掌在内。

（2）两腿半蹲成马步，两手呈拉弓状。

（3）重心右移，两手变掌，右手向右侧画弧。

（4）左脚收回并步站立，两掌下落，捧于腹前。

（5）向右开步站立，两掌交叉于胸前，右掌在外，左掌在内。

（6）两腿半蹲成马步，两手呈拉弓状。

（7）重心左移，两手变掌，左手向左侧画弧。

（8）右脚收回开步站立，两掌下落，捧于腹前。

此式一左一右为 1 次，共 3 次。做到第三次最后一动时，重心继续左移。右脚回收成开立步，与肩同宽，膝关节微屈，同时，两掌分别由两侧下落，捧于腹前，还原成预备式。

技术要点

（1）侧拉之手五指要并拢屈紧，肩臂放平。

（2）八字掌侧撑需沉肩坠肘，屈腕，竖指，掌心涵空。

（3）年老或体弱者可以自由调整马步的高度。

四、第三式　调理脾胃须单举

动作方法

（1）两膝缓慢伸直，左掌翻掌上托至左上方，右掌下按至右髋旁。

（2）两膝微屈，左臂屈肘下落于腹前，右掌向上捧于腹前。

（3）两膝缓慢伸直，右掌翻掌上托至右上方，左掌下按至左髋旁。

（4）两膝微屈，右臂屈肘下落于腹前，左掌向上捧于腹前。

一左一右为 1 次，共做 3 次。做到第三次最后一个动作时，两膝微屈，同时，右臂屈肘，右掌下按于右髋旁，掌心向下，指尖向前。目视前方。

技术要点

力在掌根，上撑下按，舒胸展体，拔长腰脊。

五、第四式　五劳七伤往后瞧

动作方法

（1）两膝伸直，同时两臂伸直。

（2）两臂外旋，头向左后转，目视左斜后方。

（3）重心缓缓下降，两膝微屈，同时两臂内旋按于髋旁。

（4）两膝伸直，同时两臂伸直。

（5）两臂外旋，头向右后转，目视右斜后方。

（6）重心缓缓下降，两膝微屈，同时两臂内旋按于髋旁。

一左一右为1次，共做3次，做到第三次最后一动时，两膝关节微屈，还原成预备式。

技术要点

头向上顶，肩向下沉，转头不转体，旋臂，两肩后张。

六、第五式　摇头摆尾去心火

动作方法

（1）右脚向右开步站立，两掌上托至头上方。

（2）两腿蹲为马步，两掌下落扶于膝关节上方。

（3）重心稍起，随之重心右移，上体向右侧倾、俯身。目视右脚。

（4）重心左移，上体由右向前、向左旋转。

（5）重心右移成马步，上体立起，下颌微收，目视前方。

（6）重心稍起，随之重心左移，上体向左侧倾、俯身。目视左脚。

（7）重心右移，上体由左向前、向右旋转。

（8）重心左移成马步，上体立起，下颌微收，目视前方。

一左一右为1次，共3次，做完3次后，重心左移，收回右脚成开立步，与肩同宽。同时，两臂经两侧上举，掌心相对。两膝关节微屈，两臂屈肘，两掌下按至腹前。

技术要点

（1）马步下蹲要收髋敛臀，上体中正。

（2）摇转时，脖颈与尾闾对拉伸长，好似两个轴在相对运转，速度缓慢，动作连贯。

七、第六式　两手攀足固肾腰

动作方法

（1）膝关节伸直，两臂向前、向上举起。

（2）两手掌心相对，屈肘，下按于胸前。

（3）两臂外旋，两掌心向上，随之两掌掌指顺腋下后穿。

（4）上体前俯，两掌心向内沿脊柱两侧向下摩运至脚面。

（5）两掌沿地面前伸，随之用两臂带动上体立起，两臂伸直上举，掌心向前。

此式一上一下为1次，共6次。做完6次后，松腰沉髋，重心缓缓下降，两膝关节微屈。两掌向前下按至腹前。

技术要点

两掌反穿摩运要适当用力，至足背时松腰沉肩，两膝伸直，向上起身时要两臂主动上举，带动上体立起。

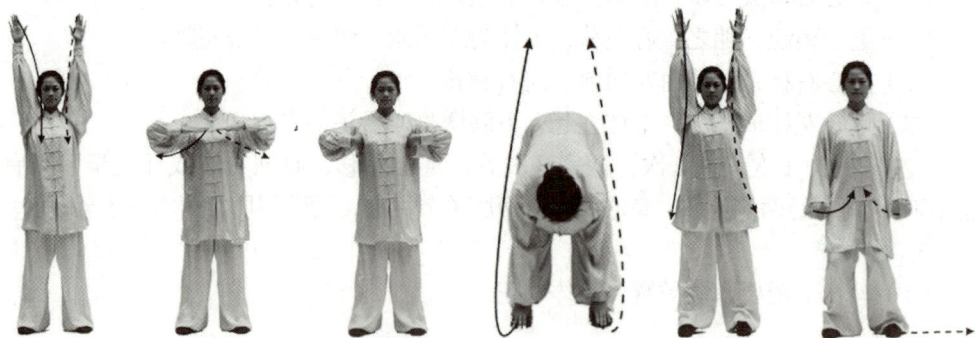

八、第七式　攒拳怒目增气力

动作方法

（1）左脚向左开步成马步，两掌变拳抱于腰侧，拳眼向上。

（2）左拳缓缓向前冲出，瞪目。

（3）左拳变掌，虎口向下。

（4）左臂外旋向左缠绕，变掌心向上后握固。

（5）左臂屈肘，收回至腰侧。

（6）右拳缓缓向前冲出，瞪目。

（7）右拳变掌，虎口向下。

（8）右臂外旋向右缠绕，变掌心向上后握固。

（9）右臂屈肘，收回至腰侧。

此式一左一右为1次，共做3次。做完3次后，左脚收回成并步站立，两拳变掌，垂于体侧。

技术要点

（1）马步的高低程度可根据自己的腿部力量灵活调整。

（2）冲拳时怒目圆睁，脚趾抓地，拧腰顺肩，力达拳面，回收时要旋腕，五指用力抓握。

九、第八式　背后七颠百病消

动作方法

（1）两脚脚跟提起，头上顶，动作略停。

（2）两脚脚跟下落，轻震地面。

一起一落为1次，共做7次。

技术要点

（1）上提时脚趾抓地，脚跟尽力抬起，两腿并拢，百会穴上顶，略有停顿，掌握好平衡。

（2）脚跟下落时，咬牙，轻轻下震，同时沉肩。

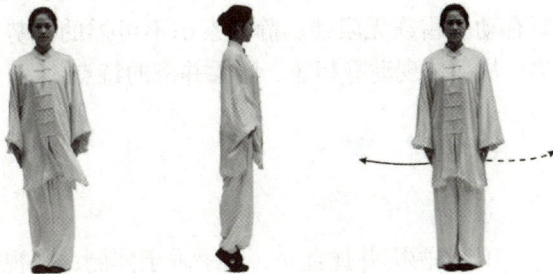

十、收 势

动作方法

（1）两臂内旋，向两侧摆起，与髋同高。

（2）两臂屈肘，两掌相叠于腹前丹田处（男性左手在内，女性右手在内）。

（3）两臂自然下落，垂于体侧。

技术要点

两掌内外劳宫相贴于丹田，周身放松，气沉丹田。

第四节　五禽戏

五禽戏是东汉名医华佗根据古代导引、吐纳、熊经、鸟伸之术，研究了虎、鹿、熊、猿、鸟五禽的活动特点，并结合人体脏腑、经络和气血的功能，编成的一套具有民族特色的导引术。五禽戏寓医理于动作之中，寓保健、康复效益于生动形象的"戏"之中，这是五禽戏区别于其他导引术的显著特征。

根据中医的脏腑学说，五禽配五脏：虎戏主肝，能疏肝理气，舒筋活络；鹿戏主肾，能益气补肾，壮腰健胃；熊戏主脾，能调理脾胃，充实两肢；猿戏主心，能养心补脑，开窍益智；鸟戏主肺，能补肺宽胸，调畅气机。由于人体是一个有机整体，五脏相辅相成，因此五禽戏中任何一戏的演练，既主治一脏的疾患，又兼顾其他各脏，能达到祛病强身、延年益寿的目的。

下面介绍一下五禽戏的动作方法。

一、虎 戏

练习虎戏最重要的是要有虎威：神发于目、威生于爪、神威并重、啸声惊人；要有动如雷霆无阻挡、静如泰山不可摇的气势；既要做到刚劲有力，又要做到刚中有柔，从而体现动静相兼、刚柔并济的特点。

（一）虎 窥

动作方法

（1）两脚并拢直立，两手垂于体侧；平视前方，呼吸自然。

（2）身体重心移至右腿，左腿向上抬起，左大腿与地面平行；同时两手呈虎爪状沿体侧上举至胸前，掌心向下，配合吸气。

（3）左脚向前跨出一大步，成左弓步；同时两手由上下落至左膝两侧，稍比肩

宽，掌心向下；两眼向前方平视，眼神威猛，配合呼气。

　　（4）身体向右后转动，以腰带臂，同时两手随转体向右后画弧摆动，配合吸气。再向左转体，以腰带臂，两手向体前画弧，身体转正。眼随手动。

　　（5）右脚向右前方迈步，做右式。

　　技术要点　要表现出虎的威猛。提膝要高、落步轻灵，两掌下按时意贯虎爪，力达指尖。上体竖直、颈随体转，目光炯炯、虎视眈眈，似猛虎出洞寻食。

（二）虎　扑

动作方法

　　（1）接上一动作。以右脚为轴，向左转体90°，左脚收至右脚内侧，成左丁步；两腿屈曲，两手随转体摆至两脚前，稍比肩宽，掌心向下。

　　（2）上体抬起后仰，两腿由屈变伸，两膝微屈；两手沿体侧向上收至胸前侧，掌心向下，配合吸气。

　　（3）左脚快速向左前方跨出一大步，成左弓步；同时两手向前下猛按至左膝下两侧，掌心向下；眼视前下方，配合快速呼气，并发出"嗨"声。

　　（4）以左脚为轴，向右转体90°，右脚收到左脚内侧，做右式。

　　技术要点　练习虎扑时，动作应轻灵敏捷、先柔后刚。前扑时发声吐气，以声催力，力达指尖。

　　作用　练习虎扑时，配以"嗨"发声，"气自丹田发"，能开张肺气、强腰固肾，并能使周身肌肉、筋腱、骨骼强壮。虎戏的各种步法变换，可增强关节的灵活性，对防治老年性慢性支气管炎、神经衰弱、腰背痛、骨关节酸痛、颈椎综合征等病有一定的辅助疗效。

二、鹿　戏

　　练习鹿戏时要舒松自然，动作轻捷奔放，不能有丝毫的勉强和拘束；精神要安闲雅静，意想在山坡、草原群鹿行游，自己身为其中一员随群进行各种活动。

（一）鹿　兴

动作方法

　　（1）右腿直立，左腿屈膝提起，小腿自然下垂，成右独立式；同时两掌变鹿指，由体侧上举过头，两臂伸直，掌心朝前，配合吸气。

　　（2）左腿向前迈出，挺膝踏实，右脚脚尖点地；两臂屈肘，拇指架于头顶两侧，成鹿角状；眼向后看，配合呼气。

（3）右脚屈膝上提，成左独立式，做右式。

技术要点 独立要稳，脚趾屈勾抓地。两臂上举，神态舒展昂扬。落步回头眺望，躯干和后面腿成一斜线，颈部尽量后拧。

（二）鹿 盘

动作方法

（1）接上一动作。上体直立，转体向左，同时左脚由后向前上步至右脚前，前脚掌着地，成左高虚步；两臂由头侧下落，左臂屈肘，上臂靠近身体左侧，前臂约与地面平行，掌心向上，右手举至头顶右上方，两掌心斜相对；眼视左手。

（2）左脚稍回收，再向前迈一步，脚尖稍外展踏实，屈膝，右脚向前经左脚内侧，摩擦地面而过，脚尖略内扣，如此连续沿一圆弧走8步（即八卦步）；眼始终注视圆心。

（3）走完八卦步，以两脚为轴，身体左转约270°后屈膝下蹲，成左歇步；两手中指和眼神始终对圆心。

（4）身体直立，同时向右转体约270°，成右高虚步，做右式。

技术要点 八卦步要匀速走在圆弧上，走转时两膝适度弯曲，身体下坐，使体重落在两腿，脚尖扣摆转换，前进如蹚泥状，全脚掌平落地面，五趾抓地。眼视圆心，心舒体松，神情怡然，呼吸自然。

作用 鹿戏善运尾闾，有助于打通任脉和督脉，有强筋骨、固腰肾的作用，对腰背痛、腰肌劳损、阳痿、月经不调、痛经等病症有辅助疗效。鹿兴、鹿盘使身体各关节活利，肌肉得到充分锻炼和牵拉，使肌肉力量增强。鹿盘使脊柱充分拧转，可增进脊柱的灵活性和稳定性，有延缓衰老和防治脊柱畸形的作用。

三、熊 戏

练习熊戏要表现出熊的浑厚、沉稳、性情刚直、勇敢和不怕困难的意志。熊戏外观上笨重拖沓，实则内含无穷气力，且在沉稳中又有轻灵敏捷；练习熊戏时要松静自然、气沉丹田。

（一）熊 行

动作方法

（1）左脚向前迈一步，成左弓步；上体稍向前倾，含胸拔背，同时拧腰向右，左肩前靠内旋，松肩、松肘、松髋，由腰带动向前下摆动至左膝前，右臂稍向前摆动，之后后摆至右髋后侧，两手成熊掌状，配合呼气。

（2）身体转正，重心后移，拧腰晃膀，带动两臂前后摆动，配合吸气。

（3）身体重心前移，成左弓步；左臂摆至体前，右臂摆至右后侧，配合呼气。

（4）右脚经左脚内侧向右前方迈一大步，成右弓步，做右式。

技术要点 上步轻灵，落步沉稳。重心前后移动，连贯均匀；两臂顺势前后摆动，如风吹杨柳；前靠时须用内劲。

（二）熊　攀

动作方法

（1）接上一动作。左脚向前上步，与肩同宽，成开立步；同时两掌收至体侧，再经体前上举至头上方，掌心向前，呈握物状；抬头，眼向上看，配合缓缓吸气。

（2）两臂屈肘，两手慢慢下拉至肩前；同时，身体上引，脚跟慢慢提起。

（3）脚跟慢慢落地，上体俯身；两手变掌落至两脚前，配合缓缓呼气。

（4）上体徐徐抬起，同时两手呈熊掌状经两腿前再上提至腹前。配合吸气。之后两拳变掌下落至体侧，配合呼气。

技术要点 两手上攀时，身体尽量伸展；两手下落时，身体尽量前屈，两腿不能弯曲。

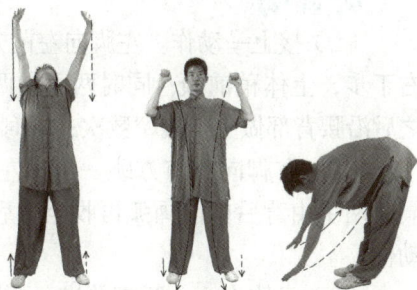

作用 练习熊戏有改善脾胃运化、营养脏腑和增强肌力的作用。熊戏中用腰带动身体的晃动，使全身得到运动，促进血液循环，活跃全身生理机能，有滑利脊柱和髋关节、增强腰腹肌力量、调理脾胃的功效。熊戏中，下肢动作在各种步法变换之时，可以对髋关节、膝关节、踝关节三个主要关节起到活利的作用，有利于疏通经络，改善腿部血液循环，强壮筋骨。

四、猿　戏

猿生性好动，机智灵敏，善于纵跳，攀枝爬树，躲躲闪闪，不知疲倦，这是猿的特点。练习猿戏，外练肢体运动的轻灵敏捷，内练精神的宁静，方能收到"动静兼修"的效果和达到"不是神仙体自轻，似闪似电令人惊"的境界。

（一）猿　采

动作方法

（1）左脚向左前方跳一小步，右脚快速跟至左脚内侧，成右丁步；同时左手呈猿勾状收至左腰侧，勾尖向后，右手经体前弧形上举至额前，掌心向下，指尖向右；眼注视右前方，眼神机敏。

（2）左脚向左前方跨一步，踏实，上体前倾，右腿向后平举过腰，脚掌心向上；

同时，左勾手向右前方平伸屈腕，摆至头前，成摘采式，右手由额前向下画弧摆至身体右后侧，掌变勾手，勾尖向上。

（3）左脚蹬地，右脚下落向左后方跳回，右脚收至左脚内侧，成右丁步；同时左臂屈肘，手收至左耳旁，掌心向上，呈托桃状，右臂屈肘，手掌捧托在左肘下。

（4）右脚蹬地，左脚向右前方跨一步，左脚快速跟至右脚内侧，成左丁步，做右式。

技术要点 摘采之前，眼睛先要注视前上方，好似发现树上有桃，摘采收回要快速敏捷。身体前倾摘采，要保持平衡，呼吸自然。

（二）猿　摩

动作方法

（1）接上一动作。左脚向左前方跳一步，右脚脚跟至左脚内侧成右丁步，上体稍前倾；同时两手向两侧画弧，收至背后，掌心向外，之后沿腰背部做上下按摩数次；同时做左右转颈、眨眼、叩齿动作。

（2）右脚向右前方跳一步，左脚脚跟至右脚内侧，成左丁步；同时两手由背后向前画弧再收至背后，同时做左右转颈、眨眼、叩齿动作。

（3）身体直立，两脚并拢，两臂自然下垂，成站立姿势。

技术要点 两手上下摩擦腰脊两侧，以肾俞穴为主，摩擦幅度要大，摩背、叩齿、眨眼、窥视要同时进行，呼吸自然。

作用 久练猿戏能健神、增强肢体的灵活性，进而达到体健身轻和延缓衰老的作用。猿戏的攀登、跳跃动作可增强腿部的肌肉力量及各关节的灵活性和柔韧性。猿戏中的平衡动作能增强人的平衡能力。

五、鸟　戏

鹤是鸟类的代表。鸟戏要表现出鹤的昂然挺拔、亭亭玉立、轻盈安详、悠然自得的神韵。"熊径鸟伸，为寿而已矣"。"鸟伸"这里指的是练鸟戏时要舒缓伸展，用鹤的形象练功，取其轻灵敏捷之意。

（一）鸟　伸

动作方法

（1）左脚向前一步，身体重心前移，左脚脚跟抬起，脚尖点地；同时右手由体前向上撑起，左手下按，两手成鸟翅状；平视前方，配以吸气。

（2）两臂同时向前立抡一周，上体前俯，两腿屈膝，之后右手下落摸左脚脚尖，左手后抬；眼视右手，配以呼气。

（3）左腿挺膝蹬直，右腿伸直向后抬起，脚掌向上，抬头、挺胸、塌腰；两臂伸直后摆，掌心向上，成燕式平衡；眼视正前方，呼吸自然。

（4）右脚落下，上步踏实，左脚脚跟抬起，左手上撑，右手下按，做右式。

（二）鸟　翔

动作方法

（1）接上一动作。左腿下落，收至右脚内侧，脚尖点地，两腿稍屈；同时两手由体侧下落，左手在外；眼视两手，配合呼气。

（2）右腿伸直，左腿提起，大腿与地面平行，小腿自然下垂；同时，两臂在体侧向上平举；目视前方，配合吸气。

（3）左脚下落踏实，右脚脚跟抬起，脚尖点地；同时两手下落至体前交叉，右手在外；眼视两手，配合呼气。

（4）左腿伸直，右腿向上提起；两臂在体侧向上平举；目视前方。配合吸气。

（5）右脚下落踏实，左脚脚跟抬起，脚尖点地；同时两手下落回收至体前交叉，左手在外；眼视两手，配合呼气。

（6）右腿伸直，左腿向上提起；同时两手交叉，由体前举至头的前上方，右手在外，配合吸气。

（7）左脚下落踏实，右脚脚跟抬起，脚尖点地；同时两手由上向体侧弧形下落，至体前交叉，右手在外；眼视两手，配合呼气。

（8）左腿伸直，右腿向上提起；同时两手交叉，由体前举至头的前上方，左手在外，配合深长吸气。

（9）右脚落于左脚内侧踏实，屈膝深蹲，上体前俯；同时两手弧形下落触摸脚外，配合深长呼气。

（10）身体直立，两臂自然下垂，成站立姿势；平视前方，呼吸自然。

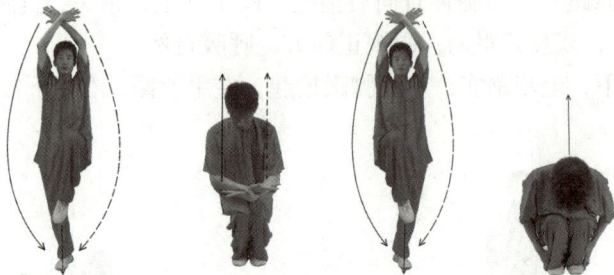

技术要点 两臂摆动，幅度要大，轻松自如，开合、升降与呼吸紧密配合。手脚变化协调一致，同起同落。

作用 鸟戏要求伸展。伸展运动可以加强呼吸的深度，使肺的功能得到充分发挥，也可以使胃肠、心脏等内脏器官的功能加强，从而改善人体全身的生理机能。鸟戏中的步法变换较多，能起到活利关节、增强肌力的作用。

第五节　易筋经

易筋经在宋朝、元朝以前已广为流传于少林寺众僧之间，罕有外传。自明清以来其法才广为人知，日益流行，而且还演变成了数个易筋经流派。

《易筋经》载："易者乃阴阳之道也。易即变化之易也。"魏伯阳《周易参同契》载："脱换易筋是也。"易筋经是一种内外兼练的导引强身法，练内名洗髓，练外名易筋。"易筋者欲坚其外，如果能内清静、外坚固，圣域在反掌之间耳。"可见此功法并非全在"易筋"，而是整体性身心并练、内外兼修的一套医疗保健养生功法。动者外动以易筋强骨，静者内静以攻心纳意，集内外兼修之长，以静中求动（气）、动中求静（意）为宗旨，精练勤思，可达防治疾病、延年益寿的目的。

下面介绍一下易筋经的动作方法。

一、拱手环抱

动作方法

（1）两脚并步直立，身体端正，两臂自然下垂，两膝保持直而滑利不僵的状态，两眼平视前方一固定目标。

（2）左脚向左分开，与肩同宽；两臂向前、向上画弧，屈肘内收，两手距胸约20厘米，掌心向里，指尖相对，手对膻中穴。平心静气，神态安详，呼吸自然。

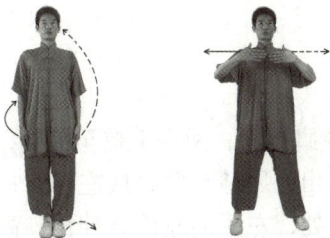

技术要点 宽胸实腹，气沉丹田，脊背舒展，沉肩垂肘，上虚下实。

作用 定心涤虑，排除杂念。神态安静祥和，外静而内有无限生机，气血调和，这样可消除内心焦虑，稳定不安情绪，使心平气和，心肾相交，阴阳平衡，精神内守，遍体舒畅。

二、两臂横担

动作方法

（1）两手缓缓前伸至两臂伸直，与肩同宽，掌心向上。

（2）两臂向身体两侧分开成侧平举，两臂平直，掌心向上，两手稍高于肩，有向两侧伸展之意。肩关节有意识地向下松沉，舒胸。两眼平视前方，眼神延伸极远；百会虚领上起，躯干有向上伸展之意；松腰，臀部自然向下松垂，两脚有向地心伸展之意。

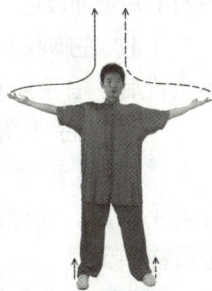

技术要点 以腰为轴，使其他部位劲力内收，展中寓合，合中寓展。

作用 舒胸理气，健肺纳气。展臂舒体，矫正腰背畸形，伸肱理气，贯注百脉。《黄帝内经》有"五脏六腑之气，皆贯注于肺"及"肺朝百脉"之述，故此式有助改善心肺功能，对肺气肿、肺心病及心肌缺血有一定的辅助疗效。

三、掌托天门

动作方法

（1）两臂屈肘，两掌心向内、向耳旁合拢。

（2）提踵，同时两手反掌上托，举至头顶前上方，掌心斜向上，两手指尖相对，两臂展直，有向上伸展之意，也可轻闭双眼；"仰面观天"，似遥望天之极处。配合吸气。

（3）两手向身体两侧下落，掌心逐渐翻转向下，两脚脚跟随之缓缓下落。配合呼气。

技术要点 身体和上肢动作舒松，但松而不懈，要有内劲；提踵时，两膝伸直内夹，可以提高动作的稳定性。

作用 缓解腰痛、肩臂痛。两臂上举伸长肢体和脊柱，有调理三焦的作用。三焦，大部分人认为"上焦主纳，中焦主化，下焦主泄"，《难经》中亦有"三焦者，原气之别使也"的人体生命之气说，故通过调理三焦，激发五脏六腑之气，起到防治内脏诸病的作用，对心肺疾病、脾胃虚弱及妇科病等疾患有一定疗效。

四、摘星换斗

动作方法

（1）重心移向右腿，左脚提起，两手上提至腰侧，配合吸气。上体左转，左脚向左前方跨出，屈膝半蹲，成左弓步；同时，右手向后，掌背附于腰后命门穴处，左手向左前方伸出，高与头平，掌心向上，意念延及天边；眼视左手，配合呼气。

（2）重心后移，上体右转，右腿屈膝，左腿伸直，脚尖上翘；同时，左手随转体向右平摆；眼随左手，配合吸气。

（3）上体左转，左脚稍收回，脚尖点地成左虚步；同时，左手随体右摆，变勾手举于头前上方，屈肘拧臂，勾尖对准眉中呈摘星状；眼视勾手并延伸极远，配合呼气。

（4）左脚收回，右脚向右前方伸出，成右弓步；左勾手变掌下落至背后，右手向右前上方伸出，做右式。

（5）两手下落于体侧，右脚收回，并步直立。

技术要点

整个动作变化均应用腰来带动，体现协调柔和；屈臂勾手内旋，应做到尽力。意念上，手的摆动好似空中摘星揽月，最后神归天目。

作用

此式主要作用于中焦，肢体伸展宜柔宜缓，上体转动幅度要大，交替牵拉，使肝、胆、脾、胃等脏器得到柔和的自我按摩，促进胃肠蠕动，增强消化功能，故有调理脾胃、治疗胃脘胀痛及排浊留清的作用；通过肢体运动，缓解颈、肩、腰诸关节的疼痛，提高了下肢肌肉的力量。

五、出爪亮翅

动作方法

（1）两掌变拳，上提至腰两侧，拳心向上，同时配合吸气。

（2）提踵，同时两拳变掌缓缓向前推出，随前推掌心逐渐翻转向下，至终点时，坐腕、展指、掌心向前，两手高与肩平，同肩宽，两臂伸直；平视指端，眼神延伸极远，同时配合深长呼气。

（3）落踵，两臂握拳收回至胸前，再下落于体侧，成直立式。

技术要点

推掌亮翅时，脚趾抓地，力由下而上，并腿伸膝，两肋用力，力达指端，同时要鼻息调匀，咬牙怒目，内外相合。

作用

此式主要运动四肢，可疏泄肝气，舒畅气机；能培养肾气，增强肺气，有利于气血运行，对辅助治疗老年性肺气肿、肺心病有效。另外，此式还有增强全身筋骨和肌肉的作用，可灵活肩、肘、腕、指诸关节。

六、倒拽九牛尾

动作方法

（1）左脚向左横跨一步，两脚相距约三脚宽；两臂由体侧上举至头两侧，两臂伸直，两掌心相对，指尖向上，配合吸气。

（2）两腿屈膝下蹲，成马步；两掌变拳，由头上向体前下落至两腿之间，两臂伸直，拳背相对，配合呼气。

（3）两拳由下向上提至胸前，拳心向下，配合吸气。再由胸前向两侧撑开，两拳逐渐变掌，坐腕、展指，掌心向两侧，指尖向上，两臂撑直，有向两侧推撑之意，配合呼气。

（4）身体重心移至右腿，左脚脚尖外展90°，之后身体重心再向左腿移动，成左弓步；同时两掌逐渐变拳，左手向下、向腹前、再向上画弧摆至脸前，拳心对脸，上臂与前臂成直角；右手经向头部右侧上，向前、再向身体右侧后摆动，拳心向后，右臂内旋充分后摆；眼看左拳。两拳有前拉后拽之意，配合自然呼吸。

（5）上体前俯至胸部靠近大腿，弓步姿势不变，左拳与脸的距离不变，右拳与身体的距离不变，同时配合呼气。

（6）上体后仰，左拳与脸的距离不变，右拳与身体的距离不变，眼看左拳，配合吸气。

（7）上体伸直右转，再做右式（与左式动作相同，但方向相反）。

（8）重心移向左腿，右脚内扣，左脚收回，并步直立；两臂由侧平举下落至体侧，成直立式。

技术要点 成弓步时，上体前俯后仰，力注前臂。前俯时，意念拳握九牛尾，由身后向前倒拽；后仰时，意念拳握马缰，拉动八匹马，以体现内劲用意。

作用 此式通过用意引导牵拉动作的模仿，可增进两膀气力，防治肩、背、腰、腿酸痛。两眼观拳，注精凝神，对眼进行弛张锻炼，可以改善眼部的血液循环。

七、九鬼拔马刀

动作方法

（1）左脚向左横跨一步，两脚平行开立，与肩同宽；两手向腹前交叉，左手在前，由体前上举至头前上方，两臂微屈，配合吸气。

（2）两手由头上，向身体两侧下落至体侧。配合呼气。

（3）左手由体侧向前上举至头上，之后左臂屈肘，左手落至头后，用左手食指点按风池穴，右手背至腰后，掌背向内，附于命门穴，配合吸气。

（4）身体充分向右拧转，眼向后看。身体转正，之后再充分向左拧转，眼向后看，同时配合缓缓的深长呼吸。

（5）身体转正，两臂成侧平举再下落至体侧，两手在腹前交叉，再做右式。

（6）身体转正，之后两臂成侧平举，再下落至体侧，左脚收回，成直立式。

技术要点 上体左右拧转，保持中轴正直，两臂前举后收要充分。

作用 此式主要锻炼腰、腹、胸、背等部肌肉，并通过对脊柱诸关节的拧转，增强脊柱及肋骨各关节的活动范围，增加胸壁的柔软性及弹性，对防治老年性肺气肿有效。头颈部的拧转运动，能增强颈部肌肉的伸缩能力，改善头部的血液循环，有助于解除中枢神经系统的疲劳，对防治颈椎病、高血压、眼病和增强眼肌有一定效果。全身（包括下肢）极力拧转，能促进静脉血液的回流。

八、三盘落地

动作方法

（1）左脚向左横跨一步，两脚平行开立，相距三脚宽；两臂由身体两侧向体前上举，两臂伸直，与肩同高、同宽，掌心向上，配合吸气。

（2）两掌心翻转向下，下落至两膝外侧，两手拇指朝里相对；同时屈膝下蹲，成马步，配合呼气。

（3）两腿缓缓伸直；同时两掌心翻转向上托起至两肩前侧（两臂夹角约为90°），配合吸气。

（4）两腿屈膝深蹲；同时两掌心翻转向下按至两大腿外侧，指尖指向左右两侧，配合呼气。

（5）两腿缓缓伸直；同时两掌心翻转上托至两肩侧（两臂约呈一字形），配合吸气。

（6）两腿屈膝下蹲，成马步；同时两掌心翻转向下落至两膝外侧，两手拇指朝里相对，配合呼气。

技术要点 两手向上，如托千斤；两手下落，如按水中浮球，意贯内力。

作用 此式活动肩、膝等关节，配合深蹲练习，能增强腿部力量，对蹲起能力的维持有良好效果，促进大腿和腹腔静脉血液的回流，特别是对盆腔的淤血消除有较好的辅助作用。

九、青龙探爪

动作方法

（1）两腿缓缓伸直；同时两掌变拳收至腰前侧，拳面抵住章门穴，拳心向上，右拳变掌举至头上，掌心向左，右臂靠近头部，配合吸气。

（2）向左侧弯腰，右腰充分伸展，面朝前，右臂靠近头部，充分伸直，右手掌心向下，配合呼气。

（3）向左转体至面朝下，上体充分向左前俯，右手充分向左探伸，眼看右手，配合吸气。

（4）屈膝下蹲，成马步，两大腿与地面平行，同时身体逐渐转正，右臂随转体由身体左侧经两小腿前画弧至右腿外侧，掌心向上，配合呼气。

（5）两腿缓缓伸直，再做右式。

（6）两腿缓缓伸直，同时两手收至腰间握拳；左脚收回，并步直立。

技术要点 手臂充分侧伸，上体由侧屈转为向前，由吸气转为呼气协调配合，以气带动，方能使动作连贯圆活。

作用 此式对腰、腿软组织劳损，转腰不便，脊柱侧弯，腿及肩臂酸痛、麻木及屈伸不利有缓解作用。通过侧弯腰及拧腰前探对肋间肌抻拉，胸廓相对增大，使肺的通气量加大，肺泡的张力增强，从而可辅助治疗老年性肺气肿及肺不张。通过对章门穴的按压，可达到协调五脏气机、调理脾胃的作用。

十、卧虎扑食

动作方法

（1）向左转体90°，左脚向左迈出一大步，成左弓步；两手由腰侧做向前扑伸动作，两手高与肩平、宽同肩，掌心向前，坐腕，两手呈虎爪状。配合呼气。

（2）上体前俯至胸部紧贴大腿，两手掌心向下贴地，继续呼气。之后，抬头看前方，瞪眼，配合吸气。

（3）上体抬起，直立，身体重心移至右腿，右腿屈膝，左腿蹬直；同时两手沿左腿两侧，经腰侧，提至胸前，两手呈虎爪状，同时配以深吸气。

（4）右腿蹬地，身体重心前移，成左弓步；同时两手向前做扑伸动作，两臂伸直，两手呈虎爪状。配合深呼气，也可发声，以声催力。

（5）两臂外旋，掌心向上，握拳收至腰侧；身体重心移至左腿，右脚收至左脚内侧，再向右转体180°，右脚向右迈出一大步，成右弓步，做右式。

（6）两臂外旋，两掌心翻转向上，两掌变拳，之后收至腰两侧。身体转正，左脚收至右脚内侧，两脚并拢，同时两手下落，两臂自然下垂于体侧，成直立式。

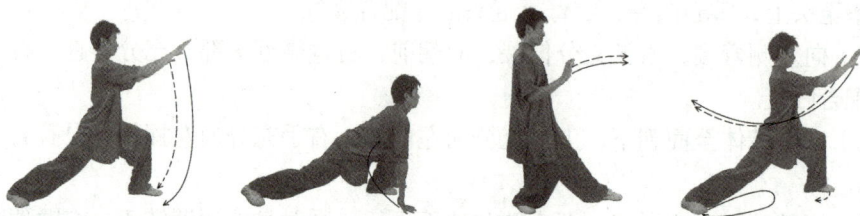

技术要点 向前扑伸，注意发力顺序，起于根，顺于中，达于梢，腿、腰、臂三节贯通，力达虎爪。

作用 此式神威并重，势不可挡，有强腰壮肾、健骨生髓之效。

十一、打躬势

动作方法

（1）左脚向左横跨一步，两脚平行开立，屈膝下蹲，成马步；同时两臂由体侧上举至头上，两掌心相对，之后两掌下落，屈肘抱于脑后，掌心紧按两耳，两肘向两侧打开与身体在一平面上。

（2）上体前俯，胸贴近大腿，低头，两腿由屈变伸，充分伸直；两肘内合，两手以食指、中指、无名指交替在脑后轻弹数次，做"鸣天鼓"。配合自然呼吸。

（3）身体直立，两腿屈蹲，成马步；两手抱于脑后。

技术要点 上体正直时，两肘打开；上体前俯时，两肘用力夹抱后脑，咬牙，舌抵上腭，鼻息调匀。

作用 此式躬身轻击后脑，可促使血液充分流注于脑，改善脑部血液循环，有醒脑、明目、美颜的效果，并能消除脊背紧张，使其柔韧有力。

十二、掉尾势

动作方法

（1）接上式。两腿缓缓伸直；同时两手向头上撑起，掌心向上，指尖相对，两臂充分伸直，靠近头部，配合吸气。

（2）上体左转90°，之后前俯，两膝伸直，两手靠近左脚外侧，两掌心贴地，两指尖相对。配合呼气，抬头。

（3）上体直立，身体转正。配合吸气。上体右转90°，之后前俯，两膝伸直，两手靠近右脚外侧，两掌心贴地，两指尖相对。配合呼气，抬头。

（4）上体直立，身体转正，两手仍在头上撑起，掌心向上，指尖相对，两臂充分伸直靠近头部，配合吸气。

（5）上体后仰，约与地面平行，同时两手由头上向肩两侧分开，掌心向上，指尖朝向两侧。继续吸气。

（6）上体前俯，两臂由体侧向前摆至两肩前，两掌心向上，两臂充分伸直，抬头眼向前看。之后身体前俯，两手内旋，掌心向下，指尖相对，下按至两脚内侧，两手贴地，胸部靠近大腿，配合呼气。

（7）上体直立，同时两臂前平举，两掌心翻转向上，配合吸气。之后两掌心翻转向下，俯掌下按收至身体两侧；左脚收至右脚内侧，两脚并拢，成直立式。

技术要点 上体向左、右、前、后四个方位做俯仰运动，两膝必须伸直，充分伸展，拔长相关肌群和韧带，运动幅度因人而异，由小至大，循序渐进。

作用 此式抻筋拔骨、转骨拧筋、扭转脊柱及全身各个关节，充分活动全身及最大限度地活动脊柱，对脊柱及脊柱周围的神经丛有良好的刺激作用，长期锻炼有一定的抗衰老作用，故有"动诸关节以求难老"之说。

第六节　六字诀

六字诀，是我国古代流传下来的一种养生方法，是一种不同于形体导引的吐纳法，它通过嘘、呵、呼、呬、吹、嘻六个字的不同发音口型，以及唇齿喉舌的用力不同，牵动脏腑经络气血的运行。它的最大特点是强化人体内部的组织机能，通过呼吸调息导引，充分诱发和调动脏腑的潜在能力来抵抗疾病的侵袭，防止人随着年龄的增长而过早出现衰老。

下面介绍一下六字诀的动作方法。

预备式

动作方法 两脚开立，与肩同宽，头正颈直，含胸拔背，松腰松胯，双膝微屈，全身放松，呼吸自然。

一、嘘字功平肝气

动作方法

（1）嘘，读（xū）。口型：两唇微合，有横绷之力，舌尖向前并向内微缩，上下齿有微缝。呼气念嘘字，足大趾轻轻点地，两手自小腹前缓缓抬起，手背相对，经胁肋至与肩平，两臂如鸟张翼向上、向左右分开，掌心斜向上。

（2）两眼反观内照，随呼气之势尽力瞪圆。屈臂两手经面前、胸腹前缓缓下落，垂于体侧。如此动作6次为1遍，做1次调息。

运用 嘘字功可以辅助治目疾、肝肿大、胸胁胀闷、食欲不振、两目干涩、头目眩晕等症。

二、呵字功补心气

动作方法

（1）呵，读（hē）。口型：半张，舌顶下齿，舌面下压。

（2）呼气念呵字，足大趾轻轻点地；两手掌心向里由小腹前抬起，经体前到至胸部两乳中间位置向外翻掌，上托至眼部。呼气尽，吸气时，翻转掌心向面，经面前、胸腹缓缓下落，垂于体侧。如此动作6次为1遍，做1次调息。

运用 呵字功治心悸、心绞痛、失眠、健忘、盗汗、口舌糜烂、舌强语塞等心经疾患。

六字诀功法要点

三、呼字功培脾气

动作方法

（1）呼，读（hū）。口型：撮口如管状，舌向上微卷，用力前伸。

（2）呼气念呼字，拇趾轻轻点地，两手自小腹前抬起，掌心朝上，至脐部，左手外旋上托至头顶，同时，右手内旋下按至小腹前。呼气尽，吸气时，左臂内旋变为掌心向里，从面前下落，同时，右臂回旋掌心向里上穿，两手在胸前交叉，左手在外，右手在里，两手内旋下按至腹前，自然垂于体侧。再以同样要领，右手上托，左手下按，作第二次吐字。如此交替共做6次为1遍，做1次调息。

运用 呼字功对腹胀、腹泻、四肢疲乏、食欲不振、肌肉萎缩、皮肤水肿等脾经疾患有辅助疗效。

四、呬字功补肺气

动作方法

（1）呬，读（sī）。口型：开唇叩齿，舌微顶下齿后。

（2）呼气念呬字，两手从小腹前抬起，逐渐转掌心向上，至两乳平，两臂外旋，翻转掌心向外成立掌，指尖对喉，然后左右展臂宽胸推掌如鸟张翼。呼气尽，随吸气之势两臂自然下落垂于体侧，重复6次，做1次调息。

运用 呬字功对外感伤风、发热咳嗽、痰涎上涌、背痛怕冷、呼吸急促而气短等肺经疾患有辅助疗效。

五、吹字功补肾气

动作方法

（1）吹，读（chuī）。口型：撮口，唇出音。

（2）呼气读吹字，足五趾抓地，足心空起，两臂自体侧提起，绕长强穴、肾俞穴向前画弧并经体前抬至锁骨平，两臂撑圆如抱球，两手指尖相对。身体下蹲，两臂随之下落，呼气尽时两手落于膝盖上部。随吸气之势慢慢站起，两臂自然下落垂于身体两侧。共做6次，做1次调息。

运用 吹字功对腰膝酸软、盗汗遗精、阳痿、早泄、子宫虚寒等肾经疾患有辅助疗效。

六、嘻字功理三焦

动作方法

（1）嘻，读（xī）。口型：两唇微启，舌稍后缩，舌尖向下，有喜笑自得之貌。

（2）呼气念嘻字，足四、五趾点地。两手自体侧抬起如捧物状，过腹至两乳平，两臂外旋翻转掌心向外，并向头部托举，两手掌心转向上，指尖相对。吸气时五指分开，由头部循身体两侧缓缓落下并以意引气至足四趾端。重复6次，做1次调息。

运用 嘻字功可辅助治疗由三焦不畅而引起的眩晕、耳鸣、喉痛、胸腹胀闷、小便不利等疾患。

165

第七节 导引养生功法

一、练功十八法

练功十八法是在开展医疗与体育相结合，防治颈、肩、腰、腿痛疾病过程中，由庄元明在发掘、整理古代"导引""五禽戏""八段锦"等祖国医学及武术的宝贵资料和继承近代著名武术家、伤科医生王子平"祛病延年二十势"的经验基础上，通过多年临床实践，不断总结提高，逐步形成的一套防治颈、肩、腰、腿痛的医疗保健操。

（一）颈项争力

动作方法

【预备姿势】两脚开立，稍宽于肩，两手叉腰，目视前方。

（1）头向左转，目视左方。

（2）还原成预备姿势。

（3）头向右转，目视右方。

（4）还原成预备姿势。

（5）抬头，目视上方。

（6）还原成预备姿势。

（7）低头，目视下方。

（8）还原成预备姿势。

技术要点 头在旋左、旋右、抬头、低头时，尽力加大幅度，上体保持正直，使颈部肌肉有酸胀感。

运用 颈部急性扭伤，如落枕；慢性颈部软组织疾病，如颈椎病等。

（二）左右开弓

动作方法

【预备姿势】两脚开立，稍宽于肩；两手虎口相对成圆形，掌心向前，离面部约30厘米；目视前方。

（1）两手轻握拳左右分开至体侧，拳心向前，前臂与地面垂直；同时头向右转，眼随右手。

（2）还原成预备姿势。

动作（3）～（4）与动作（1）～（2）相同，唯左右相反。

技术要点 两手侧拉开至最大幅度，两肩胛用力后缩时，要防止挺胸，使颈项、肩背部肌肉有酸胀感，并可放射至两臂肌群，同时胸部有舒畅感。

运用 颈项、肩背酸痛及僵硬，手臂麻木及胸闷等。

（三）双手伸展

动作方法

【预备姿势】两脚开立，稍宽于肩；两臂屈肘，轻握拳于体侧；目视前方。

（1）两拳松开，两臂上举伸直，掌心向前；抬头挺胸，眼随左手。

（2）还原成预备姿势。

动作（3）～（4）与动作（1）～（2）相同，唯左右相反。

技术要点 两臂垂直上举靠近头侧，脚跟不能提起，抬头挺胸，颈、肩、腰、背部有酸胀感。

运用 颈、肩、腰、背部酸痛；肩关节功能障碍，如肩周炎、手臂提举不便等。

（四）开阔胸怀

动作方法

【预备姿势】两脚开立，稍宽于肩；两手手掌交叉于腹前，掌心向里。

（1）两臂交叉上举，目视两手。

（2）两手翻掌经体侧画弧下落，眼随左手下移，还原成预备姿势。

动作（3）～（4）与动作（1）～（2）相同，但眼随右手下移。

技术要点 两臂充分向上，直臂伸展；分开后，眼睛交替随视左右手；上举抬头时，颈、肩、腰有酸胀感。

运用 肩关节周围炎，肩关节功能障碍及颈、背、腰酸痛等。

（五）展翅飞翔

动作方法

【预备姿势】两脚开立，稍宽于肩；两臂垂于体侧。

（1）两臂屈肘上提，经体前侧成展翅状，肘高于眉；手背相对；眼随左肘上提。

（2）两肘下落，两手在面前成立掌，掌心斜相对，再经体前徐徐下按，还原成预备姿势。

动作（3）～（4）与动作（1）～（2）相同，但眼随右肘上提。

技术要点 提肘下落时，肩关节要做环转活动；两肘上提时，不能耸肩，要体会肩部和两肋的酸胀感。

运用 肩关节僵硬及上肢活动功能障碍，如冻结肩等。

（六）铁臂单提

动作方法

【预备姿势】同第五式"展翅飞翔"。

（1）左臂经体侧举至头上方成托掌，掌指朝后，抬头；同时右臂内旋屈肘上提，手背紧贴腰背部。

（2）左臂经体侧下落，再内旋屈肘上提，手背紧贴腰背部；眼随左手。

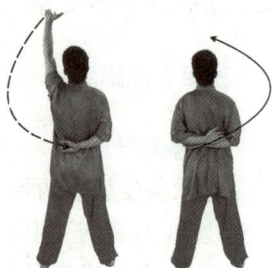

动作（3）～（4）与动作（1）～（2）相同，唯左右相反，眼随右手。

技术要点 手臂上举时要伸直，尽可能举到极限，后屈臂逐渐上移至背部；眼要始终随上举手背移动。上举托掌抬头时，同侧颈部有酸胀感，感觉胸部舒畅。

运用 肩关节僵硬、活动不便，颈、肩、腰痛及胃脘胀满。

（七）双手托天

动作方法

【预备姿势】两脚开立，稍宽于肩，十指交叉于上腹前，掌心向上。

（1）两臂上提至颈前部，反掌上托，挺胸抬头，掌心向上。

（2）头部还原，目视前方，两臂带动上体向左侧屈体1次。

（3）向右侧屈1次。

（4）两臂分开，经体侧下落，还原成预备姿势；眼随左手。

动作（5）～（8）与动作（1）～（4）相同，唯左右相反，眼随右手。

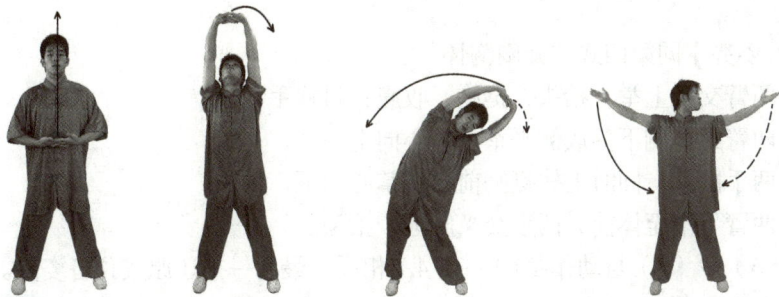

技术要点 上体侧屈时，两臂必须伸直；上体不能前倾或转体，使颈和腰部两侧肌肉有明显酸胀感，并放射至肩、臂、手指。

运用 颈、腰部僵硬，肩、肘关节及脊柱活动不便，脊柱侧弯等。

（八）转腰推掌

动作方法

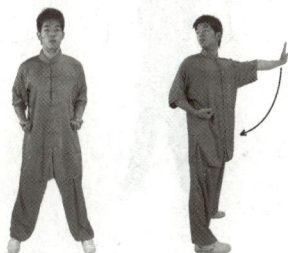

【预备姿势】两脚开立，稍宽于肩；两手握拳于腰侧。

（1）左手由拳变立掌向前推出，掌心向前；同时上体右转，右肘向右侧后顶与左臂成直角；目视右后方。

（2）还原成预备姿势。

动作（3）～（4）与动作（1）～（2）相同，唯左右相反，目视左后方。

技术要点 转腰推掌时上体正直，不能前倾后仰；转腰旋转达到最大幅度，使颈、肩、腰、背部有酸胀感。

运用 颈、肩、腰、背部软组织劳损，如颈椎病伴有手臂麻木、肌肉萎缩、腰痛等。

（九）叉腰旋转

动作方法

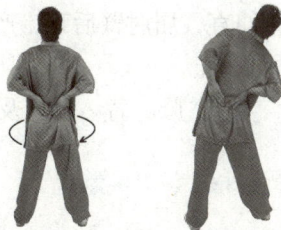

【预备姿势】两脚开立，稍宽于肩，两手叉腰，拇指向前。

动作（1）～（4）两手用力推动骨盆沿顺时针方向环转一周。先做顺时针方向1～2个8拍，后做逆时针方向1～2个8拍。

技术要点 腰部转动的幅度尽可能大；盆骨与腰椎转动时，头部及上身活动幅度要尽量小；转动要缓慢、连贯、协调，使腰部有明显酸胀感。

运用 腰部急性扭伤及慢性腰痛，对长期弯腰或某种固定姿势办公而形成的腰骶部酸痛、劳损等有防治作用。

（十）展臂弯腰

动作方法

【预备姿势】同第四式"开阔胸怀"。

（1）两臂交叉上举，抬头、挺胸、收腹；目视手背。

（2）两臂经体侧下落成侧平举，掌心向上。

（3）两手翻掌，同时上体挺胸前屈，掌心向下，抬头。

（4）两臂下落至体前，两手交叉触地，抬头。

动作（5）～（8）与动作（1）～（4）相同，最后一拍还原成预备姿势。

技术要点 两臂上举目视上方时，腰部有酸胀感；弯腰时，两臂要保持与肩部成一直线；两手交叉时，手指尽量触及地面，两腿后肌群有酸胀感。

运用 颈、肩、腰、背、腿酸痛等。

（十一）弓步插掌

动作方法

【预备姿势】分腿直立，两脚距离约两肩宽，两手握拳于腰侧。

（1）上体左转成左弓步，右拳变掌向前上方插掌，高与头平，左肘向后方顶。

（2）还原成预备姿势。

动作（3）～（4）与动作（1）～（2）相同，唯左右相反。

技术要点 弓步时，要做到上体正直，后腿蹬直，插掌臂伸直，屈肘臂后顶，产生反方向内劲，使腰腿有明显的酸胀感。

运用 腰、背、腿痛及腰椎小关节紊乱。

（十二）双手攀足

动作方法

【预备姿势】并步立正。

（1）两手手指交叉于腹前上提，经颈前翻掌上托；目视手背。

（2）上体挺腰前屈；抬头。

（3）两手手掌下按脚背；抬头。

（4）还原成预备姿势。

动作（5）～（8）与动作（1）～（4）相同。

技术要点 两臂上托时，颈、腰部有酸胀感；上体前屈时，注意抬头，两臂紧靠头侧；攀足时，注意两腿伸直，手掌要尽量触及足背，腰、腿部有明显酸胀感。

运用 腰、腿部软组织劳损，弯腰不便，脊柱侧弯，腿部酸痛麻木及屈伸不利等。

（十三）左右转膝

动作方法

【预备姿势】立正，上体前屈，两手扶膝；膝盖弯曲；目视前方。

动作（1）～（2）两手扶膝，两膝弯曲并沿顺时针方向环绕一周。还原成预备姿势。做1～2个8拍，再沿逆时针方向做1～2个8拍。

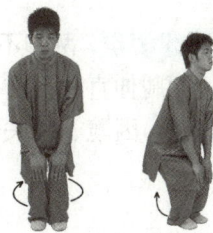

技术要点 转膝速度缓慢、连贯、均匀，幅度尽量大，使膝、踝关节和股四头肌有酸胀感。

运用 膝、踝关节酸痛、无力；膝关节髌下脂肪垫劳损及膝关节内、外侧副韧带损伤等。

（十四）仆步转体

动作方法

【预备姿势】分腿直立，两脚距离约两肩宽，两手叉腰。

（1）左腿成仆步，上体左转45°。

（2）还原成预备姿势。

动作（3）～（4）与动作（1）～（2）相同，唯左右相反。

技术要点 仆步转体时，上体保持正直，两脚平行不能移动，使伸直腿内收肌群和屈膝腿的股四头肌有酸胀感。

运用 腰、臀、腿痛，髋、膝、踝关节活动不利，内收肌劳损，下肢肌肉萎缩，行走不便等。

（十五）俯蹲伸腿

动作方法

【预备姿势】立正。

（1）上体前屈，两手扶膝；两腿弯曲；目视前方。

（2）两手扶膝，指尖相对，屈膝全蹲；目视前方。

（3）两手手掌相叠，下按脚背，再伸直两腿；抬头。

（4）还原成预备姿势。

动作（5）～（8）与动作（1）～（4）相同。

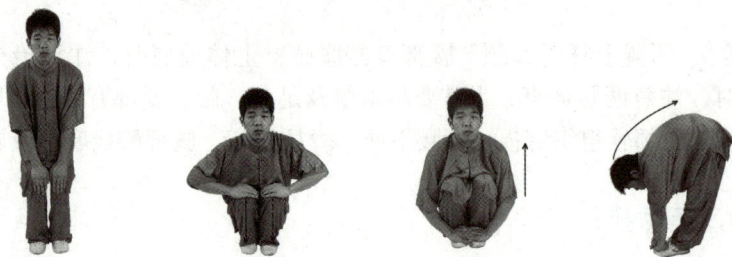

技术要点 两脚不能分开，脚跟不能抬起；全蹲时，大腿的前肌群及膝关节有酸胀感；两腿伸直时，两手尽量触摸脚背，大小腿后肌群有明显的酸胀感。

运用 因髋、膝关节活动不利，下肢屈伸困难而引起的下肢肌肉萎缩及坐骨神经痛等。

（十六）扶膝托掌

动作方法

【预备姿势】两脚开立，约一肩半宽，两臂垂于体侧。

（1）上体前屈，右手扶左膝。

（2）上体挺直，两腿屈膝成马步；左臂经体前上举成托掌，手指朝后；目视前方。

（3）上体前屈，两腿伸直；左手扶右膝，与右手交叉。

（4）同动作（2），换成右臂经体前上举成托掌。

动作（5）～（8）与动作（1）～（4）相同。

技术要点 托掌时上体要挺直，托掌臂要伸直；扶膝手要贴在膝关节内侧，使颈、肩、腰、腿部有酸胀感。

运用　颈、肩、腰、腿部酸胀痛及下肢肌肉萎缩等。

（十七）胸前抱膝

动作方法

【预备姿势】立正。

（1）左脚上前一步，身体重心移至左腿，右脚脚跟提起；两臂前上举，掌心相对；抬头挺胸。

（2）两臂经体侧下落，同时提右膝；两手紧抱右膝于胸前，左腿伸直。

（3）两臂前上举，右腿后落，还原成动作（1）。

（4）左脚后退还原成预备姿势。

动作（5）～（8）与动作（1）～（4）相同，唯左右相反。

技术要点　上举臂要伸直，抱膝尽量靠拢胸部；上体挺直，支撑腿不能弯曲；重心要稳定，使支撑腿的后肌群及抱膝腿的前肌群均有酸胀感。

运用　臀、腿酸痛及屈伸功能障碍。

（十八）雄关漫步

动作方法

【预备姿势】立正，两手叉腰。

（1）左脚向前一步，右脚脚跟提起，挺胸；重心前移至左腿。

（2）右脚脚跟着地，稍屈右膝，左脚脚跟着地，脚背向上背屈；重心后移至右腿。

（3）右脚前进一步，左脚脚跟提起，挺胸；重心前移至右脚。

（4）左脚脚跟着地，稍屈左膝，右脚脚跟着地，脚背向上背屈；重心后移至左腿。

（5）重心前移至右腿，左脚脚跟提起，挺胸。

（6）重心后移至左腿，稍屈左膝，同时，右脚脚跟着地，脚背向上背屈，同上。

（7）左腿伸直，右脚后退一步，稍屈右膝，左脚脚跟着地，脚背屈；重心后移至右腿。

（8）还原成预备姿势。

第二个8拍换右腿前进一步开始。

技术要点　上体在移动时要保持正直，根据重心前后移动，分清虚步和实步；重心在左腿时，左腿及右踝有酸胀感；重心在右腿时，右腿及左踝有酸胀感。

运用　下肢酸痛、关节活动不便。

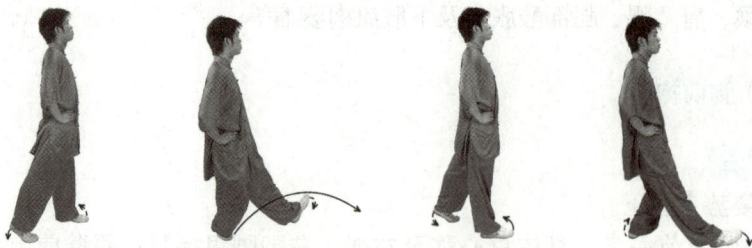

二、舒心平血功

舒心平血功是由北京体育大学张广德教授创编的导引养生术中的首套功法。该功法是针对疾病的病因、病理，以中国医学整体观、辨证施治、脏腑经络学说及现代医学相关理论为基础而创编的。

舒心平血功是辅助防治高血压、低血压、冠心病、心动过速等心血管系统疾病的导引功。多年来，无数患者接受了此功的治疗，效果良好。此外，这个功法对气管炎、肺气肿、神经衰弱、肠胃炎及颈、肩、腰、腿痛也有一定的辅助疗效。

（一）闻鸡起舞

动作方法

【预备姿势】两脚并立，两臂自然下垂，两手置于两髋侧；头正身直，下颌微收，眼平视前方；呼吸自然，扫除万虑，凝神定意。

（1）提踵前托（吸气）：拔顶提肛，两臂外旋，两掌如捧物状，慢慢向前平举；两腿伸直提踵，脚趾抓地，两掌高与肩平，宽与肩同，掌心向上；眼平视前方；意在小指、无名指、中指指尖。

（2）下蹲抠拳（呼气）：两臂内旋，使掌心朝下轻握拳，脚跟落地，同时松腹松肛，两腿慢慢下蹲；两拳如拉物状，拳心向下，由前向下画弧达于大腿两侧，两拳拳心相对，中指指尖抠劳宫穴；眼平视前方；意在劳宫穴。

（3）提踵侧托（吸气）：拔顶提肛，两臂外旋，两拳变掌，分别向两侧直臂托起，掌心朝上；同时两腿慢慢伸直，脚跟提起，脚趾抓地；眼向左平视；意在小指、无名指、中指指尖。

（4）下蹲抠拳（呼气）：两臂内旋，掌心朝下轻握拳，脚跟落地，两拳如拉物状，由两侧向下画弧达于大腿外侧；同时中指指尖抠劳宫穴，拳心相对，两腿随之半蹲；目视正前方；意在劳宫穴。

动作（5）～（8）与动作（1）～（4）相同，唯左右相反。

【练功次数】做2个8拍，第二个8拍的第8拍还原成预备姿势。

技术要点

（1）身体起落时，要保持脊柱中正，节节贯穿；起时以百会穴上领，整个身体尽量上提；落时以尾闾带，松腹松腰；下蹲时两膝靠拢，臀部要收敛；整个动作过程中，两臂自然伸直，始终保持沉肩坠肘的状态。

（2）呼吸要深长、均匀，并和身体起落协调配合。

（3）中指指尖抠劳宫穴时可稍用力。劳宫穴在手心正中点。

功能　益气助阳，调补心肾，增强腿部力量，促进平衡功能，加速血液回流，对冠心病、胃下垂、神经衰弱有防治作用。

（二）白猿献果

动作方法

【预备姿势】同"闻鸡起舞"。

（1）上步旋臂（吸气）：拔顶提肛，身体微向左转，两掌内旋使掌心朝外，随转体向左上方摆起；眼向左前方平视。重心移于右脚，右腿屈膝下蹲，左脚向左前方上步，脚跟着地；随之两掌稍外旋屈肘向上画弧，经面前画到掌心朝前，达于肩部侧前方；眼向左前平视；意在小指、无名指、中指指尖。

（2）提膝托掌（呼气）：松腹松肛，右腿屈膝提起，脚尖自然下垂，左腿站直；同时两掌外旋先向左右、稍向下画弧，再向前、向上弧形托起，两臂自然伸直，两掌高与肩平，略窄于肩宽，掌心朝上；眼看两掌；意在小指尖。

（3）落步摆掌（吸气）：拔顶提肛，右脚向右后方落步，重心移到右脚，右腿屈膝，左脚脚尖翘起，同时两掌成仰掌向两侧平摆，略高于肩；眼向左前方平视；意在小指、无名指、中指指尖。

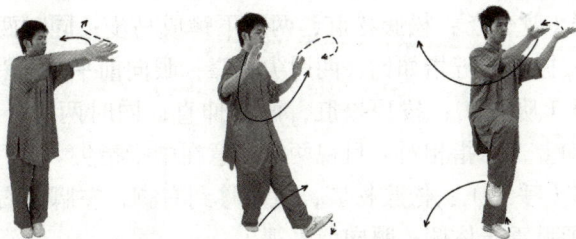

（4）弓步抠拳（呼气）：松腹松肛，重心前移成左弓步，同时两臂内旋，两掌向后、向内画弧使掌心朝前下方按掌，当接近左膝两侧时慢慢握拳，中指指尖抠劳宫穴，拳心朝下，两臂成弧形；目视左下方；意在劳宫穴。

（5）后坐旋臂（吸气）：拔顶提肛，重心移到右脚，右腿屈膝，左脚脚尖翘起成左虚步。同时两拳变掌，稍内旋向上（略屈肘），再外旋经面前弧形向外达肩前侧方，掌心朝前，掌指向上；眼平视前方；意在小指、无名指、中指指尖。

（6）同动作（2）。

（7）落步摆掌（吸气）：左腿屈膝，身体稍右转，右脚向右侧落地；同时两掌成仰掌向两侧平摆，臂稍屈；目视正前方；意在中指指尖。

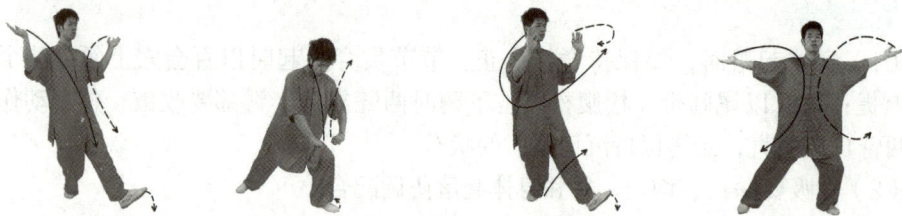

（8）并步按掌（呼气）：重心移到右脚，右膝稍屈，左脚向右脚并拢，两腿伸直；同时两掌内旋向上经面前向下按掌达于腿之两侧成预备姿势。

第二个8拍同第一个8拍，唯左右相反。

【练功次数】做2～4个8拍。

技术要点

（1）旋臂、摆掌、托掌要和转身上步、后坐、提膝等动作协调一致。成虚步时松腰敛臀，成弓步时要沉髋。

（2）呼吸要随动作自然调整，保持呼吸均匀深长，不可憋气。

功能 理气和血、消积化淤，对高血压、心肌梗死有较好的防治作用；对上肢酸痛、膝关节炎也有一定的防治作用。

（三）金象卷鼻

动作方法

【预备姿势】同"闻鸡起舞"。

（1）开步内旋（吸气）：拔顶提肛，重心先移到右脚，右腿稍下蹲，左脚向左开一大步，随之两腿伸直，重心移到两脚之间；同时两臂内旋使掌心朝外，慢慢向前平举，高与肩平，臂自然伸直；眼向前平视；意在小指尖。

（2）马步卷臂（呼气）：松腹松肛，两腿下蹲成马步；同时两臂外旋，两掌分别向上，向肩部肩井穴抓握，五指如钩，两肘尖相靠；眼向前平视；意在肩井穴。

（3）伸腿托掌（吸气）：拔顶提肛，两腿伸直；同时两肘外张，两掌从耳旁上托，臂伸直，掌心朝上，掌指相对；目视两掌；意在中指指尖。

（4）并步收掌（呼气）：松腹松肛，重心移到右脚，左脚向右脚并拢；同时两掌分别向左右、向下画弧垂于体侧；眼向前平视。

动作（5）～（8）同动作（1）～（4），唯左右相反。

【练功次数】做2个8拍，第二个8拍的第8拍还原或并步站立，两手握拳收抱于腰侧。

技术要点

（1）成马步时，松腰敛臀，百会上顶，脚尖向前，膝与脚尖相对。

（2）臂的旋转幅度宜大，两肘相合和外张时，配合呼吸尽量加大胸部的开合，保持上体正直。

功能 温煦肌肤，内安五脏，增强呼吸机能，加速全身血液循环，对冠心病、高血压、低血压有一定的防治作用。

（四）黄莺叠膀

动作方法

【预备姿势】第三式的收势。

（1）开步侧旋（吸气）：拔顶提肛，重心先移到右脚，右腿半蹲，左脚向左侧开步，继而两腿伸直；同时两掌内旋向两侧反臂托掌，掌心朝后上方；眼向左平视；意在小指指尖。

（2）马步抖插（呼气）：松腹松肛，两腿下蹲成马步；同时两臂外旋，屈肘使掌心朝后，两掌在肩前放松快速上下抖动5～8次，接着向腋下、身后插掌，臂自然伸直，手背紧贴骶骨两侧；眼向前平视；意在小指、无名指、中指指尖。

（3）马步抖掌（吸气）：拔顶提肛，两腿不动；两掌外旋使掌心朝前，向两侧、前上方摆动达于胸前，掌心相对，两臂微屈，两掌放松快速左右抖动5～8次；眼平视前方；意在中指指尖。

（4）并步抱拳（呼气）：重心先移到右脚，右腿半蹲，接着左脚向右脚并步，两腿伸直，两掌变拳收抱于腰侧，掌心朝上，中指指尖抠劳宫穴；眼平视前方；意在劳宫穴。

动作（5）～（8）同动作（1）～（4），唯左右相反。

【练功次数】做2个8拍，第二个8拍的第8拍还原成并步站立，两掌的中指指尖压在承浆穴附近。

技术要点

（1）抖腕时肩、肘、腕均要充分放松，可多抖动几次。

（2）臂的旋转幅度宜大，但要沉肩、坠肘，不可憋气。

（3）呼吸和动作自然配合。

功能 宣通经气，舒经化积，对心血管疾病有较好的防治作用；对腰背痛及肩、肘、腕关节炎也有一定的辅助防治作用。

（五）上工揉耳

动作方法

【预备姿势】为第四式的收势。

第一个 8 拍

（1）摩承至眉：两掌中指指腹从承浆穴经地仓穴、迎香穴、鼻通穴、睛明穴、攒竹穴至眉冲穴后，转用掌心贴面。

（2）摩维至迎：全掌贴面，两手拇指、食指、中指指腹分别向左、右摩运（中指指腹至头维穴），继而向下经耳门穴、听宫穴、听会穴、颊车穴、大迎穴等穴，将两掌置于颈侧。

（3）推拿颈部：两掌从颈侧向颈后推按，直到用掌根将颈后皮肉挤拢提起为止。

（4）摩运颈部：两掌从颈后沿颈部两侧向前摩运，两中指指腹压在承浆穴上。

动作（5）～（8）同动作（1）～（4）。

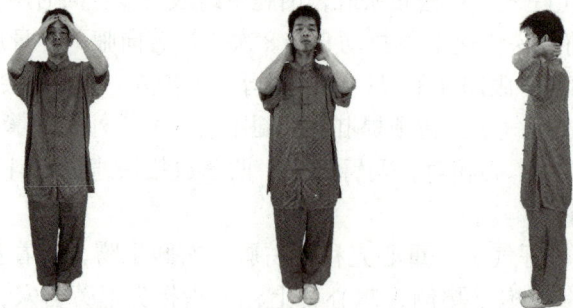

第二个 8 拍

点揉心穴：动作（1）～（4），两手的食指指腹分别压在耳内腔的心穴上，拇指腹捏在耳后对应部位上，同时向前捻揉；动作（5）～（8），向后捻揉；每一拍捻揉一周。

第三个 8 拍

点揉交感穴：动作（1）～（4），两手食指指尖向前按揉交感穴；动作（5）～（8），向后按揉，同时拇指指腹点压翳风穴。

第四个 8 拍

摩运耳部：动作（1）～（4），两手的拇指指腹和食指的桡侧面捏住耳轮上部，沿耳沟从上向下摩运，当摩运到耳垂时，稍用力向下拉引，一拍摩运 1 次；动作（5）～（8），用食指指腹绕耳根按摩，从耳前向上，从耳后向下，两拍按摩一周，可顺逆交替做。

【练功次数】共做 4 个 8 拍。

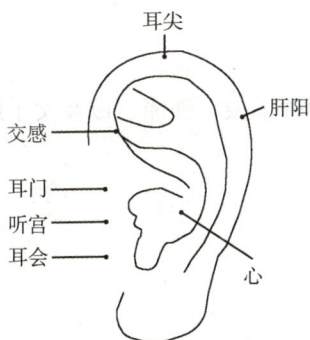

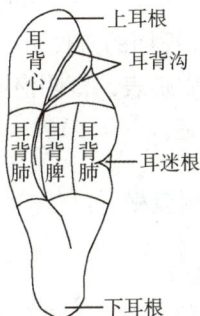

耳尖　肝阳　交感　耳门　听宫　耳会　心

上耳根　耳背沟　耳背心　耳背肺　耳背脾　耳背肺　耳迷根　下耳根

技术要点

（1）揉耳时要找准穴位，用力要适度。

（2）呼吸自然通畅，不要憋气。

（3）意在被揉的穴位上。

功能 宁神醒脑、引气归元，对高血压、心动过速、心肌炎、冠心病、神经衰弱、失眠等症有较好的辅助防治作用，还可辅助治疗感冒、后颈酸痛、落枕和发热病，并有调节人体一身阳气的作用。

（六）捶臂叩腿

动作方法

【预备姿势】两脚开立，与肩同宽；身体挺直，两臂自然下垂；眼向前平视。

（1）捶臂叩门：第一拍，全身放松，以腰为纵轴，身体稍向左转，右手握拳，用拳眼捶击左肩，左手握拳，用拳背轻叩腰部命门穴。第二拍同第一拍，唯左右相反。第一个8拍，两拳分别交替由肩捶到肘。第二个8拍，两拳分别交替由肘捶到肩。第二个8拍的第8拍，两手叉腰；眼向前平视。

（2）叉腰叩腿：第三个8拍，两脚（太冲穴附近）交替由腘窝委中穴向下叩击到踝后跗阳穴。第四个8拍，由跗阳穴向上叩击到膝后委中穴。

【练功次数】共做4个8拍，第四个8拍的第8拍两脚并立，两手收在腹前，手心朝上，距身体约10厘米，掌指相对。

技术要点

（1）捶臂时以腰带动两臂，摆臂幅度宜大，用力由轻到重。叩腿时支撑脚五趾抓地，叩击穴位要准，顺序为委中穴、承筋穴、承山穴、跗阳穴。捶命门穴时力量要轻。

（2）转身时吸气，捶叩时呼气。

（3）意在捶叩的穴位上。

功能　和中疏表，育阴潜阳，可辅助治疗痿厥不振、膝痛，以及女子崩中带下、便秘、痔疮等病症。

（七）枯树盘根

动作方法

【预备姿势】为第六式的收势。

（1）开立旋臂（吸气）：拔顶提肛，重心移至右脚，右腿屈膝半蹲，左脚向左侧开步，略比肩宽，接着两腿伸直；同时两掌内旋向两侧、向上反臂托掌，接近水平时臂外旋使掌心朝前，臂自然伸直；眼看左掌；意在中指、无名指、小指指尖。

（2）歇步抠拳（呼气）：松腹松肛，身体稍右转，右脚向左脚前盖步下蹲成歇步；同时两掌向上、向胸前、向下画弧按掌，当按到腿侧时握拳，中指指尖抠劳宫穴，拳心向下；眼平视右前方；意在劳宫穴。

（3）开步合掌、开步摆掌（吸气）：拔顶提肛，身体起立，左脚脚跟落地，右脚向右侧开步；同时两拳变掌向里经腹前、胸前使两掌背相靠，掌指朝下，屈肘与肩平；眼平视前方。

（4）并步收掌（呼气）：重心移到右脚，左腿伸直，两掌继续向上经面前分别向左右弧形摆动达于体侧，掌心朝斜前方；眼平视前方；意在中指、无名指、小指指尖。百会上顶，松腹松肛，左脚向右脚并拢，两腿伸直；同时两掌继续向下画弧收于腹前，两臂呈弧形，掌心朝上，掌指相对；眼平视前方。

动作（5）～（8）同动作（1）～（4），唯左右相反。

【练功次数】做2个8拍，第二个8拍的第8拍还原成并步站立，两掌垂于体侧。

技术要点

（1）两掌掌背相靠稍用力，依次由腕骨、掌骨、第一指骨、第二指骨、第三指骨卷屈，最后将指尖弹出成立掌。

（2）下蹲成歇步时，上体保持正直，百会上顶，下蹲和按掌协调配合。

功能　清心泻火、安神定志，对高血压、手麻木、胁肋痛、神经衰弱、失眠、头昏等症有较好的防治作用，同时可防治肘、腕和膝关节炎，增强腰腿的肌力。

（八）平步连环

1. 按摩背俞

动作方法

【预备姿势】为第七式的收势。

（1）并步上摩（吸气）：两掌从脊柱两侧的白环俞穴上提，经膀胱俞穴、小肠俞穴、关元俞穴、大肠俞穴、气海俞穴、肾俞穴、三焦俞穴按摩至尽头；眼平视前方。

（2）上步下按（呼气）：重心先移至右脚，右腿半蹲，左脚向左前方上一步，脚跟先着地；随之两掌掌根用力从三焦俞穴依次向下按摩到白环俞穴；同时将身体重心移到左脚，左脚全脚着地，右脚脚跟提起，两腿充分伸直；眼平视左前方。

（3）后坐上摩（吸气）：重心慢慢移到右脚，左腿伸直，脚尖翘起；同时两掌从下沿脊柱两侧上提按摩到尽头。

动作（4）、（6）同动作（2）；动作（5）、（7）同动作（3）；动作（8）还原成两掌垂于体侧。第二个8拍同第一个8拍，唯左右相反。

2. 按摩任脉

动作方法

【预备姿势】两脚并立，两掌相叠于关元穴，劳宫穴对劳宫穴，左掌在里；眼平视前方。

（1）并步上摩（吸气）：身体不动，两掌相叠，从关元穴经下脘穴、中脘穴、上脘穴、巨阙穴、鸠尾穴、膻中穴至天突穴依次按摩；眼平视前方。

（2）上步下按（呼气）：右腿半蹲，左脚向左前方上一步，脚跟先着地；随之两掌相叠从天突穴往下至关元穴依次按摩；同时右腿蹬直，脚跟离地，重心移到左脚，左腿蹬直，全脚掌着地；眼平视左前方。

（3）后坐上摩（吸气）：重心慢慢移于右腿，左腿伸直，脚尖翘起；同时两掌相叠从关元穴依次按摩至天突穴。

动作（4）、（6）同动作（2）；动作（5）、（7）同动作（3）；动作（8）还原成立正姿势。

第二个 8 拍同第一个 8 拍，唯左右相反。

【练功次数】共做 4 个 8 拍。

技术要点

（1）按摩时思想集中，按摩背部时，意在命门穴；按摩胸腹时，意在丹田（大约关元穴处）。

（2）按摩时，手掌要贴紧按摩部分；上摩时，百会上顶，提肛调裆；下按时，松腹松肛。

（3）翘足和提踵要充分，后坐时，后腿膝和足尖要相对。

功能 温运肾阳、引气归元，促进心肾相交，益精补肾，可辅助防治高血压、冠心病、神经衰弱、头痛、头昏等病症，对腰背酸痛、胃脘痛、便秘和妇女月经不调也有一定的防治作用。

三、导引保健功

张广德教授创编的导引保健功是以中国医学的整体观念、辨证施治、经络学说及某些常见病、多发病的病因、病理为理论根据创编成的。它是一套具有综合防治作用的经络导引动功。多年来，经过临床观察，表明导引保健功对心血管系统疾病、肺部疾病、消化系统疾病、生殖泌尿系统疾病、神经系统疾病和关节疼痛等有一定的辅助疗效。

导引保健功有以下特点：一是意形结合，重点在意；二是动息结合，着重于息；三是周身放松，姿势舒展；四是逢动必旋，逢作必绕；五是提肛收肛，贵与息和；六是缓慢柔和，圆活连贯。习练中须紧紧把握这些特点，才能收到事半功倍之效。

（一）功前准备

动作方法

并步站立，周身放松，气定神敛，思想集中，怡然自得，准备练功。

默念练功口诀：

夜阑人静万虑抛，意守丹田封七贤；

呼吸徐缓搭鹊桥，身轻如燕飘云霄。

技术要点 两眼轻闭或平视前方，舌抵上腭，牙齿微合。两手叠于丹田，男女均左手在下，当默念到"身轻如燕飘云霄"时，将两手垂于体侧。

练习导引保健功的注意事项

（二）动作说明

第一势　调息吐纳

动作方法

（1）随着吸气，提肛调裆；重心移至右脚，右腿半蹲，左脚向左开步；同时，两掌腕关节顶端领先徐缓向前、向上摆起，高与肩平，宽与肩同。掌心朝下，两臂自然伸直；眼平视前方。

（2）随着呼气，松腹松肛；两腿屈膝半蹲；同时两肘稍回收下沉，两掌稍坐腕轻轻下按至腹前，掌心朝下，掌指朝前；眼平视前方。

（3）随着吸气，提肛调裆，同时两掌腕关节顶端领先徐缓向前，向上摆起，高与肩平，宽与肩同，掌心朝下。两臂自然伸直；眼平视前方。

动作（4）、动作（6）同动作（2）；动作（5）、动作（7）同动作（3）。

动作（8）随着呼气，松腹松肛；重心移于右脚，左脚向右脚并拢，还原成并步站立姿势；眼平视前方。

【练功次数】做2个8拍，第二个8拍的第8拍两腿伸直，两掌垂于体侧，掌指朝下；眼向前平视。

技术要点

（1）两掌向前、向上摆起时，要沉肩垂肘，切勿挺腹。

（2）两腿下蹲时，要松腰敛臀，切勿后仰与前倾。

（3）精神集中，意守丹田或劳宫。

第二势　顺水推舟

动作方法

（1）随着吸气，提肛调裆；身体先左转45°，随着身体稍右转将重心移至右脚，右腿下蹲，左脚向左前方上步，脚跟着地成左虚步；同时两臂自然伸直，两掌以腕关节顶端领先向左前方弧形上摆至与肩平时，随身体微右转，两肘下沉，将两手收至胸前，掌心朝前，掌指朝上；眼平视左前方。

（2）随着呼气，松腹松肛；重心下沉前移成左弓步；同时两掌分别经腰部前侧方向下、向前、稍向上坐腕翘指推出，臂自然伸直，肘尖下垂，宛如顺水推舟，随波逐流，给人以轻松飘逸之感；眼平视左前方。

（3）随着吸气，提肛调档；重心移至右脚，右腿半蹲，左腿伸直；左脚脚尖翘起成左虚步；同时两掌松腕使掌心朝下。随着身体微右转，两肘下沉，两掌继续稍向上画弧收于胸前，掌心朝前，掌指朝上；眼平视左前方。

动作（4）同动作（2）；动作（5）同动作（3）；动作（6）同动作（2）。

动作（7）随着吸气，提肛调裆；重心先移至右脚，右腿半蹲，左腿伸直，左脚脚尖翘起成左虚步，两臂自然伸直，两掌掌心朝下；身体向右转正，两掌随之向右平摆至与肩平，臂仍自然伸直。掌心朝下；眼平视前方。

动作（8）随着呼气，松腹松肛；左脚向右脚并拢，随之两腿逐渐由屈缓缓伸直，同时两掌垂于体侧，臂自然伸直，掌指朝下；眼平视前方。

第2个8拍同第1个8拍，唯身体右转45°，右脚向右前方上步做动作。

【练功次数】做2个8拍。

技术要点

（1）成虚步时，上体不要后仰或前倾，要松腰敛臀。

（2）成弓步时，臀部勿凸起，要松胯沉臀，后脚不拔跟。

（3）两掌前推，要沉肩、伸肘、坐腕、翘指，并与下肢密切配合，做到起于根，顺于中，达于梢。

（4）意守劳宫穴（属于厥阴心包经穴，在掌中央第二、第三掌骨之间，为屈中指指尖所点处）。

第三势　肩担日月

动作方法

（1）随着吸气，提肛调裆；两脚不动，上体左转90°，两臂内旋，继而两掌画弧反臂上托，两掌高与肩平时，臂外旋仍使掌心朝上，两肘弯曲，肘尖下沉，上臂与上体的夹角约为90°。上臂与前臂的夹角约为100°，掌心朝上，掌指朝向身体两侧；眼看左掌。前手似托日，后手如托月，宛若日月的光辉，温煦着五脏六腑，滋润着心田。

（2）随着呼气，松腹松肛；身体向右转正，两掌随转体同时向外（臂内旋）画弧使掌心斜朝上，掌指朝后上方；眼平视前方。

动作不停，两掌向前、向下按于体侧成并步站立势，掌指朝下；眼平视前方。

动作（3）～动作（4）同动作（1）～动作（2）。唯身体右转90°做动作。

动作（5）～动作（6）同动作（1）～动作（2）。

动作（7）～动作（8）同动作（3）～动作（4）。

【练功次数】做两个8拍，第2个8拍的第8拍两掌捧在小腹前，掌心朝上，掌指相对，两掌之间的距离、掌与腹部之间的距离均约为10厘米；眼平视前方。

技术要点

（1）成肩担日月势时，舒胸展体，沉肩垂肘，手在肩上，肘在肩下。

（2）转腰幅度要充分，身体正直，不可左倾右斜，不可前俯后仰。

（3）意守命门穴（属督脉穴，在第二腰椎棘突下）。

第四势　鹏鸟展翅

动作方法

（1）随着吸气，提肛调裆；重心移至右脚，右腿半蹲，左脚向左开一步，略宽于肩，随着重心移至两脚之间，两腿由屈逐渐伸直；同时两掌分别向左右、向上画弧达于头顶上方，两臂均呈弧形，掌心朝上，掌指相对，呈徐缓抖掌亮翅状；眼平视前方。

（2）随着呼气，松腹松肛；重心移至右脚，右腿半蹲，左脚向右脚并拢，随之两腿由屈逐渐伸直；同时两掌分别向两侧下落收于腹前，臂微屈，掌心朝上，掌指相对，两掌之间的距离和两掌与腹前距离均为10厘米，呈鹏鸟合翅状；眼平视前方。

动作（3）~动作（4）同动作（1）~动作（2），唯右脚向右侧开步做动作。

动作（5）随着吸气，提肛调裆；重心移至右脚，右腿半蹲，左脚向前上步，脚尖跷起先成左虚步，然后重心缓缓移至前脚（左脚），随之两腿伸直，右脚脚跟提起；同时两掌由身前一起环抱上托达于头顶前上方，掌心朝上，掌指相对，两臂成弧形；眼平视前方。

动作（6）随着呼气，松腹松肛；重心移至右脚，右脚脚跟落地，右腿半蹲，左腿伸直，左脚脚尖翘起，继而左脚向右脚并拢，随之两腿由屈逐渐伸直；同时两掌一起向前，向下捧落于小腹前，两臂成一圆形；眼平视前方。

动作（7）～动作（8）同动作（5）～动作（6），唯重心移到左脚，左腿半蹲，右脚向前上步做动作。做 2～4 个 8 拍。

技术要点

（1）精神集中，意守丹田。

（2）两掌上托时舒胸展体，后脚脚跟尽量上提，两掌捧在腹前时，略含胸沉气，上下肢要协调一致。

第五势　力搬磐石

动作方法

（1）随着吸气，提肛调裆；重心移至右脚，右腿半蹲，左脚向左开一大步，两脚间距为本人三脚长，随着重心移至两脚之间，两腿由屈逐渐伸直；同时两掌向上托搬至胸前，掌心朝上，掌指相对；眼兼视两掌。

动作不停，两臂内旋，两掌分别向上经面前向左右画弧达于肩的两侧，两臂自然伸直，掌心朝前侧方，掌指朝斜上方。

（2）随着呼气，松腹松肛；两腿缓缓下蹲成马步；同时两臂内旋使掌心朝下，掌指朝侧，两掌向下画弧于膝下方抄掌，两臂呈环状，掌心向上，掌指相对，两掌之间距离约为 10 厘米，呈搬石状；眼睛余光兼视两掌，不要躬身低头。

（3）随着吸气，提肛调裆；两腿伸直；同时两掌向上搬起，当两掌达于胸前时臂内旋分别向上经面前向左右画弧达于肩部两侧，两臂自然伸直，掌心朝前侧方；眼向前平视。

动作（4）同动作（2）；动作（5）同动作（3）；动作（6）同动作（2）；动作（7）同动作（3）。

动作（8）随着呼气，松腹松肛；重心移至右脚，右腿弯曲，左脚向右脚并拢，随之两腿由屈逐渐伸直；同时两掌从体侧捧至腹前，掌心朝上，掌指相对两掌之间距离和掌与腹之间的距离均为 10 厘米；眼平视前方。

第 2 个 8 拍同第 1 个 8 拍，唯右脚向右开步做动作。

【练功次数】做 2～4 个 8 拍，最后 1 个 8 拍的第 8 拍，右脚向左脚并拢后，两腿由屈慢慢伸直；同时两掌从两侧下落垂于体侧成并步站立，掌指朝下；眼平视前方。

技术要点

（1）精神集中，意守丹田。

（2）下蹲时不要低头躬身，起身时要拔顶垂肩。

（3）两掌上搬时要做到"力搬磐石不在力，搬石千斤重在意"。

第六势　推窗望月

动作方法

（1）随着吸气，提肛调裆；两脚不动，身体微向左转；同时右臂内旋使掌心朝向身前，向左、向右上弧形摆至左上臂前，臂微屈；左掌边内旋边向左摆动，当摆至体侧略高于髋关节时，臂外旋向上摆动至左侧，臂自然伸直，掌心朝前；眼看左掌。

（2）随着呼气，松腹松肛；重心移至右脚，右腿半蹲，身体稍右转，左脚向左横跨一步，略宽于肩，脚尖内扣；同时两掌继续向上经面前向身体右侧弧形摆动，右臂自然伸直，右掌成侧立掌，左掌停于右肘内侧，掌心向右，掌指朝上；眼转视右掌。

（3）随着吸气，提肛调裆；以左脚前掌为轴，左脚脚跟内收使左脚脚尖朝前（转正）随着重心移至左脚，左腿半蹲，右脚向左脚左后方插步，右脚前脚掌着地，右腿亦半蹲，同时两掌（左臂内旋，右臂稍外旋）从身体右侧向左弧形回带（左臂约在左胸前，右臂仍在身体右侧）；眼看右掌。

（4）随着呼气，松腹松肛；两腿下蹲成歇步；同时两掌继续向左弧形推出，左掌稍高于肩，左掌掌心朝左，掌指朝前，左臂自然伸直；右臂稍屈，右掌掌指朝前，好像推窗望月一般；眼从左虎口下方远望。

（5）随着吸气，提肛调裆；歇步先不变，两掌心朝下，向右弧形摆至身体右前方。继而重心移至左脚，右脚向左脚并拢，随之两腿由屈逐渐伸直；同时左臂内旋使左掌掌心朝向身前，向右、向上弧形摆至右上臂前，臂微屈；右掌先内旋后外旋，向右、向上摆起至身体右侧，臂自然伸直，掌心朝前；眼看右掌。

（6）随着呼气，松腹松肛；重心移至左脚，左腿半蹲，身体稍左转，右脚向右横跨一步，略宽于肩，脚尖内扣；同时两掌继续向上经面前向身体左侧弧形摆动，右掌停于左肘内侧，掌心朝左，掌指朝上，左臂自然伸直，左掌成侧立掌；眼转视左掌。

（7）随着吸气，提肛调裆；以右脚前脚掌为轴，右脚脚跟内敛使右脚脚尖朝前（转正），随着重心移到右脚，右腿半蹲，左脚向右脚右后方插步，左脚前脚掌着地，左腿亦半蹲，同时两掌（右臂内旋，左臂稍外旋）从身体左侧向右弧形回带（右臂约在右胸前，左臂仍在身体左侧）；眼看左掌。

（8）随着呼气，松腹松肛；两腿下蹲成歇步，同时两掌继续向右弧形推出，掌心朝右，掌指朝前，右臂自然伸直，左臂稍屈，掌指朝前，好像推窗望月一般；眼从右虎口下方远望。

做2～4个8拍，最后一个8拍的第7拍成歇步"推窗望月"。第8拍两掌掌心朝下，两臂自然伸直，随着身体直起，左脚向右脚并拢，两腿半蹲，摆至与肩平，然后随着两腿逐渐伸直，将两掌垂于胯旁，两臂微屈，掌心朝下，掌指朝前斜朝内；眼平视前方。

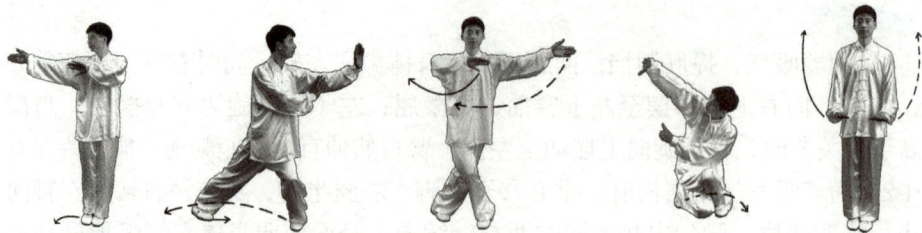

技术要点

（1）两臂弧形绕行时要放松，成歇步或成盘根步和推掌要协调一致。

（2）成歇步时上体要正直，脚尖外摆，两腿要盘屈拧紧。

（3）意念集中，意守劳宫。

第七势　迎风掸尘

动作方法

（1）随着吸气，提肛调裆；两脚不动，身体左转45°，同时两臂内旋，两掌分别向左右弧形摆至体侧，掌心朝后，臂自然伸直，掌与肩同高；眼看左前方。

动作不停，身体稍右转，同时臂外旋使掌心朝前，两臂自然伸直，继而随着身体稍左转，重心移至右脚，右腿半蹲。左脚向左前方上一步成左虚步，同时两臂继续外旋向上、向里画弧，两掌掌背小指侧贴于胸部，掌指朝上；眼看左前方。

（2）随着呼气，松腹松肛；重心下沉慢慢前移成左弓步，同时两掌掌背贴衣襟两侧向下，略向外、向前，臂内旋画弧掸尘达于胸前，两臂自然伸直，掌心朝外；眼看左前方。

（3）随着吸气，提肛调裆；身体重心移至右腿，右腿下蹲，左腿伸直，左脚脚尖翘起成左虚步；同时随着身体微右转，两臂外旋，两掌向胸前画弧，掌指贴衣襟停于胸部两侧，掌指朝上；眼平视前方。

动作（4）同动作（2）；动作（5）同动作（3）；动作（6）同动作（2）；动作（7）同动作（3）。

动作（8）随着呼气，松腹松肛；身体向右转正，左脚向右脚并拢，随之两腿由屈逐渐伸直；同时两掌分别先内旋，后外旋向下、向两侧、向面前画弧经腹前垂于胯旁，臂微屈，掌心朝下，掌指朝前斜向内；眼平视前方。

第2个8拍同第1个8拍，唯右脚向右前方上步做动作，做2～4个8拍。

技术要点

（1）意念集中，意守劳宫。

（2）开步和并步时，要先稳定重心。

（3）两臂旋转幅度宜大，上下肢要协调一致。

第八势　老翁拂髯

动作方法

（1）随着吸气，提肛调裆；重心移至右脚，右腿半蹲，左脚向左开步，略宽于肩，脚尖朝前，同时两臂内旋，两掌分别向左右反臂托掌，臂自然伸直，高与肩平，掌心朝后；眼看左掌。

动作不停，重心移至左脚，左腿半蹲，右腿伸直；同时两掌外旋使掌心朝前上方，两臂略屈；眼看左掌。

（2）随着呼气，松腹松肛；右脚向左脚并步，随之两腿由屈逐渐伸直，同时两掌向上、向面前画弧，虎口托胡须状经胸前向前下方按掌，两臂成弧形，掌心朝下，虎口朝前；眼平视前方。

动作（3）～动作（4）同动作（1）～动作（2），唯右脚向侧开步做动作。

动作（5）～动作（6）同动作（1）～动作（2），动作（7）～动作（8）同动作（3）～动作（4）。

第2个8拍同第1个8拍，唯两脚不动。

【练功次数】做2个8拍，第2个8拍的第8拍，两掌叠于丹田，稍停片刻后，垂于体侧，掌指朝下；眼平视前方。

技术要点

（1）精神集中，意守丹田。

（2）身体充分放松，上下肢要协调一致。

（3）两掌托须下按时，百会要上顶，显示出神采奕奕的风姿。

（4）练功完毕，稍停片刻，再离开练功位置。

第十二章

球类运动

◎ 了解球类运动各项目的起源。
◎ 学习球类运动各项目的技战术要点。
◎ 了解球类运动各项目的锻炼价值。

> 球类运动是广受大众喜爱的体育运动。球类运动发展到今天，已不仅仅是普通的体育运动，它对提高大学生的体质、培养体育后备人才、积极推动全民健身有着积极的现实意义。参与球类运动能够增进人们的彼此交往，磨炼意志，使大学生更加懂得团队的意义和重要性。

第一节 足 球

一、足球起源概览

足球运动是一项古老而富有魅力的体育运动，它的历史源远流长。蹴鞠，又称踏鞠，是我国古代的一种"足球"游戏，最早被记载于《战国策·齐策》。

【提示】2004年7月15日，时任国际足球联合会主席的布拉特宣布，中国是足球故乡，足球最早起源于山东省淄博市的临淄。

现代足球诞生于英国。1857年，英国谢菲尔德成立了世界第一个足球俱乐部——谢菲尔德俱乐部。1863年10月26日，英格兰足球总会的成立，标志着现代足球的正式形成。从此，欧洲足球得到普及开展。1908年第4届奥林匹克运动会（简称奥运会）举行时，足球被列为正式比赛项目。国际足球联合会（FIFA，简称国际足联）于1904年5月21日在法国巴黎成立。1928年奥运会结束后，国际足联召开代表会，决定每4年举办1次世界足球锦标赛，即足球世界杯，冠军奖杯被命名为雷米特杯。这对世界足球运动的发展和提高起到了积极作用。

二、足球技术要点

足球技术是足球运动员在足球比赛中所采用的合理行动和动作方法的总和。其主要包括踢球、运球、停球、头顶球、抢截球、掷界外球等。

（一）踢　球

踢球动作一般由助跑、支撑脚站位、踢球腿的摆动、踢球脚的触球部位和踢球后的随摆等部分组成。

1. 脚内侧踢球

动作方法　直线助跑，支撑脚落在球的侧后方15厘米左右，膝微屈，踢球腿以髋关节为轴，膝外转约90°，脚尖翘起与地面平行，由后向前摆动，用脚内侧触球的后中部。

技术运用　踢定位球，直接踢各方向来的地滚球和空中球。

2. 脚背内侧踢球

动作方法　助跑与出球方向成90°。支撑脚的脚掌外沿积极踏在球的侧后方，脚尖指向出球方向。踢球腿以髋关节为轴，大腿带动小腿由后向前挥摆，脚尖稍外转并下压，以脚背的内侧踢球的后中部。

技术运用　踢定位球、过顶球、远距离传射和转身踢球。

3. 脚背外侧踢球

动作方法　基本上与脚背内侧踢球相同，只是在小腿加速前摆的一刹那，膝盖与脚尖内转，脚背绷直，脚趾扣紧，以脚背外侧踢球的后中部。

技术运用　踢定位球、弧线球、弹拨球等。

脚内侧踢球

脚背内侧踢球

脚背外侧踢球

脚背正面运球

（二）运　球

1.脚背正面运球

`动作方法` 跑动时，身体自然放松，上体稍前倾，两臂自然摆动，步幅不宜过大。运球脚脚跟提起，脚尖下压，用脚背正面推拨球前进。

`技术运用` 快速前进。

2.脚背外侧运球

`动作方法` 与脚背正面运球相似，不同的是运球脚的脚尖稍内转，用脚背外侧触球。

`技术运用` 快速奔跑和向外改变方向。

3.脚背内侧运球

`动作方法` 跑动时，步幅不宜过大，上体稍前倾并向运球方向转动。运球脚提起时，膝微屈，脚跟提起，脚尖稍外转。在迈步前伸着地前，用脚背内侧推拨球。

`技术运用` 变向和用身体掩护球。

4.脚内侧运球

`动作方法` 运球时，支撑脚向前跨出一步，踏在球的前侧方，膝微屈，上体稍前倾并向内转。随着身体向前移动，运球脚提起，用脚内侧推球的后中部。

`技术运用` 常结合身体掩护球使用。

（三）停　球

停球是指足球运动员有目的地用身体的合理部位，把运行中的球停或接到所需要的控制范围内。停球是为了更好地理顺球，从而为传球、运球、过人和射门服务。

1.脚内侧停球

脚内侧停球易掌握，触球的面积大，易停稳，便于变向和结合下一个动作用，多用于停地滚球、空中球和反弹球。

`动作方法`

停地滚球：支撑脚对正来球，膝微屈，停球脚膝外转并前迎，在球与脚接触前的一刹那开始后撤，在后撤过程中用脚内侧接触球，把球停在需要的位置上。

停反弹球：支撑脚踏在球的落点的侧前方，膝微屈，上体稍前倾并向停球脚方向微转，同时停球脚提起并放松，用脚内侧对准球的反弹路线。当球落地反弹刚离地时，用脚内侧触球的中上部。

脚背外侧运球

脚背内侧运球

脚内侧运球

脚内侧停球

停空中球：根据来球的高度，将停球脚抬起，脚内侧对准来球路线，在脚与球接触前的一刹那开始后撤，在后撤过程中用脚内侧接触球，把球控制在下一个动作需要的地方。

2. 脚底停球

脚底停球用于停地滚球和反弹球。

动作方法

停地滚球：支撑脚站在球的侧后方，膝微屈，脚尖对正来球，同时将停球脚提起，膝关节自然弯曲，脚尖翘起，脚跟不得高于球，踝关节放松，用前脚掌触球中上部。

停反弹球：支撑脚踏在球落点的侧后方。在球着地的一刹那，用前脚掌对准球的反弹路线，触球的中上部。

3. 胸部停球

胸部面积较大，有弹性，位置高，能停高球和空中平球。胸部停球有收胸式和挺胸式两种。

动作方法

收胸式停球：一般用来停胸部高度的平直球。面对来球，两脚开立，两臂自然张开，挺胸迎球。在球运行到与胸部接触前的一刹那，迅速收胸、耸肩、收腹，缓冲来球力量，将球停在身前。

挺胸式停球：一般用于停高于胸部的下落球。停球时，面对来球，两脚开立，两膝微屈，正对来球，在球与胸部接触前的刹那间，收下颌，挺胸，上体后仰呈反弓形，以缓冲来球力量，使球弹起再落于身前。

（四）头顶球

头顶球是争取时间和取得空中优势的主要技术，在攻防中起着重要作用。头顶球可分为前额正面顶球和前额侧面（额侧）顶球两种。这两种顶球技术都可以用于原地、跳起和鱼跃顶球。

193

脚底停球

胸部停球

1.前额正面顶球

动作方法 身体正对来球，两腿侧开立，膝关节微屈，上体后仰。在球运行到身体垂直部位前的一刹那，脚用力蹬地，收腹，身体迅速前摆，颈紧张，收颌甩头，用前额正面顶球的后中部，然后上体随球继续前摆。

2.前额侧面顶球

动作方法 两脚前后开立，两膝微屈，上体和头部稍向出球方向异侧转动。头部触球时，后脚用力蹬地，上体迅速向出球方向扭转，同时甩头。当球运行到与出球方向同侧肩的前上方时，用额侧部位击球的后中部。

（五）抢截球

抢球是指把对方控制的或将要控制的球夺过来或破坏掉。截球是指将对方传出的球堵截住或破坏掉。

1.正面抢截球

动作方法

正面跨步抢截球：两脚前后开立，两膝微屈，面向对手。对手运球前进，当脚触球即将着地或刚着地时，抢球者一脚用力蹬地，抢球脚以脚内侧对正球并向球跨出一步，膝关节弯曲，上体前倾，身体重心移至抢球脚上，另一只脚立即前跨成支撑脚。如双方的脚同时触球，则要顺势向上提拉，使球从对方的脚背滚过，身体要迅速跟上，把球控制住。

正面铲球：两脚前后开立，两膝微屈，身体重心下降，重心落在两脚间，面向对手。对手运球前进，在脚触球的一刹那，抢球者一脚用力后蹬，另一脚前伸，然后将球踢出。

2.侧后铲球

铲球是抢截技术中难度较大的技术动作。侧后铲球有同侧脚铲球和异侧脚铲球。

动作方法

同侧脚铲球：在控球者拨出球的一刹那，抢球者的后脚（异侧脚）用力后蹬成跨步，前脚（同侧脚）以脚外侧沿地面向前外侧滑出，用脚背或脚尖将球踢或捅出。然后小腿外侧、大腿外侧和臀部依次着地。

异侧脚铲球：在控球者拨出球的一刹那，抢球者的后脚（同侧脚）用力后蹬成跨步，前脚（异侧脚）以脚外侧沿地面向前内侧滑出，用脚底将球蹬出去。然后小腿外侧、大腿外侧和臀部依次着地。

前额正面顶球

正面抢截球

（六）掷界外球

掷界外球不受越位限制，是组织进攻的机会，如果掷球既远又准，就能加快进攻速度。

1. 原地掷界外球

动作方法 面对出球方向，两脚前后（左右）开立，上体后仰成背弓，两手张开，拇指相对，持球侧后部，屈肘将球置于头后。掷球时，后脚用力蹬地，两腿迅速伸直，身体重心由后脚移到前脚，收腹屈体，同时两臂急速前摆，当摆到头上时用力甩腕将球掷入场内。掷球时，后脚可沿地面滑动向前，两脚均不可离地或踏入场内（但允许踏在线上）。

2. 助跑掷界外球

动作方法 两手持球于胸前。在助跑迈出最后一步时，上体后仰成背弓，同时将球举至头后。掷球时的动作与原地掷界外球相同。

三、足球战术要点

足球比赛攻守过程中采取的个人行动和集体配合战术，称为足球的基本战术。足球战术可分为进攻战术和防守战术两大类。进攻战术和防守战术都包含着个人和集体的战术。

（一）进攻战术

1. 个人进攻战术

个人进攻战术指的是在对方紧逼防守的情况下，采取有效措施，摆脱自己的对手，跑到有利的位置，接应控制球的同伴的传球配合，以达到进攻目的的方法。个人进攻战术包括摆脱、跑位、带球过人等。

2. 局部进攻战术

局部进攻战术是指两人或两人以上的战术配合行动。此战术可以丰富和完善全队的进攻战术，是实施全队战术的基础。

两人的局部配合是集体配合的基础。常用的两人配合方法有以下三种。

（1）斜传直插二过一，⑦横传给⑨，⑨斜线传球，⑦直线插入接球；⑥斜线传球给⑩的斜传直插。

（2）直传斜插二过一，⑦横传给⑨后立即斜线插上接⑨的直传；⑩运球过人后传给⑧，再斜线插上接⑧的直传。

（3）反切二过一，⑦回撤接⑨的传球，如防守跟上紧逼时，⑦回传给⑨并转身切入，接⑨传至对手身后空当的球。

原地掷界外球

助跑掷界外球

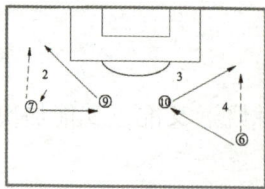

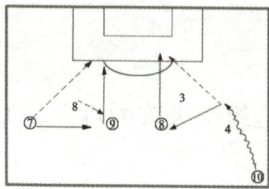

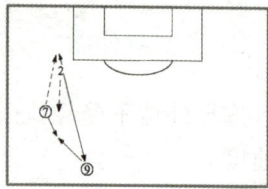

3. 集体进攻战术

（1）边路进攻。

边路进攻主要是通过边锋、交叉到边上的中锋或直接插上的前卫、边后卫，运用个人带球突破或传球配合，以达到突破对方防线传中（外围传中、下底传中、切底迂回传中），最后由中锋包抄射门的目的。

（2）中路进攻。

中路进攻能直接威胁球门，但由于中间防守队员密集，中路进攻不易突破，因此，要通过中锋、内切的边锋或插上的前卫间的配合或个人带球过人等方法突破对方防线。

（3）转移进攻。

当一侧进攻受阻，另一侧进攻有利时，要及时快速地转移进攻方向。此方法多是通过采用有效而准确的中长距离传球来实现的，用以拉开对方的防守，达到声东击西的进攻目的。

（4）快速反击。

在防御中积极拼抢，一旦得球，乘对方立足未稳时，快速传球，形成以多打少的局面，达到射门得分的目的。

（二）防守战术

1. 个人防守战术

个人防守战术是局部防守和集体防守的基础，包括堵（迎面堵、贴身堵）、抢（迎面抢、侧面抢、侧后铲）、断等技术的运用。此外，选位和盯人也是重要的个人防守战术。

2. 集体防守战术

集体防守战术有全攻全守的全场防守、半场防守、紧逼防守和区域防守，也有与盯人结合的区域防守、密集防守等多种防守战术。不论采用哪种战术都要考虑到本队的特长，还要针对对方的进攻技术，采用有效的防守战术，破坏对方的进攻。

3. 造越位战术

造越位战术是指防守队员主动制造对手越位，以破坏对方的进攻节奏和攻势的一种做法，是由守转攻的一种手段。

比赛阵型

比赛阵型是指比赛场上队员的基本位置排列，是本队攻守力量分配和分工的形式。选择阵型要以本队队员的特长、体能与技术水平的特点为依据。

人们根据队员的职责和排列的层次把阵型分为后卫线、前卫线和前锋线。阵型的人数排列是从后卫数向前锋，守门员不计算在内。

目前，世界上普遍采用的阵型有"4-3-3""4-4-2""4-1-2-3""3-5-2"等。在以上阵型中，除"4-4-2"阵型以防守为主、反击为辅外，其他阵型均以进攻为主，尤以"3-5-2"阵型最突出进攻。

四、足球比赛场地和规则简介

（一）比赛场地

足球比赛场地可采用天然草皮或人造草坪。边线外要有大于 1.5 米的草皮边缘，在中线的两侧还要各配置一个距边线至少 5 米的带顶棚的替补席。广告牌与比赛场地线的距离不得小于 4 米，离球门线后不少于 5 米，至角旗处不得少于 3 米。

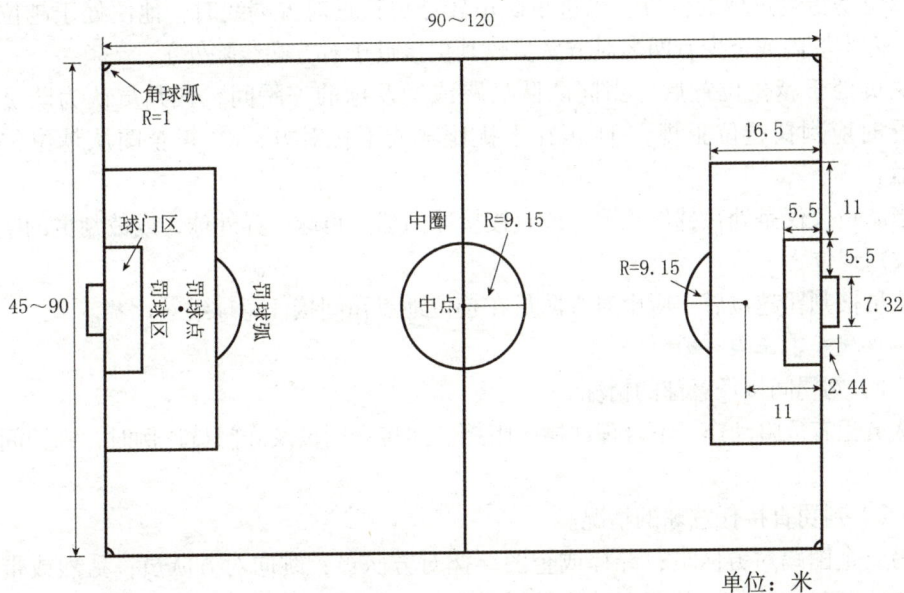

单位：米

足球场地

（二）比赛规则简介

1. 比赛时间

正式的国际足球比赛每场为 90 分钟，分为上、下两个半场，每半场 45 分钟（竞赛规程对比赛时间另有规定除外），中间休息 15 分钟。伤停补时一般为 1～6 分钟。若比赛为平局，必须决出胜负时则进行加时赛。足球加时赛是 30 分钟，上、下半场各 15 分钟。

2. 比赛开始

比赛开场前，用投币的方式来选定场地或开球权。上下半时开始比赛及进一球后

的继续比赛，都在中圈开球。开球时，双方队员应站在本方半场内，裁判员发出信号后由开球队一名队员将球向前踢并移动时，比赛开始。下半时，双方互换场地。

3. 计胜方法

凡球的整体从门柱间及横木下越过球门线，而此前攻进球的球队未违反竞赛规则，即为有效进球。

4. 队员人数

正式比赛场上每队 11 人，凡不足 7 人不得开赛。在场上死球时方可替换队员，被换下的队员不得再上场比赛。在正式比赛中，一支队伍有 3 次换人机会。

5. 比赛进行及死球

出现下列三种情况时比赛仍继续进行：① 球从门柱、横木或角旗杆弹回场内；② 球从当时在场内的裁判员或巡边员的身上弹落于场内；③ 队员似有犯规现象而并未判罚前。

下列情况比赛成死球：① 当球不论在场上或空中全部越过端线或边线时；② 当比赛已被裁判鸣哨停止时。

6. 越　位

越位是指越过球的位置。当进攻队员较球更接近对方端线时，他便处于越位位置（在本方半场内或至少有两名对方队员较其更接近于对方端线除外）。

队员处于越位位置后，当同队队员踢或触及球的一瞬间，裁判员认为队员有下列情况时应判罚越位犯规：① 正在干扰比赛或干扰对方；② 正企图从越位位置获得利益。

当队员仅仅是处在越位位置，或直接接球门球、角球、界外球，或裁判员的坠球时不应被判越位。

队员被判罚越位后，应由对方队员在越位地点罚间接任意球继续比赛。

7. 犯规和不正当行为

（1）判罚间接任意球的情况。

队员犯有危险动作，不合理冲撞、阻挡、回传守门员及守门员违例时，判罚间接任意球。

（2）判罚直接任意球的情况。

踢或企图踢对方队员；绊摔或企图绊摔对方队员；跳向对方队员；猛烈或带有危险性地冲撞对方队员；从背后冲或铲对方队员；打或企图打对方队员或有不良举动；拉扯或推对方队员；用手或臂部携带球、击球或推球。

（3）出示黄牌警告的情况。

队员擅自进出比赛场地；持续违犯规则者；用语言或行动对裁判员的判罚表示不满者；有不正当行为者。

（4）出示红牌罚令出场的情况。

犯有暴力行为或严重犯规者；用粗言秽语进行辱骂者；经警告后仍坚持其不正当行为者。

第二节 篮 球

一、篮球起源概览

篮球运动起源于美国，1891年由美国马萨诸塞州斯普林菲尔德市某学校的体育教师詹姆斯·奈史密斯设计发明。其最初的形式是将桃篮钉在健身房内看台上的栏杆上，并向桃篮投球的一种游戏。1932年，国际业余篮球联合会在瑞士日内瓦成立。1936年，男子篮球成为第11届奥运会正式比赛项目。1976年，女子篮球成为第21届奥运会正式比赛项目。1992年，国际篮球联合会允许美国职业篮球联赛的职业运动员参加第25届奥运会比赛。

二、篮球技术要点

（一）基本姿势和移动

1. 基本姿势
两脚左右开立，膝关节微屈，两臂一前一侧或两臂在两侧。

2. 移 动
移动包括起动、跑、急停、滑步、转身和跳等。

（二）传接球技术

准确、及时、隐蔽、多变的传球能直接助攻得分，也是队员之间联系的纽带。

动作方法

两手胸前传球：两脚前后开立，两手持球于胸前；两臂发力前伸，通过手腕、手指拨球。

单手胸前传球：两手持球于胸前，在传球时，两手将球引至右肩下部，右手手腕稍向后伸，手心向前，左手扶球的侧下部，出球时，右臂短促前伸，手腕急促向前抖翻，同时食指、中指、无名指用力弹拨，将球平直地向前传出。

篮球百科

变速跑

双手胸前传球

跨步急停

两手头上传球：持球手法与两手胸前传球相同。两手举球于头上，两肘微屈。传球时，两肘和手心向前。近距离传球时，前臂前屈外翻的同时，拇指、食指、中指用力向前拨球。远距离传球时，要加大蹬地力量，收腹带动前臂迅速前摆，手腕、手指用力拨球，腰腹与全身协调用力将球传出。

击地传球：两脚前后开立，两手持球于胸前；两臂发力前伸，推球至击地点（击地点位于传球 2/3 距离的位置），抖腕、手指用力拨球。

单手肩上传球：右手持球于右肩上；蹬地转体，摆臂、拨指将球传出。

单手体侧传球：持球于身体右侧；向前摆臂、扣腕、拨指，将球从体侧传出。

接球：两臂前伸，两手呈半球状迎向来球；球入手后迅速屈肘缓冲；缓冲后两手持球于胸前。

（三）运球技术

熟练地掌握运球技术是摆脱防守、调整自己在球场上的位置、完成全队战术配合的必备条件之一。

动作方法

高运球和低运球：高运球时，虎口向前，手拍球的后上方，手指柔和地随球上引，运球臂自如地屈伸控球，球反弹至胸腹间高度；低运球的拍球动作短促有力，球反弹至膝下高度，身体协调护好球。

体前变向换手运球：屈膝降重心，目视对手，右手迅速将球拍向地面；换手后迅速运球推进。

背后运球：运球受阻时，向右后拉球；右手拍击球右侧，迅速向左侧前方拍球；球拍至左侧地面后弹起，左手接反弹球向前推进。

转身运球：当对手封堵运球者右侧的路线时，迅速上左腿，微屈膝，重心移至左脚，并以左脚前脚掌为轴做后转身，右手将球拉到身体后侧方，并按拍球落在身体的外侧方，换左手运球，加速超越防守。

（四）持球突破

持球突破是摆脱防守、获得进攻机会的重要手段。

动作方法

交叉步突破：两脚开立，降低重心，持球于胸腹间；向左做假动作后，左脚迅速向防守者左侧跨出；右脚离地前，右手拍球至左脚右前方，右手运球，左手护球迅速超越防守。

同侧步突破：两脚开立，降低重心，持球于胸腹间；右脚上步要快，探肩护好球；紧贴防守，放球要快；右手运球，左手护球，迅速超越防守。

体前变向换手运球

背后运球

交叉步突破

同侧步突破

（五）投篮技术

比分是衡量比赛胜负的唯一标准。只有掌握了正确的投篮技术，才能提高命中率，多得分，从而取得比赛的胜利。

动作方法

原地两手胸前投篮：两膝微屈，两手持球于胸前；两脚蹬地，同时两臂上伸；扣腕拨指出球。

原地单手肩上投篮：两脚开立，两膝微屈，屈肘持球；手腕后伸，举球至右肩前上方；两臂向上伸展，右手扣腕拨指。

行进间单手高手投篮：右脚跨一大步，同时两手接球；接球后，左脚迅速向前跨一小步；起跳、腾空、球上举，扣腕拨指，球出手。

行进间单手低手投篮：右脚跨一大步，同时两手接球；接球后，左脚迅速向前跨一小步；起跳、腾空、掌心朝上托球上举，手指上挑出球。

原地跳起单手肩上投篮：两脚开立，两膝微屈，屈肘持球；两脚蹬地跳起，同时举球于右肩上；伸臂、扣腕，手指拨球。

急停跳投：跨步急停（两步急停），先向前跨出一大步，用全脚掌抵住地面，迅速屈膝，同时身体稍向后倾，转移重心，减缓向前的冲力，然后连贯地跨出第二步。脚着地时，脚尖稍向内转，用前脚掌内侧蹬地，两膝弯曲，身体侧转，微向前倾，重心落在两脚之间，两臂自然张开，协助维持身体平衡。起跳垂直向上，起跳与举球、出手动作应协调一致，在接近起跳最高点时球出手。

（六）防守基本技术

1. 防守有球队员

动作方法 站在对手与球篮之间适当的位置上。如果对手善于投篮，则防守时采用两脚前后开立，前脚同侧手臂向前方伸出的防守姿势；如果对手善于持球突破，则防守时多采用两脚左右开立、两臂向两侧伸展的平步防守姿势。防守中应随时根据持球者动作的变化，及时调整防守位置和变换动作。除了上述防守外，还应抓住时机，上挑或打掉持球者手中的球。

抢球：依据抢球时的动作形式，分为拉抢和转抢。

打球：依据持球者的状态，分为打持球、打运球、打投篮的球（盖帽）。

断球：依据断球者的移动路线和球的运行路线，分为横断球、纵断球；也可以分为封断球（贴近持球者断其传球）和抢断球（贴近接球者断其接球）。

2. 防守无球队员

动作方法 站在对手与球篮之间偏向有球一侧的位置，对手移动时，积极运用滑步随其移动，始终与对手保持一定的距离，防止对手摆脱。

（七）篮板球技术

1. 抢进攻篮板球

根据自己场上所处的位置，及时判断出球的反弹方向，快速起动，摆脱防守，抢占有利的位置。采用单脚或双脚起跳，腾空后身体和臂充分伸展，及时调整重心，球入手后根据所处位置选择投篮或将球传出。

2. 抢防守篮板球

攻方投篮时，防守队员应根据自己与进攻队员之间的不同距离，采用不同的挡人方法。然后根据球反弹的方向，及时转身，抢占有利位置，跳起用单手或两手迅速将球抢下来。落地后，根据场上情况运球推进或将球传给同伴。

防守有球队员

防守无球队员

抢防守篮板球

三、篮球战术要点

（一）篮球进攻战术基础配合

篮球进攻战术基础配合是指进攻时两三人之间有组织、有目的地协同行动，包括传切配合、策应配合、突分配合、掩护配合。全队完整的进攻配合必须建立在基础配合之上。熟练地掌握两三人之间的传切、策应、突分、掩护等基础战术配合及其变化，是提高全队进攻战术配合质量的重要保证。

1. 传切配合

传切配合包括一传一切和空切配合。

（1）④传球给⑤后利用速度和假动作摆脱❹的防守，切入篮下接⑤的回传球上篮。⑤接球前，用假动作摆脱防守，接球后做投篮或突破的动作吸引❺的防守，并及时将球传给切入的④上篮。

（2）④传球给上提接球的⑤，⑤接球后以假动作吸引❺的防守，此时另一侧的⑥做假动作摆脱❻的防守后空切，篮下接⑤传球上篮，⑤去冲抢篮板球。

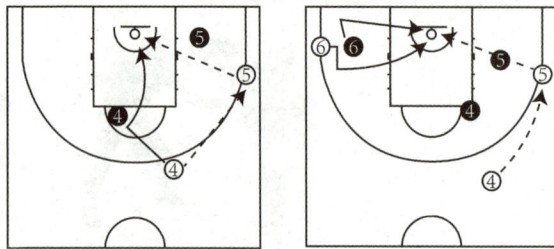

2. 策应配合

策应配合是内线队员背对或侧对球篮接球，并作为进攻的枢纽，与同伴的切入、急停跳投等技术相结合，以摆脱防守传给外线同伴投篮的一种配合形式。

（1）④传球给插上策应的⑤，④用假动作摆脱❹的防守插入篮下要球，⑤可视情况将球回传给④或自己运球进攻篮下，或转身跳投。

（2）④传球给插上策应的⑤后，切入篮下要球或抢篮板球，⑤接球后准备进攻❺，❻此时去补防④，⑤将球传给出现更好机会的⑥进行投篮。

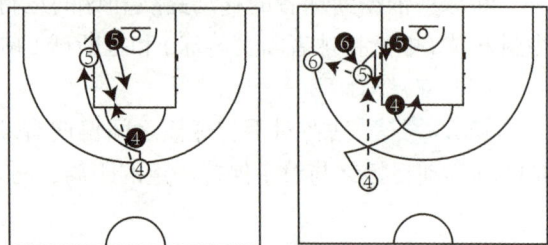

3. 突分配合

进攻队员持球或运球突破，遇到对方协防时，及时将球传给插入防守空隙地带接应的同伴，这种突破中根据情况及时传球的配合叫作突分配合。突分配合主要用于对方采用缩小盯人和松动盯人的防守战术，而已方外围投篮又不准的情况下。

（1）示例一：④运球突破❹的防守，❺上移补防，④将球传给插入篮下的⑤，⑤应该立即投篮，如遇❺的回防，由于已抢占篮下有利位置，因此应该进行强攻。

（2）示例二：④传球给⑤，⑤突

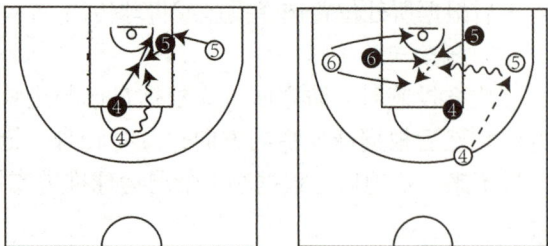

破⑤进入篮下，❻进行补防，⑤可将球传给从不同方向插入的⑥，⑥接到⑤的分球后立即投篮，如遇到❻的回防，争取进行强攻。

4. 掩护配合

掩护是进攻队员利用合理的技术动作，用自己的身体挡住同伴防守队员的移动路线，使防守同伴的队员被阻挡，同伴借此摆脱防守，从而创造出一种有效的进攻配合。根据掩护者的不同位置和掩护方向，掩护可分为前掩护、侧掩护和后掩护。

（1）前掩护。⑥传球给⑤，先向左做要球的假动作，然后快速向篮下插去，如⑤也随之插向篮下，则利用❹和④做掩护，到限制区外接球；⑤接到⑥传球后，见⑥从限制区内跑出要球，则传球给⑥，这时⑥借④的前掩护接球跳投。

（2）侧掩护。⑥传球给⑤，先向右做假动作，然后向左插去，到⑤左侧停住，给⑤做侧掩护，⑤借⑥的掩护快速从⑤的左侧运球上篮。

（3）后掩护。⑥传球给⑤，④提上给⑤做后掩护，⑤借④掩护从⑤右侧运球上篮。

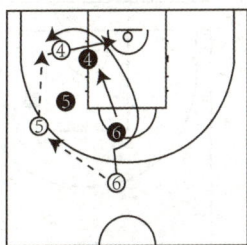

前掩护示意图　　　　　　侧掩护示意图　　　　　　后掩护示意图

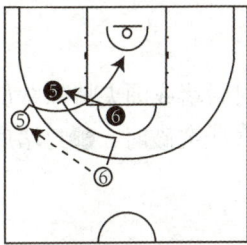

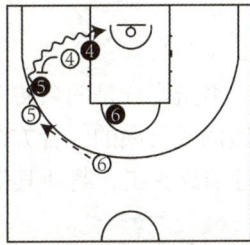

5. 快攻战术

快攻是由防守转入进攻时，以最快的速度、最短的时间在人数上造成以多打少的优势，或在人数相等及人数少于对方的情况下，趁对方立足未稳，果断而合理地进行攻击的一种速战速决的进攻战术。快攻的组织形式，一般分为长传快攻、短传快攻和结合运球突破快攻三种。

（二）篮球防守战术基础配合

1. "关门"配合

"关门"配合是临近的两个队员靠拢协同防守突破的配合。

当⑤从正面突破时，❹与⑤、⑤与⑥进行"关门"配合。

2. 挤过配合

挤过配合是破坏掩护配合的积极有效的方法之一，是防守队员从两名进攻队员之间挤过去，继续防守自己负责的防守对手的配合方法。

④传球给⑤后跑去给⑥做掩护，❹发现后要及时提醒同伴❻，❻在④临近的瞬间，迅速抢在④之前继续防守⑥。

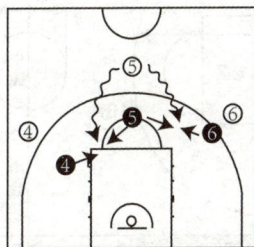

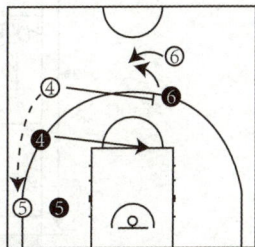

3. 穿过配合

穿过配合是破坏掩护配合的积极有效的方法之一，是防守队员从自己的同伴与进攻队员之间穿过去，继续防守自己的防守对手的配合方法。

⑤传球给⑥后去给④做掩护，❺要提醒同伴，并离⑤远一点。当⑤掩护到位前的一刹那，❹主动后撤一步，从⑤和❺中间穿过，继续防守④。

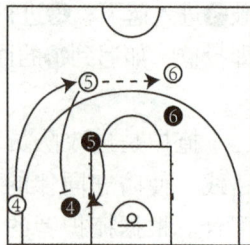

4. 交换配合

交换配合是为了破坏进攻队员的掩护配合，防守队员及时地相互呼应、交换自己所防守的对手的一种方法。

⑤去给④做掩护，❺要主动发出信号，及时封堵④向篮下突破的路线，此时❹应及时调整自己的防守位置，防止⑤向篮下空切。

5. 夹击配合

夹击配合是两名防守队员同时封堵或围夹持球队员，迫使其违例或失误的配合方法。④向底线突破时，❹封堵底线，❺迅速协助夹击，封堵其传球路线。

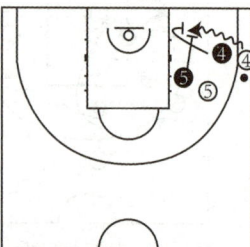

6. 补防配合

补防配合是防守队员在同伴漏防时，及时放弃自己的对手，去补防已摆脱或突破同伴的进攻队。⑤突破❺时，❹及时移动去补防⑤。

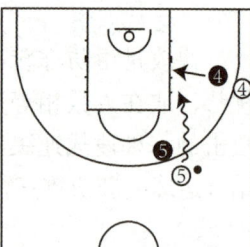

四、篮球比赛场地和规则简介

（一）比赛场地

篮球比赛是在一块平坦、坚实且无障碍物的长 28 米、宽 15 米（从界线的内沿丈量）的长方形场地上进行的。

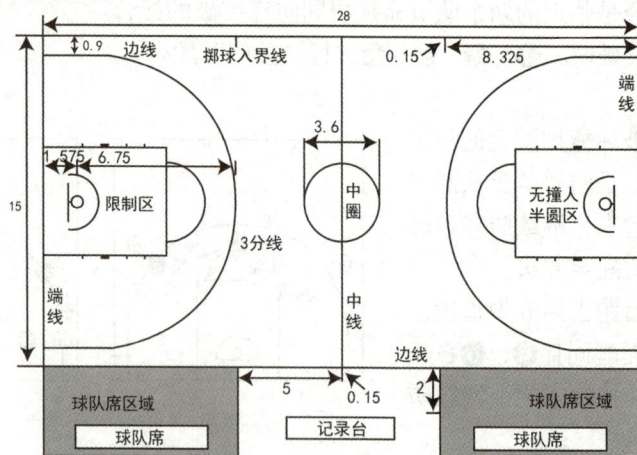

单位：米

（二）比赛规则简介

（1）篮球比赛有两个队参加，每队上场 5 人，其中 1 人为队长，替补球员最多为 7 人。

（2）在 3 分线内将球投入对方球篮得 2 分；在 3 分线外将球投入对方球篮得 3 分；罚球罚中 1 次得 1 分。

（3）比赛由 4 节组成，每节 10 分钟。在第 1 节和第 2 节（上半时）之间、第 3 节和第 4 节（下半时）之间及每一决胜期之前有 2 分钟的比赛休息时间；两个半时之间的比赛休息时间为 15 分钟，比赛结束时以全场得分多者为胜。

（4）如果在第 4 节比赛时间终了时两队得分相等，则需要一个或多个 5 分钟的决胜期来继续比赛，直至决出胜负。

（5）比赛中每队的换人次数不限。在上半时的任何时间，每队可准予 2 次暂停。下半时有 3 次暂停机会，但最后 2 分钟最多 2 次暂停。每一决胜期的任何时间每队可准予 1 次暂停。

（6）整个比赛过程由裁判员（包括主裁判员和副裁判员）、记录台人员（包括记录员、助理记录员、计时员和 24 秒计时员）和技术代表管理。

（7）违例，即违反规则。罚则是将球权判给对方队在靠近发生违例的地点掷球入界。

带球走：当持活球的队员用同一脚向任何方向踏出 1 次或多次，另一脚（称为中枢脚）不得离开与地面的接触点。如果中枢脚离开了这个接触点，就构成带球走违例。

非法运球：队员在运球后，用两手同时触及球或允许球在一手或两手中停留时，运球即完毕。运球结束后，除非失去控球权后又重新控制球，否则不得再次运球，如果再次运球，则为非法运球违例。

拳击球或脚踢球：比赛中队员不得故意用拳击球或用腿的任何部位去阻挡球，否则将判违例。如果球偶然地接触到腿的任何部位，或腿的任何部位无意碰到球，则不算违例。

球回后场：在比赛中，前场控制球的队，不得使球再回到后场，否则为球回后场违例。具体判定球回后场有三个条件，且这三个条件必须依次连续发生。首先，该队必须控制球；其次，球进入前场后，在球又回到后场前该队队员最后触及球；最后，球回后场后，该队队员在后场最先触及球。

干涉得分和干扰得分：投篮（罚球）的球在飞行下落并完全在篮圈水平面之上时，双方队员不可触及球。当投篮的球触及篮圈时，双方队员都不得触及球篮或篮板，不得从下方伸手穿过球篮并触及球，不得使篮板和篮圈摇动。如果进攻队员违犯这一规定，则则中篮无效，将球判给对方在罚球线延长部分的界外掷球入界；如果防守队员违犯这一规定，则不论是否投中，均判投篮（罚球）队员得分，得分的标准同球已进入球篮的得分标准。

3 秒违例：当某队在前场控制活球并且比赛计时钟正在运行时，该队队员在对方的限制区内持续停留的时间不得超过 3 秒，否则违例。

5 秒违例：进攻球员必须在 5 秒之内掷出界外球；或在被严密防守时，必须在 5

秒之内传、投或运球；当裁判员将球递给罚球队员可罚球时，该队员必须在 5 秒内出手，否则违例。

8 秒违例：一个球队从后场控制活球开始，必须在 8 秒内使球进入前场（对方的半场），否则违例。

24 秒违例：每当一名队员在场上控制活球时，该队必须在 24 秒内尝试投篮，否则违例。

（8）犯规是对规则的违反，含有与对方队员的非法身体接触和违反体育运动精神的举止。对违犯者登记犯规并随后按规则予以处罚。

侵人犯规：队员与对方队员的接触犯规。无论球是活球还是死球，队员均不应通过伸展其手、臂、肘、肩、髋、腿、膝或脚来拉、阻挡、推、撞、绊、阻止对方队员行进进攻，以及不应将其身体弯曲成"反常的"姿势（超出其圆柱体）阻止对方行进，也不应放纵任何粗野或猛烈的动作。在所有情况下都要给犯规队员登记 1 次侵人犯规。如果对未做投篮动作的队员犯规，则由非犯规队在靠近犯规地点的界外掷球入界重新开始比赛。如果犯规队处于全队犯规处罚状态，则应判给未做投篮动作的队员 2 次罚球。如果对正在做投篮动作的队员犯规，如投篮成功，则应计得分并判给 1 次追加罚球；如投篮未中，则要根据投篮的地点，判给 2 次或 3 次罚球。

技术犯规：包含（但不限于）行为性质的队员的非接触犯规。例如，不顾裁判员警告；触犯裁判员、技术代表、记录台人员或球队席人员；有冒犯或煽动观众的语言和举止；戏弄对方队员或在对方队员的眼睛附近摇手妨碍其视觉；在球穿过球篮后，故意触及球以延误比赛；阻碍迅速地执行掷球入界以延误比赛；假摔以伪造 1 次犯规等。

对于队员的技术犯规，应给其登记 1 次技术犯规，作为全队犯规之一计数。对于教练员、替补队员和随队人员的技术犯规，对每一起违犯行为都要登记教练员 1 次技术犯规，但不作为全队犯规之一计数。

对技术犯规的处罚是，判给对方 1 次罚球，罚球后，应由判罚技术犯规时控制球的队或拥有球权的队掷球入界，重新恢复比赛。

违反体育运动精神的犯规：根据裁判员的判断，一名队员不是在规则规定的范围内合法地试图去直接抢球，所发生的接触犯规是违反体育运动精神的犯规。应给犯规队员登记 1 次违反体育运动精神的犯规。判给对方罚球及随后在记录台对面的中线延长部分掷球入界或在中圈跳球开始第一节（如犯规发生在第一节比赛前）。

罚球的次数按如下规定：对没有做投篮动作队员的犯规，应判给 2 次罚球；对正在做投篮的队员发生的犯规，如中篮，应计得分并追加判给 1 次罚球，如未中篮，则应判给 2 次或 3 次罚球。

3 秒违例

5 秒违例

24 秒违例

第三节 排 球

一、排球起源概览

排球运动始于 1895 年，由美国马萨诸塞州的霍利奥克城威廉·盖·摩根发明。排球最初作为一种消遣游戏，被称为"空中飞球"，后来由美国的传教士和驻外军官及士兵带到了世界各地。1905 年，排球传入了中国，并先后采用了 16 人制、12 人制和 9 人制的竞赛方法。中华人民共和国成立后，为了适应国际交往的需要，排球运动被改为 6 人制，一直沿用至今。1964 年，第 18 届奥运会把排球列为正式比赛项目。

排球运动的世界排球大赛主要有世界排球锦标赛、世界杯赛、奥运会排球赛、世界沙滩排球锦标赛、残疾人奥林匹克运动会排球赛。中国女子排球队（简称中国女排）在 20 世纪 80 年代夺得"五连冠"，极大地鼓舞了全国人民的民族精神，也极大地激发了全民学排球的热情，在全国形成了轰轰烈烈的排球热潮。此后中国女排陷入了低谷，17 年后中国女排再次获得"三连冠"，并夺得了 2004 年雅典奥运会和 2016 年里约奥运会的冠军，重新激发了人们对排球的热情。

二、排球技术要点

排球技术可分为无球技术（配合动作）和有球技术（击球动作）。其中，无球技术包括准备姿势和移动，有球技术包括发球、垫球、传球、扣球和拦网等技术。

（一）准备姿势和移动

1. 准备姿势

准备姿势是在进行移动和各种击球动作前所做的合理的准备动作，是完成各种技术和组成战术的基础。它根据身体重心的高低可分为稍蹲准备姿势、半蹲准备姿势、低蹲准备姿势。

稍 蹲　　　　　半 蹲　　　　　　　　低 蹲

2. 移　动

移动是队员从起动到制动之间的人体位移。它可以使队员及时地接近球，保持好人与球的位置，以便合理地完成击球动作，是完成技术的关键。移动包括并步与滑步、交叉步、跨步和跨跳步。

（1）并步和滑步：当球距离身体一步左右时，可采用并步移动；当来球与身体的距离较远时，可采用连续并步，即滑步移动。

（2）交叉步：当来球在体侧 3 米左右时，可采用交叉步。

（3）跨步和跨跳步：当来球较低，距离身体两米左右时，采用跨步或跨跳步。

（二）发　球

发球既是比赛的开始，又是一项有效的进攻技术。它是后排右边队员在发球区由自己抛球，用一只手将球击入对方场区的一种击球方法。

1. 正面上手发球（以右手发球为例，下同）

动作方法　面对球网，两脚前后开立，左脚在前，右脚在后，左手或两手托球于身前；抛球同时右臂随球上抬，屈肘后引，上体稍右转；击球时利用蹬地，上体向左转动。收胸、收腹带动右臂挥动。在右肩上方，伸直臂至最高点，用全掌击球的后中部。整个挥臂动作如鞭打动作。击球后，迅速进场比赛。

移　动

正面上手
发球

2. 正面下手发球

动作方法 面对球网，左脚在前，两脚前后开立，两膝微屈，重心落在后腿。发球时，左手持球于腹前，随后将球抛在体前右侧，高度为离手 20～30 厘米。抛球同时，右臂伸直以肩为轴向后摆动。击球时，右脚蹬地，身体重心随右手向前摆动击球而移至前脚，在腹前以全掌击球的后下方，击球时手指、手腕紧张，击球后随即入场。

3. 侧面下手发球

动作方法 左肩对网，两脚左右开立，约与肩同宽，两膝微屈，上体稍前倾，重心落在两脚之间。左手将球抛向胸前约一臂距离，离手高度约为 30 厘米。在抛球的同时，右臂引向侧后方，接着利用右脚的蹬地、转体力量，带动右臂向前上方摆动，重心随之移向左脚，在腹前用全掌击球的右下方，击球后随即入场。

（三）垫 球

垫球是用单手或两臂或手的坚硬部位，由球的下方向上击球的技术动作。这是排球的基本技术之一，是防守的基础，在排球比赛中占有重要的地位。常用的垫球方法有正面两手垫球、体侧垫球、背垫、单手垫球和挡球，这里主要介绍前三种。

1. 正面两手垫球

动作方法

准备姿势：呈稍蹲或半蹲准备姿势，两肘弯曲，自然下垂，两臂置于腰腹前。

击球手型：主要有抱拳式、叠掌式和互靠式三种手型。

（1）抱拳式：两手抱拳互握，两拇指平行向前。

（2）叠掌式：两手掌根靠紧，手指重叠互握，两拇指平行朝前。

（3）互靠式：两手自然放松，腕部靠紧。

抱拳式　　　　叠掌式　　　　互靠式

击球部位：应以两臂腕关节以上 10 厘米左右、桡骨内侧合成的平面上触球为佳。

击球：当球飞到腹前一臂距离时，两臂前伸插入球下，向前上方蹬地抬臂，身体重心随之向前移动，击球点保持在腹前一臂距离，将球准确地垫在击球部位上，然后做好下一个击球准备动作。

2.体侧垫球

动作方法　当球向左侧飞来时，右脚前脚掌蹬地，左脚向左跨出一步，左膝弯曲，重心移至左脚，两臂夹紧向左伸出，右肩微向下倾斜，用向左转体收腹的动作，配合两臂在身体左侧截住来球，用两前臂击球的后下部。如球向右侧飞来，则动作相反。

3.背　垫

动作方法　当球飞过身体上方离身体较远时，应迅速转体移动到球的落点。垫球时应背对出球方向，两臂夹紧伸直，插入球下，抬头挺胸，展腹后仰，直臂向后上方舞动，击球的前下部。在垫低球时，可运用屈肘、翘腕动作向后上方垫出。

（四）传　球

传球是用两手（或单手）在额前上方，利用蹬腿、伸臂协调一致的动作及手指、手腕的弹力完成的击球技术动作，是排球重要的基本技术之一。它主要用于将接或防的球传给进攻队员进攻，可分为正传、背传和侧传等。

1.正　传

动作方法

准备姿势：采用稍蹲准备姿势，上体适当挺起，眼睛注视来球，两手自然抬起，置于脸前。

传球

迎击球：当判断来球下降至额前上方一球的距离时，蹬地、伸膝、伸臂，两手向前上方迎击球。

手型：当两手触球时，两臂弯曲，两肘适当分开，两手自然张开，呈半球状，使手指弯曲程度与球吻合，手腕稍后仰，以拇指、食指和中指托住球的后下部；用拇指内侧、食指全部、中指的第二指节和第三指节触球，无名指和小指在两侧触球部分较少。两拇指相对接近成一字形或成斜前形。两手间距以不漏球为宜。

用力：传球用力顺序是从脚蹬地开始，然后伸膝、伸腰、伸臂，手指、手腕屈伸，利用来球的反弹力将球传出。

2. 背 传

动作方法：采用稍蹲准备姿势，上体比正传时稍后仰，重心在两腿中间，两手自然抬起置于面前，背对传球出手方向，击球手法与正传相同，击球点在额上方。手触球时，手腕适当后伸，掌心向上，击球的上部手型与正传相同，拇指托住球底。传球时，利用蹬地、展腹、抬臂及手指、手腕的弹力将球向后上方传出。

3. 侧 传

动作方法：采用稍蹲准备姿势，背对球网，传球手型同正传，击球点保持在脸前或稍偏向传出方向一侧。传球时，蹬地，两臂向传出方向一侧伸展，异侧臂的动作幅度应大些，同时伴随上体向传球方向侧屈的动作，使球向侧方飞行。

（五）扣 球

扣球是队员跳起在本方场区将球从过网区击入对方场区的一种击球动作，是攻击性最强的基本技术，是完成战术配合的最后一个环节。扣球技术的好坏是决定胜负的关键，在比赛中占有重要的地位。

下面以正面扣球为例。

动作方法

准备姿势：助跑前采用稍蹲准备姿势站在进攻线附近，注意力集中在观察一传落点及二传来球方向，做向各个方向助跑的准备。

助跑：助跑的步数有一步、两步或三步。通常多采用两步助跑或三步助跑。助跑时，左脚先向前迈出一步，接着右脚迅速跨出一大步，同时两臂绕体侧向后引，左脚及时上踏在右脚之前，两脚脚尖稍向内转，两脚距离与肩同宽，身体重心随之下降。

起跳：助跑最后一步即在左脚并上踏地的过程中，两臂从后迅速向前舞动，随之两脚踏地向上跳起，两臂也要用力向上摆动以配合起跳。

空中击球：起跳后，挺胸展腹，上体稍右转，右臂向后上方抬起，肘高于肩，身体成反弓形。挥臂时，以迅速转体、收腹动作发力，依次带动肩、肘、腕各部关节成鞭打动作，右臂轨迹呈弧形向前上方挥动。击球时，五指微张并保持紧张，以全掌包满球，击球的后中部，同时主动屈腕、屈指向前推压下甩，使扣出的球加速呈上旋飞行。应在起跳最高点时击球，击球点在击球臂伸直最高点的前上方。一般近网球的击球点应略靠前。

落地：完成空中击球动作后，身体自然下落，为缓冲身体与地面的撞击力，落地时力争两脚同时着地，以前脚掌先着地再过渡到全脚掌着地，同时顺势屈体，立即准备好做下一个动作。

（六）拦　网

拦网是队员在网前以身体任何部位（主要是臂、手掌）在球网上沿阻挡对方击球过网的技术动作。拦网是防御的前沿，是后防布置的依据，起着阻挡对方攻击、为本方反击创造条件的特殊作用。拦网可以直接拦死或拦回对方的扣球，能削弱对方的锐气，动摇扣球队员的信心，给其造成心理压力，所以拦网带有强烈的攻击性，是得分的重要手段。

动作方法

准备姿势：面对球网，两脚平行开立，与肩同宽，站在距中线30～40厘米处，两膝稍屈，两臂弯曲，置于胸前，密切注视对方扣球队员的动向，随时准备起跳。

起跳：起跳时，降低重心，两膝弯曲，用力蹬地使身体垂直跳起。同时，两臂从体前贴近球网上举。起跳后稍收腹，控制平衡，延长滞空时间。

空中拦击球：在起跳的同时，两手从额前贴近并平行于球网向网上沿的前上方伸出，两臂伸直，两肩尽量上提，两臂靠近球网保持平行。拦网时，两手自然张开，屈指、屈腕，呈"勺"形。击球瞬间，两手突然紧张，手腕用力下压，捂盖球的前上方。

落地：如将球拦回，则面对对方屈膝缓冲，两脚落地。如未拦到球，则在身体下

落时要随球转头，以与转头方向相反的脚先落地，另一脚随即向后防方向转并随之着地，准备接应来球或做下一个动作。

三、排球战术要点

排球战术是指在比赛中为了战胜对手，根据排球运动规律，运用排球规则并根据双方的具体情况和临场变化所采取的有意识、有目的、有组织的集体配合和个人行动的总称。它包括进攻战术和防守战术。

（一）进攻战术

1. "中一二"进攻形式

由前排中间的 3 号位队员担任二传，其他 5 名队员将来球垫传给二传队员，再由二传队员将球传给 4 号位或 2 号位队员扣球的进攻形式，称为"中一二"进攻形式。

球 网	二 传	
前 排	主 攻	副 攻
三米线	接 应	
后 排		
底 线	副 攻	主 攻

这种形式是排球进攻中最基本、最简单的形式。其优点是一传的目标明确，二传队员易于接应，加之战术配合简单，便于组织进攻；缺点是战术配合方法较少，进攻点不多，突然性不大，战术意图易被对方识破。这种形式适合技术水平较低的队采用，但有时技术水平较高的队在来不及组织复杂战术进攻的情况下，也采用这种进攻形式。

2. "边一二"进攻形式

由前排的 2 号位队员担任二传，将球传给 3 号位或 4 号位队员扣球的进攻形式，称为"边一二"进攻形式。

排球基本
战术

球网		二 传
前 排	主 攻	副 攻
三米线		副 攻
后 排		
底 线	接 应	主 攻

这种形式比较简单，容易掌握。由于比赛对一传、二传的要求都较高，组织"边一二"进攻形式要比组织"中一二"进攻形式的难度大，因此其战术配合也较为复杂。"边一二"进攻形式，由于两名进攻队员的位置相邻，便于进行互相掩护的进攻配合，可以组织较多的快变战术，因此，"边一二"进攻形式的突然性和攻击性要比"中一二"进攻形式大。

（二）防守战术

排球的防守战术是组织进攻或反攻战术的基础，如果没有严密的防守，进攻就无从组织。一切防守战术都应从积极为进攻和反攻创造条件的角度进行设计和考虑。

1. 接发球的防守战术

当对方发球时，本方处于防守地位，即组织第 1 次进攻的开始。事先站好位置，摆好阵型，是接好发球的基础。站位的阵型，不仅要有利于接球，而且要有利于本方所采用的进攻战术。另外，还要根据对方发球的特点，采取不同的阵型，通常多采用 5 人接发球站位阵型和 4 人接发球站位阵型。

（1）5 人接发球站位阵型。

5 人接发球站位阵型是除 1 名二传队员站在网前或从后排插上准备二传不接发球外，其余 5 名队员都担负一传任务的接发球站位阵型。其优点是队员均衡分布，每人接发球的范围相对较小；接发球时，已站成了基本的进攻阵型，组织进攻比较方便，适合接发球水平不太高的球队。缺点是二传队员从 5 号位插上时距离较长，难度大；3 号位队员接球时，不便组成快攻战术；不利于队员间的及时换位；队员之间的配合不默契时，容易互相干扰。

（2）4 人接发球站位阵型。

4 人接发球站位阵型是插上二传队员与同列的前排队员均站在网前不接发球，其他 4 人站成弧形接发球的站位阵型。其优点是便于后排插上和不接发球的前排队员及时换位；缺点是对接发球的 4 人要求有较高的判断力、快速移动能力和掌握较好的接发球技术。

2. 接扣球的防守战术

接扣球的防守与组织反攻是密不可分的，只有防守成功才能有卓有成效的反攻。接扣球的防守战术是前排拦网与后排防守的整体配合，根据对方进攻情况、本队队员特长、防守后的反攻打法，一般可分为不拦网、单人拦网、双人拦网和 3 人拦网的防守阵型。

（1）不拦网的防守阵型。

在对方进攻较弱，没有必要进行拦网时，可以采用不拦网的防守阵型。这种阵型与5人接发球站位阵型相似，前排进攻队员要撤到进攻线后，准备防守和防守后的反攻；后排队员后退，准备防后场球；二传队员留在网前，准备接吊到网前的球并组织进攻。

（2）单人拦网的防守阵型。

当对方扣球威胁不大、扣球路线变化不多、轻打、吊球较多时，可以主动采用单人拦网的防守阵型。拦网队员拦扣球人的主要进攻路线，不拦网队员及时后撤防守前区或保护拦网人，后排队员后撤加强后场防守。

（3）双人拦网的防守阵型。

对方水平较高、进攻力量较强、进攻路线变化较多时，多采用双人拦网的防守阵型，即2人拦网、4人接球。通常分为"边跟进"和"心跟进"两种。

"边跟进"多在对方进攻较强、吊球较少时采用。当对方4号位队员进攻时，我方2号位、3号位队员拦网，其他4名队员组成半圆弧形防守。如遇对方吊前区，则由边上1号位队员跟进防守。其优点是加强了拦网，缺点是边上的队员既要防直线，又要跟进防前区，比较困难。

"心跟进"在本方拦网能力强、对方采取打吊结合技术时采用。当对方4号位队员进攻时，我方2号位、3号位队员拦网，后排中间的6号位队员在本方拦网时跟在拦网队员之后进行保护，其余3名队员组成后排弧形防守。其优点是加强了前区的防守能力，缺点是后排防守队员之间的空当较大。

（4）3人拦网的防守阵型。

在对方主要扣球手进攻实力很强且不善于吊球的情况下，可采用3人拦网、3人后排接球的防守阵型。这种阵型加强了网上力量，但后防的空隙相对增大。3人拦网时，后排防守的6号位队员可以跟进到进攻线附近保护，也可以退至端线附近防守。

四、排球比赛场地和规则简介

（一）比赛场地及设施

排球比赛场地包括比赛场区和无障碍区。比赛场区为18米×9米的长方形。国际排球联合会（以下简称国际排联）组织的世界性大型比赛场地边线外的无障碍区宽5米，端线外的无障碍区宽6.5米，比赛场区上空的无障碍空间从地面量起至少高12.5米。室内比赛场地的地面是浅色的。国际排联举办的世界性大型比赛的比赛场地由木质或合成物质构成，比赛场区和无障碍区为两种不同的颜色，场区上所有的界线为白色，宽5厘米。

排球场地

```
                              18
              9                              9
     0.05  0.05          1.75
          边线
                         3    3
     发球区              前场区 前场区              发球区
          后场区                      后场区            9
                    进攻                    进攻
                    线                      线
     0.05          0.05  0.05  0.05   0.05      0.05 0.05
          边线
                         中线
                         1.75
                                          单位：米
```

（二）队员的替换

每一局每队最多可替换6人次，在1次换人中可以同时替换1人或多人。替补队员每局只能上场比赛1次，例如，某一队员受伤不能继续比赛时，必须进行合法的替换。如果不能进行合法替换，则可进行特殊的替换。如果某队员被判罚出场或取消比赛资格，则必须进行合法替换。如果不可能进行合法替换，则判该队阵容不完整，判对方胜一局。

（三）比赛间断

正常的比赛间断为暂停和换人。在比赛成死球时，裁判员鸣哨发球前，教练员或场上队长用相应的手势请求间断。1次或两次暂停可以与双方的各1次换人相连续，中间无须经过比赛过程。同一队未经过比赛过程不得连续提出换人的请求，但在同一次换人请求中可以替换两名或更多的队员。1次暂停的时间为30秒。在世界比赛中，采用技术暂停的方法，即比赛中，当比分至8分和16分时，便为技术暂停，时间为1分钟；在每局中，球队还有两次暂停的机会，时间为30秒。暂停时，比赛队员必须离开比赛场区到球队席附近的无障碍区。

（四）技术性犯规

1. 发球规则

发球员必须在发球区内将球抛起后，用一只手臂将球击出，在击球和发球时不得踏出发球区，在8秒内将球发出，发出的球也必须由标志杆组成的网上过网区进入对方场地。

2. 4 次击球犯规

一个队连续触球4次（拦网除外）为4次击球犯规。

3. 持球和连击犯规

没有将球击出，使球产生停滞，为持球犯规。同一人连续击球为连击犯规，但拦网

时的连续触球以及全队第 1 次击球时同一动作击球产生的球连续触及身体部位除外。

4. 过网击球犯规

在对方空间触击球为过网击球犯规，但拦网在对方进攻性击球后触球除外。

5. 过中线犯规

比赛进行中队员整只脚全部越过中线接触对方场区，为过中线犯规。

6. 触网犯规

队员触网犯规包括以下几种常见情况：① 击球时触及球网上沿的网带或球网以上的 80 厘米标志杆；② 击球时借助球网的支持；③ 对本方有利；④ 妨碍了对方合法的击球试图。

7. 拦网犯规

（1）过网拦网犯规。

对方进攻性击球前或击球时，在对方空间拦网触球为过网拦网犯规。

（2）后排队员拦网犯规。

后排队员靠近球网，将手伸向高于球网处阻拦对方来球并触及球，或后排队员参加了完成拦网的集体则构成后排队员拦网犯规。

（3）拦发球犯规。

队员在球网附近，手高于球网上沿阻拦对方发过来的球，则构成拦发球犯规。

8. 后排队员进攻性击球犯规

后排队员在前场区内或踏及进攻线（或其延长线）击整体高于球网上沿的球，并使球的整体通过球网垂直面或触及对方拦网队员，则为后排队员进攻性击球犯规。

9. 自由人进攻性击球犯规

在 3 米限制区内用上手传球方式进行二传球，进攻队员将此高于球网的二传球击入对方场区，或自由人在 3 米线后的场区内将高于球网的球击入对方场区，均为自由人进攻性击球犯规。

第四节　乒乓球

一、乒乓球起源概览

乒乓球运动起源于英国，由网球运动派生而来。19 世纪后期，英国一些大学生在室内以桌为台，以书为网，以酒瓶软木塞为球，在桌上推来挡去，形成"桌上网球"游戏。1890 年左右，英格兰著名越野跑运动员吉布从美国带回空心塑料球。因塑料球击在木板拍上发出乒乓声响，故称其为"乒乓球"。1891 年，英国的巴克斯特申请乒乓球商业专利。1904 年，上海一家文具店的老板从日本买回 10 套乒乓球器材，把乒乓球引入了中国。

目前，世界乒乓球重大赛事有世界乒乓球锦标赛、世界杯乒乓球赛（埃文斯杯赛）、奥运会乒乓球赛、世界明星巡回赛。除此之外，在亚洲范围内还有亚洲运动会乒乓球赛、亚洲乒乓球锦标赛。国内赛事主要是全国运动会乒乓球赛，它代表了我国乒乓球最高水平的角逐。

二、乒乓球技术要点

（一）握拍方法

1. 直拍动作
动作方法 拍前，以食指第二关节和拇指第一关节扣拍；拍后，三指弯曲贴于拍的1/3上端。

2. 横拍动作
动作方法 虎口贴拍，握住拍柄，食指在拍前，自然伸直，拇指在拍后。

（二）准备姿势与站位（以右手持拍为例）

动作方法 距球台20～40厘米，中线偏左，两脚平行站立，屈膝内扣，前脚掌着地；上体前倾；两眼注视来球；持拍臂自然弯曲，手腕放松，置拍于腹前；不持拍臂屈肘抬起，高于台面。

直拍准备姿势与站位　　　　横拍准备姿势与站位

（三）基本步法（配合持拍）

1. 单步移动
动作方法 以一脚（A）为轴，向某一方向移动，重心随之落在移动脚（A）上。

左脚向前上步　　右脚向后退步　　左脚向左上步　　右脚向右上步

2. 跨步移动

动作方法 以一脚（A）向某一方向跨出一大步，重心随之移动到跨出的脚（A）上，另一脚迅速向相同方向滑动半步，重心跟过去。

左脚向左跨一大步　　右脚随势跟上半步　　　　左脚随势跟上半步　　　　右脚向右跨一大步

3. 并步移动

动作方法 先以来球相反方向的脚（A）向另一脚（B）并一步，脚（B）向来球方向再迈一步。

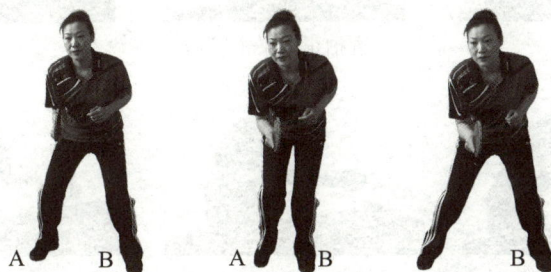

4. 跳步移动

动作方法 以远离球的脚用力蹬地为主，两脚同时离地，向来球方向跳动。

5. 交叉步移动

动作方法 先以远离球的脚（A）迅速向左（右、前、后）跨出一大步，接着支撑脚（B）向同方向再迈出一步，近臂击球后迅速还原。

（四）发球技术（以右手为例）

1. 正手平击发球

动作方法

发球准备：近台站位，含胸收腹，屈膝，左手抛球，右臂内旋，拍面稍前倾，向身体右后方引拍。

击球动作：左手抛球的同时，右上臂带动前臂，从右后方向前方挥动并发力，撞击球的中上部。

击球后：前臂向前随势挥动后迅速还原。

直拍正手平击发球

横拍正手平击发球

2. 反手平击发球

动作方法

发球准备：站位于球台中线偏左，身体略向左转，左手抛球时，右臂外旋，拍面稍前倾，向身体左后方引拍。

击球时：右臂从身体左后方向右前方挥动，击球中上部，向前方发力。

击球后：前臂和手腕继续向右前方随势挥动，并迅速还原。

直拍反手平击发球

横拍反手平击发球

3. 正手发下旋、侧下旋、侧上旋球

动作方法

发球准备：左脚稍前，身体右转，左手抛球，右臂屈肘引拍，与肩同高，拍面后仰，拍头斜向上方，手腕略外展。

下旋：以前臂为主，手腕为辅，由上向前下方挥拍，以拍的下缘触球，摩擦球的底部。

侧下旋：前臂从右后上方向左前下方挥摆，球拍从球的右中下部向左下部摩擦，前臂带动手腕快速发力。

侧上旋：球拍从球的中下部向左侧中上部摩擦，前臂带动手腕快速发力。

4. 反手发下旋、侧下旋、侧上旋球

动作方法

发球准备：右脚在前，身体左转，向身体左后上方引拍，拍面稍后仰。

击球动作：球下降时，用转腰带动肩臂，并以前臂发力为主，迅速挥拍。

下旋：由上向前下方挥拍，以拍的下缘触球，摩擦球的底部。

侧下旋：球拍从球的中下部向右侧下部摩擦时，产生侧下旋。

侧上旋：球拍从球的中部向右侧或右侧偏上部位摩擦时，产生侧上旋。

（五）直拍反手推挡（以右手为例）

动作方法

站位：身体离球台约 40 厘米，左脚在前，屈膝。

击球前的引拍方法：引拍于腹前，拍的长轴与台面平行，拍面与台面垂直。

击球动作：拍面稍前倾，前臂向前推出，在来球上升期击球的中上部。

击球后：前臂顺势前送，肘关节接近伸直时立即还原，准备连续击球。

（六）正手攻球（以右手为例）

动作方法

站位：中台偏左，左脚稍前，屈膝，上体前倾，重心在两脚间。

击球前的引拍方法：先向右后下方引拍，上臂放松，上臂与前臂夹角为 90° ～ 130°，拍面稍前倾。

击球动作：借助腰和上臂的力量，以前臂发力为主，向左前方挥拍，在球的上升后期或高点期，击球的中上部。击球时，以撞击为主，略带摩擦，前臂快速收缩至额前，重心移至左脚。

正手发左侧下旋球

直拍反手推挡

正手攻球

（七）正手搓球（以右手为例）

动作方法

击球前引拍：身体稍向右转，向右上方引拍，拍头略上翘，拍面后仰。

击球动作：前臂和手腕向左前下方用力。慢搓是在下降期击球的中下部，球与拍接触时间稍长，加大摩擦；快搓是在上升期击球的中下部，触球瞬间，手腕向前下方用力。

（八）反手搓球（以右手为例）

动作方法

击球前引拍：向左上方引拍，拍面后仰。

击球动作：击球时，前臂和手腕向前下方用力切球，在球的下降期触球的中下部，击球后，前臂随势前送。横面搓球时，拍面略竖，击球后前臂向右下方挥摆。

三、乒乓球战术要点

（一）快攻型打法的基本战术

1.发球抢攻

（1）反手发右侧上、下旋球，发至对方中路靠右的近网处，伺机攻对方左区。

（2）发追身急球（球速越快越好），使对方不能发挥其正反手攻球的威力，然后侧身进攻对方中路或两角。这种战术对付擅长两面攻的选手比较有效。

（3）发急下旋长球至对方左角，配合近网短球，然后侧身抢攻，主要针对对方弱点进行攻击。这种战术对付擅长弧圈球和快攻球的选手较为有效。

（4）正手中高抛球发左（右）侧上、下旋球至对方左角（角度越大越好），配合发右方急球进行抢攻。这种战术对付善于采用搓球接发球的选手最为有效。

2. 推挡侧身抢攻

（1）在对推中，以力量、速度、落点控制对方，伺机侧身抢攻。

（2）在对推中，用反手攻球做配合寻找机会，伺机侧身抢攻。

（3）在对推中，突然加力推或推下旋球，迫使对方回球较高，然后立即侧身抢攻。

（4）若推挡技术强于对方，则可推压对方反手，伺机侧身抢攻。

3. 左推右攻

（1）当推挡略占上风时，或在侧身抢攻获得成功后，对方往往会主动变线到正手，此时可采用有力的正手攻球回击对方。

（2）主动推直线，引诱对手回斜线，用正手攻击直线，反袭对方空当。

（3）有时可佯做侧身，诱使对方变线，给自己创造正手回击的机会。

（二）弧圈球型打法的基本战术

1. 发球抢位

（1）正手（或侧身）发强烈下旋球至对方左侧近网处，迫使对方以搓球回击，然后拉加转弧圈球至对方反手或中路。

（2）反手发右侧上、下旋球至对方中路或偏右及偏左的地方，然后拉前冲弧圈球至对方两大角。

（3）反手发急下旋球至对方中路偏右或左方大角，当对方以搓球回击时，拉前冲弧圈球至对方正手。

（4）对削球手一般用速度快、落点长的球，使对方退守，然后根据对方的站位和适应弧圈球的能力，决定用哪种弧圈球发起进攻。

2. 接发球抢拉

对方发侧上旋球和不太旋转的球时，用前冲弧圈球回击；对方发侧下旋球或强烈下旋球时，用加转弧圈球回击。

3. 搓中拉弧圈球

（1）在对搓中，看准时机，主动抢拉弧圈球。

（2）在对搓短球时，突然加力搓左角长球，先侧身主动抢拉加转弧圈球。

（3）多搓对方正手，使其不能逼左大角，伺机抢拉弧圈球至对方反手或中路，再冲两角。

4. 弧圈球结合扣杀

（1）拉加转弧圈球结合扣杀。

（2）拉前冲弧圈球迫使对方远台回击，先放短球，再扣杀。

（3）拉加转弧圈球与不转弧圈球相结合，伺机扣杀。

（一）器材和场地

（1）球台：长 2.74 米，宽 1.525 米，距地面 0.76 米。

（2）球网：包括球网、悬网绳、网柱和夹钳部分，球网高 15.25 厘米。

（3）球：直径为 40 毫米，重 2.7 克，颜色为白色或橙色，且无光泽。

（4）球拍：大小、形状和重量不限。底板应由 85% 的天然木料制成。球拍两面无论是否有覆盖物，必须无光泽，且一面为鲜红色，另一面为黑色。用来击球的拍面应用一层颗粒向外的普通颗粒胶覆盖，连同黏合剂，厚度不超过 2 毫米；或用颗粒向内或向外的海绵胶覆盖，连同黏合剂，厚度不超过 4 毫米。

（5）比赛场地：由 0.75 米高的挡板围成。赛区空间应不少于 14 米长、7 米宽、5 米高。

（二）合法发球和合法还击

1. 合法发球

① 发球开始时，球自然地放置于不执拍手的手掌上，手掌张开，保持静止。② 发球员须用手将球几乎垂直地向上抛起，不得使球旋转，并使球在离开不执拍手的手掌之后上升不少于 16 厘米的距离，球下降至被击出前不能碰到任何物体。③ 当球从抛起的最高点下降时，发球员方可击球，使球首先触及本方台区，然后直接触及接发球员的台区。在双打中，球应先后触及发球员和接发球员的右半区。④ 从发球开始到球被击出，球要始终在比赛台面的水平面以上和发球员的端线以外，而且从发球看，球不能被发球员或其双打同伴的身体或他（她）们所穿戴（带）的任何物品挡住。⑤ 运动员发球时，有责任让裁判员或副裁判员确信他（她）的发球符合规则的要求，且裁判员或副裁判员均可判定发球不合法。⑥ 运动员因身体伤病而不能严格遵守合法发球的某些规定时，可由裁判员做出决定免于执行。

2. 合法还击

对方发球或还击后，本方运动员必须击球，使球直接触及对方台区，或触及球网装置后，再触及对方台区。

（三）胜负判定

（1）除被判重发球的回合，下列情况运动员可得 1 分：① 对方运动员未能正确发球；② 对方运动员未能正确还击；③ 运动员在发球或还击后，对方运动员在击球前，球触及了除球网装置以外的任何东西；④ 对方击球后，球没有触及本方台区而越过本方台区或本方端线；⑤ 对方阻挡；⑥ 对方故意连续击球两次；⑦ 对方用不符合规定的拍面击球；⑧ 对方运动员或其穿戴（带）的任何东西使比赛台面移动；⑨ 对方运动员或其穿戴（带）的任何东西触及球网装置；⑩ 对方运动员不执拍手触及比赛台面；⑪ 双打时，对方运动员击球次序错误；⑫ 执行轮换发球法时，接发球方连续还击 13 板，将判接发球方得 1 分。

（2）一局比赛：在一局比赛中，先得 11 分的一方为胜方。10 平后，先多得 2 分的一方为胜方。

（3）一场比赛：① 一场比赛应采用单数局，如 3 局 2 胜制、5 局 3 胜制、7 局 4 胜制等；② 一场比赛应连续进行，除非是经许可的间歇。

（四）比赛次序和方位

（1）在单打中，首先由发球员发球，再由接发球员还击，然后发球员和接发球员交替还击；在双打中，首先由发球员发球，再由接发球员还击，然后由发球员的同伴还击，再由接发球员的同伴还击，此后，运动员按此次序轮流还击。

（2）在每获得 2 分后，接发球方变为发球方，依此类推，直到该局比赛结束，或直至双方比分都达到 10 分。采用轮换发球法时，发球和接发球次序不变，但每人只轮发 1 分球。

（3）在双打中，每次换发球时，前面的接发球员应成为发球员，前发球员的同伴应成为接发球员。

（4）在一局比赛中首先发球的一方，在该场比赛的下一局中应首先接发球。在双打比赛的决胜局中，当一方先得 5 分后，接发球方应交换接发球次序。

（5）在一局中，在某一方位比赛的一方，在该场比赛的下一局应换到另一方位。在决胜局中，一方先得 5 分时，双方应交换方位。

（五）重发球

（1）回合出现下列情况应判重发球：① 如果发球员发出的球触及球网装置后成为合法发球或被接发球员或其同伴阻挡；② 如果接发球员或接发球方未准备好时，球已发出，而且接发球员或接发球方没有企图击球；③ 由于发生了运动员无法控制的干扰，而使运动员未能正确发球、还击或遵守规则；④ 裁判员或副裁判员暂停比赛。

（2）裁判员或副裁判员可以在下列情况下暂停比赛：① 纠正发球、接发球次序或方位错误时；② 实行轮换发球法时；③ 警告、处罚运动员或指导者时；④ 比赛环境受到干扰，以致该回合结果有可能受到影响时。

第五节　羽毛球

一、羽毛球起源概览

现代羽毛球运动起源于印度，形成于英国。19 世纪 60 年代，一批退役的英国军官把印度的"普那"——一种近似于后来的羽毛球运动的游戏带回英国，并加以改进，逐渐成为现代的羽毛球运动。1870 年，英国出现了用羽毛、软木做成的球和穿弦的球拍。

1873 年，英国公爵鲍弗特在格拉斯哥郡的伯明顿庄园里进行了一次羽毛球游戏，这是世界上第一次羽毛球比赛，Badminton 也因此作为羽毛球的英文名称。1934 年，由加拿大、丹麦、英国、法国、爱尔兰、荷兰等多个国家发起成立了国际羽毛球联合会（简称国际羽联），总部设在英国伦敦，主席为 G. A. 汤姆斯。国际羽联在 1948—1949 年举办的第一届世界男子团体赛的奖杯，由汤姆斯所赠。1978 年 2 月，由亚非国家组成的世界羽毛球联合会于中国香港成立，同年 11 月举办了第一届世界羽毛球锦标赛。国际羽联和世界羽联于 1981 年 5 月 26 日宣布合并，统一称为国际羽毛球联合会，其管辖的比赛有汤姆斯杯赛、尤伯杯赛、世界羽毛球锦标赛、全英羽毛球锦标赛和世界羽毛球系列大奖赛。

二、羽毛球技术要点

（一）握拍方法和挥拍技巧

1. 正手握拍方法

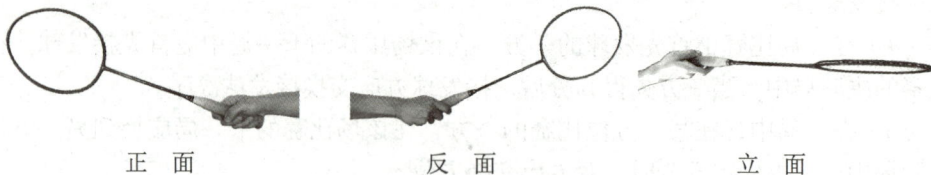

正 面　　　　　　反 面　　　　　　立 面

2. 反手握拍方法

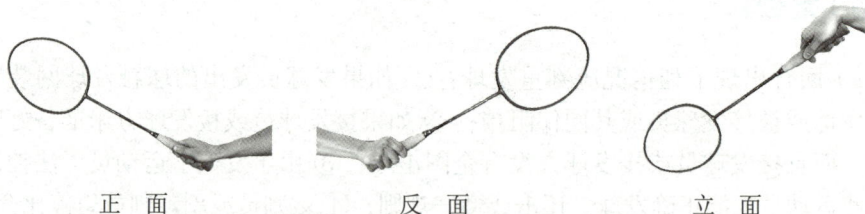

正 面　　　　　　反 面　　　　　　立 面

（二）基本步法

（1）并步：右脚向前移动一步，左脚即刻向右脚脚跟并一步，紧接着右脚向前移动一步。

（2）交叉步：左右脚交替向前、向后或向侧移动。一脚经另一脚前面并超越，称前交叉；一脚经另一脚的后跟并超越，称后交叉。

（3）垫步：以右脚为例，右脚向前迈出一步后，左脚向右脚并一步跟进，紧接着右脚向前迈一步。

（4）蹬跨步：左脚用力向后蹬地的同时，右脚向来球的方向跨出一大步。

（5）两步退后场：当来球在后场距身体较近时，起动后右脚向来球方向后退一大步，左脚紧接着蹬地，然后向右脚并上一小步，重心落在右脚上。

（6）三步退后场：当来球在后场距身体较远时，起动后右脚先向来球方向后退一小步，左脚紧跟着经右脚向后交叉退一步，右脚再经左脚向后交叉退一步，身体重心落在右脚上。

（三）基本技术

1. 发球技术

发球可分为正手发球和反手发球。一般来说，发网前球、平快球、平高球均可以用正手发球或反手发球的技术来完成，而发高远球则须采用正手发球。

（1）正手发球

发球站位：单打发球在中线附近，站在离前发球线约1米。双打发球站位可靠近前发球线。

准备姿势：身体左肩侧对球网，左脚在前，右脚在后，重心在右脚上，右手持拍向右后侧举起，肘部放松微屈，左手拇指、食指和中指夹住球，举在胸腹间。发球时，身体重心由右脚移至左脚。

正手发球，不论是发何种弧线的球，其发球前的姿势都应该一致，这样就会给对方的接发球造成判断上的困难。下面分别介绍用正手发球动作发出4种不同弧线球的技术动作。

① 高远球。

动作方法 发球时，右手持拍的同时由上臂带动前臂，从右后方沿着身体向前并向左上方挥动。当球落到右臂向前下方伸直能触到球的一刹那，握紧球拍，并利用手腕的力量向前上方发力击球。击球之后，球拍顺势向左上方挥动缓冲。

② 平高球。

动作方法 发球的动作过程大致与发高远球相同，只是在击球的一刹那，前臂加速带动手腕向前上方挥动，拍面要向前上方倾斜，以向前用力为主。

③ 平快球。

动作方法 站位比发平高球稍后些（以防对方很快将球击回到本方后场），充分利用前臂带动手腕爆发力向前方用力，球直接从对方的肩稍上高度越过，直攻对方后

229

正手发高远球

正手发平高球

场。发平快球的关键是出手的动作要小而快。

④网前球。

动作方法 准备姿势同发高远球。击球时，主要靠前臂带动手腕向前送，用力要轻。球拍触球时，拍面从右向左斜切击球，球的弧线尽量控制贴网而过，落点在前发球线附近。

（2）反手发球。

动作方法 两脚前后站立，上体前倾，后脚脚跟提起。右手反握拍柄，肘关节提起，球拍低于腰部。发球时，球拍由后向前推送击球，使球运行的弧线最高点略高于网顶。球拍触球时，拍面成切削式击球，使球落到对方场区的前发球线附近。

2. 击球技术

（1）正手击高远球。

动作方法

准备姿势：右脚后撤成支撑脚，右脚脚尖向外转，左脚指向击球方向。击球臂抬高，肘关节处弯曲成90°，上臂构成了肩轴的延长部分，拍头位于头部的前上方。

引拍：身体右侧继续向右转，通过这种方式形成侧身的姿势对着球。击球臂的肘关节向后引，这时拍头在头后处于与击球方向相反的位置，前臂外旋，腕关节向手背弯曲。

击球：击球臂伸展，前臂外旋，在挥拍到击球点之前的一刹那腕关节发力。击球点

位于头顶的位置，并且在击球臂腕关节的前面。在击球动作的过程中，通过后面的右脚蹬地将身体重心转移到前面的左脚上。左臂在身体旁边向后下方运动。

收拍：前臂继续外旋，随着右脚的向前迈出，身体的向前运动停止。击球动作在球拍落到左大腿的方向时结束。

（2）反手击高远球。

动作方法

准备姿势：在场地中间，从基本姿势状态，通过右脚的第一步移动使身体向左转，背对网，身体重心落在右脚上，使球处在身体右肩上方。

引拍：在右脚最后落地之前，右脚在身体前面，击球臂的肘部引至体前，腕关节和拍头也随着引至身体前面。

击球：以上臂带动前臂，产生初速度，在肘部抬至与肩平行时，转为前臂带动腕部，通过手腕的闪动，自下而上地甩臂；同时两腿蹬地、转体将球击出。

（3）正手平抽球。

动作方法

准备姿势：两脚平行站立，略宽于肩，右脚稍向右侧迈出一小步，上体向右侧稍倾，右臂向右侧摆，球拍上举，肘关节保持一定角度。

击球：当来球过网时，肘关节外摆，前臂稍向后外旋，手腕稍外展后伸，引拍至体侧。击球时，前臂内旋，手腕伸直闪动，球拍由右后向右前方快速平扫来球。

反手击高远球

正手平抽球

（4）正手杀球。

动作方法

准备姿势：左手自然上举，抬头注视来球，右手持拍于体侧，屈膝重心下降，准备起跳。起跳时，右肩后引，上体舒展。

击球：击球时，空中用力收腹，腰腹带动上臂，上臂带动前臂，前臂带动手腕，用力挥拍击球。

收拍：杀球后前臂顺惯性前收，形成鞭打。

（5）正手搓球。

动作方法

准备姿势：右脚蹬跨步，正手握拍，球拍随着前臂伸向右前上方斜举。拍头平行于地面或稍向球网倾斜。

击球：当球拍举至最高点时，前臂向外旋转，手腕由后伸至前稍内收并闪动。搓击来球的右下底部，使球旋转翻滚过网。击球点低于球网上缘。

准　备　　　　　　引拍1　　　　　　　引拍2　　　　　　击　球

（6）扑球。

动作方法

准备姿势：来球时，右脚在前，左脚脚跟先蹬离地面，身体腾空，前臂向前上方举起，球拍正对来球方向。

击球：击球时，持拍臂由屈至伸，手腕由后伸向前闪动，配合手指的顶压，将球扑下。

收拍：扑球后，球拍随持拍臂往右侧前下回收，同时屈膝缓冲，控制重心。

准　备　　　　　引　拍　　　　　击　球　　　　　收　拍

3. 接发球

（1）单打接发球的站位。

动作方法 站位离发球线1.5米处。右区站在靠中线的位置，左区站在中间的位置。左脚在前，身体重心落在左脚上，两膝微屈，身体侧对球网，球拍在身前，两眼注视对方。

（2）双打接发球的站位。

动作方法 双打的站位靠近前发球线的位置，准备姿势与单打基本相同，但是双打的速度快，接发球时可以将球拍适当抬高一点儿，举到头前上方的位置，以便迅速抢网。

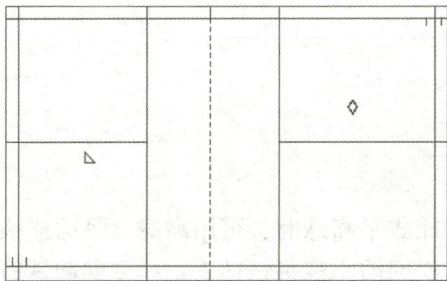

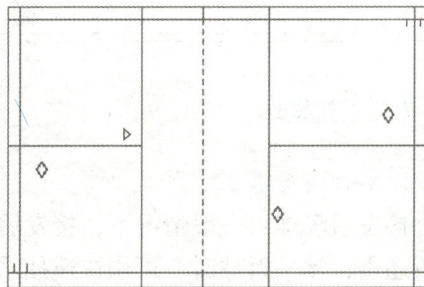

三、羽毛球战术要点

（一）发 球

1. 根据对方接发球站位来决定发球路线

对方接发球站位偏后，注意力在后场，网前出现空当，这时应发网前球；站位靠前，接发球注意力在后场，后场出现空当，此时可以发后场球；站位靠边线，可以采用突然性很强的平射球袭击对方的底线两角的位置，使对方措手不及，回球失误。不可一味地运用一种发球战术，要与其他种类的发球战术和线路一起使用，才能加强发球变化。

2. 根据对手的技术特长和接球规律发球

对方后场进攻能力很强，球路刁钻，但接网前球相对较弱，此时应以发网前球为主，有意识地限制对手发挥其后场进攻技术的优势；对方网前技术动作一致性强，对本方威胁大，发球就要避开对方这一优势，以发后场球为主。

3. 发球区域的战术特点

通常将发球区域分为1号、2号、3号、4号位置。发3号位球，便于拉开对方位置，下一拍可将对方调动至对角网前；发4号位球，可以避免对方快速的直线平高球攻击自己的后场边线角；发2号位球，对方出球角度小，便于判断对方的出球；发1号位球，特别是左场区1号位，有利于下一拍攻击对方左后场反手球，必须注意防范对手以直线球攻击本方左后场反手区；发1号、2号位置之间中路的网前球或追身球效果较好。

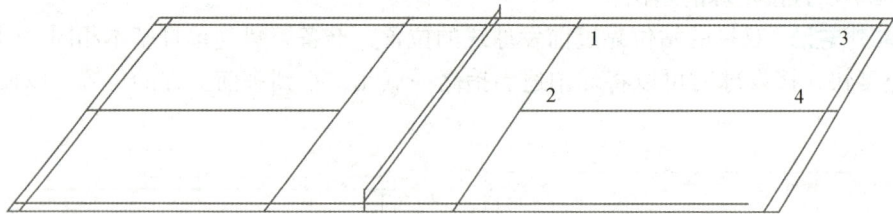

（二）接发球

1. 单打接发球

接发后场球：一般情况下，接发后场高远球或平高球时，可用高球、吊球或杀球进行还击；接平射球时，可用快速抽杀球或吊拦网前小球进行还击；接发网前球时，可采用放网前球、勾对角球、推后场球进行还击。

2. 双打接发球

接发后场球，多数情况采用大力杀球进攻，以快制快，也可用吊球调动对方，还可采用攻人的方法进攻；接发前场小球的方法是快速抢网前的制高点，可利用推球、扑球，或是搓球、拨半场球等方法进行还击。

（三）后场击球

利用熟练的高球、吊球、杀球和劈球等技术，通过准确地将球击到对方场区的底线两角等四个点上来调动对方，使对方前、后、左、右来回奔跑移动，寻找机会大力发起进攻。

（四）前场击球

可配合运用前场细致快速的搓球、勾对角球和推、挑后场球及扑球等击球技巧，调动对方，打对方空位和失重的空缺，使对方措手不及。

（五）中场击球

中场击球，要求判断、反应、起动和出手都要快，引拍预摆动作相应小一些。由于接杀球可借助对方来球力量击球，因此击球力量不宜太大。重要的是"巧"字，突出手指、手腕的爆发力。

四、羽毛球比赛场地和规则简介

（一）比赛场地

球场应是一个长方形，长 13.4 米，单打宽 5.18 米，双打宽 6.1 米，用宽 4 厘米的线画出。球网全长至少 6.1 米，宽 0.76 米，球网的最上端以 7.5 厘米的白带对折缝合，用有足够的长度和强度的绳索或钢丝从中穿过并悬挂在两端的网柱上，球网中心距离地面高度为 1.524 米，网柱的两端距离地面高度为 1.55 米。球网应由深色、优质的细绳织成，网孔为各边长均为 1.5 ～ 2.0 厘米的方形。

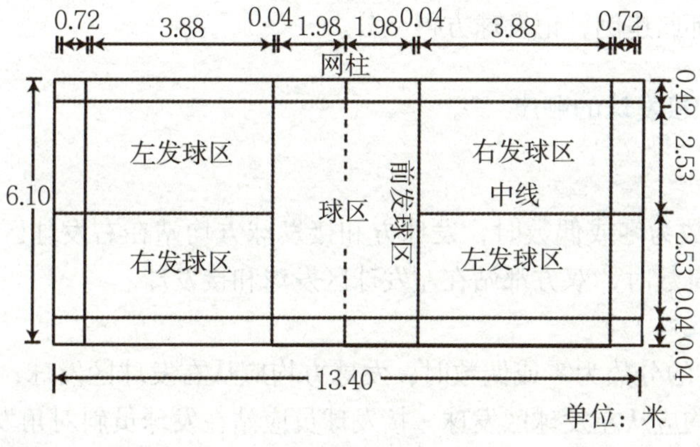

单位：米

羽毛球场地

（二）计分方法

除非另有规定，一场羽毛球比赛应以三局两胜定胜负，比赛实行 21 分制和每球得分制，先得 21 分的一方胜一局。对方违例或球触及对方场区的地面成死球，则该方胜这一回合并得 1 分。双方比分为 20 平后，领先得 2 分的一方胜该局；双方比分打成 29 平后，先到 30 分的一方胜该局。一局的胜方在下一局比赛中首先发球。

（三）发球和接发球

有发球权的一方称发球方，对方则称为接发球方。

1. 发　球

（1）发球时，发球员应站在发球区内，脚不得触及发球区的任何界线。

（2）一旦双方选手站好位置，发球员的球拍一开始挥动即为发球开始，发球员的球拍必须连续向前挥动直到将球发出，任何一方不得延误发球。必须注意的是，一旦发球员开始挥动球拍发球，而未击中球，则应视为发球违例。发球时，任何一方都不允许有非法延误发球的行为。

（3）在发球过程中，即从发球员的球拍开始挥动直至球拍的拍面将球击出为止，发球员的双脚均不得离开地面或移动。

（4）发球时，发球员的球拍必须首先击中球托。另外，发球员在击球的瞬间，整个球要低于发球员的腰部，球拍杆应指向下方。

（5）发球员必须站在本方发球区向位于自己相对应的斜对角一端的发球区发球。球体须经球网的上方飞过，落入对方场地的发球区域内才有效。单打有效发球区域的范围是（以右区为例）：前发球线、中线、单打后发球线和单打边线之间，左区反之。

2. 合法的接发球

（1）接发球员必须等对方发球员按相应的规定将球发出后，即球托触及球拍的拍面而飞离球拍后，才能移动双脚，并开始接发球，否则属违例。

（2）接发球时，接球员的脚不能踏踩在接发球区域四周的任何线上或线外，否则违例。

（3）在双打和混合双打中，只有合法的接发球员才能去接发球，如果同伴去接球或被球触及，则都属违例，记发球方得一分。

（四）发球和接发球的顺序

1. 单　打

发球方的分数为零或偶数时，发球方和接发球方均站在右发球区发球和接发球；发球方的分数为奇数时，双方都站在左发球区发球和接发球。

2. 双打（含混双）

（1）发球方的分数为零或偶数时，发球方均应从右发球区发球；发球方的分数为奇数时，发球方均应从左发球区发球。接发球员应站在发球员斜对角发球区。

（2）发球方每得 1 分后，原发球员变换发球区再发球。接发球方上一回合最后 1 次发球的运动员应在原发球区接发球，他的同伴接发球的站位与其相反。

（五）违 例

（1）不合法发球。

（2）发球时，球挂在网上或停在网顶；球过网后挂在网上；双打时，接发球员的同伴接到球或被球触及。

（3）比赛中，球未从网上方越过，从网下或网孔中穿过或不过网。

（4）比赛中，球落在场地界线外，或碰到房顶及场地四周以外的人或物体。

（5）比赛中，球碰到运动员的身体或衣物。

（6）比赛中，击球者的球拍与球的击球点不在自己球网一方，而是过网击球。

（7）比赛中，选手的球拍、身体或衣物触及网或网的支撑物；选手的脚或球拍由网下侵入对方场区，导致妨碍对方或分散对方的注意力。

（8）击球时，球夹在或停滞在球拍上，紧接着又被拖带。

（9）一名球员两次挥拍，连续两次击中球，或同一方的两名选手连续各击中球 1 次。

（10）球触及球员的球拍后未飞向对方场区。

（11）阻挡对方紧靠球网的合法击球。

（12）比赛时选手故意扰乱、影响对方进行正常比赛的任何举动。

第六节　网　球

一、网球起源概览

古代网球运动可追溯到古希腊时期，在当时它是一种"掌中游戏"。现代网球运动起源于英国。1873 年，英国温菲尔德少校在掌握了古代网球游戏之后，把它从古老的宫廷搬到了室外，使网球运动走进了寻常百姓家。

1877 年，英国在温布尔登举行了第一届草地网球锦标赛，以亨利·琼为首的裁判委员会草拟的比赛规则是现代网球比赛规则的基础，其中的盘制、局制、换位法一直沿用至今。

网球运动冲出宫廷走向普及和形成高潮之地是在美国。第二次世界大战期间，其他国家的网球赛事都停止了，唯独美国继续开展并进入鼎盛时期，普及率非常高，这为网球运动的发展作出了很大的贡献。

1912 年 3 月 1 日，世界网球的最高组织——世界网球联合会成立，总部设在英国伦敦。1896—1924 年，网球为奥运会的比赛项目。此后，国际网球联合会（简称国际网联）因运动员参赛资格问题而与国际奥林匹克委员会（简称国际奥委会）发生冲突，网球不再是奥运会项目，直到 1988 年才重新被列入奥运会项目。

网球百科

二、网球技术要点

（一）握拍方法

现代网球运动握拍方法有四种，即东方式握拍、大陆式握拍、西方式握拍和双手反手握拍。

1. 东方式握拍

（1）东方式正手握拍

动作方法 左手先握住拍颈，使拍子与地面垂直，然后右手手掌也垂直于地面，在齐腰高的地方与拍相握。手指朝下，拇指放在中指旁边，食指稍展开。

（2）东方式反手握拍

动作方法 手掌移到拍柄上部，食指关节跨在右斜面上部，拇指放在拍柄左侧面，在击球时起到稳定作用。

2. 大陆式握拍

动作方法 与东方式握拍不同之处是，大陆式握拍正反手击球都无须换握拍，手掌大部分放在拍柄顶部的小右斜面上。

3. 西方式握拍

动作方法 把球拍平放在地面上，用手在拍柄顶端顺手一把抓起便是西方式握拍。正反拍是不换的，而且击球在同一拍面上。

4. 双方反手握拍

动作方法 打球手（右手）采用东方式正手握拍法，右手在下，左手在上。

东方式正手握拍　　东方式反手握拍　　大陆式握拍　　西方式握拍　　反手两手握拍

（二）正手击球

动作方法 面对对方场区站立，两脚开立略宽于肩。两膝微屈，上体略前倾，脚跟稍抬起，重心位于两脚脚掌间。右手握拍柄，左手扶着拍颈部位，持拍于体前。两眼注视来球。以左脚为轴开始向右转身并向后拉拍，拍头高于手腕，左臂自然前伸以保持身体平衡。在开始向前挥拍时，左脚应向要击球的方向迈步，以肩为轴向前挥拍，拍面在击球时与地面垂直，并尽量使拍面和球有较长时间接触。在击球后，球拍应继续随球挥动，挥拍动作结束在左肩上方，右腿摆动跟进，身体恢复成准备姿势。

（三）反手击球

1. 单手反手击球

动作方法 同正手击球的准备动作。向左侧转体、转肩并变换成东方式反手握拍，向后拉拍，右脚向左前方跨步，右肩对网，重心前移。向前再向上挥拍击球，击球点在右腿前腰部高度，击球时拍面垂直于地面，挥拍轨迹朝目标方向由下至上。随挥动作结束在身体的右前方。

2. 两手反手击球

动作方法 准备动作同单手反手击球，只是两手握住拍柄。击球点比单手反手击球略靠后，击球后球拍应沿目标方向继续挥出。

（四）截击球

截击球是指来球在空中飞行还没有落地就加以还击的一种打法。通常在球网和中场之间拦击球。

1. 正手截击球

动作方法 采用大陆式握拍法，肩部稍做转动，球拍与肩平行，后拉拍要稳固，不得过肩。在向前挥拍的同时，左脚朝球飞行的方向迈步，保持手腕固定并在身体前方击球。随挥动作要短，以便快速回到准备接下一个球的位置。

正手击球

反手击球

截击球

2. 反手截击球

动作方法 采用大陆式握拍法，肩部稍微转动，球拍与肩平行，后拉拍要稳固。在向前挥拍时，右脚朝球飞行的方向迈出；保持手腕固定，并在身体前方击球；随挥动作要短，以便快速回到准备接下一个球的位置。

（五）发 球

在现代网球运动中，发球是重要的技术之一，是唯一由自己掌握的击球法。一分的得失常取决于发球的好坏。发球既可以直接得分，又可以为进攻创造条件。

动作方法 采用东方式正手握拍法。两脚齐肩宽，在端线后侧身站立。右脚与底线基本平行，左脚正对右网柱。左手握球，右臂和手腕放松，握拍于身体前，左手握拍颈处。左臂放松，左手持球自然、平稳地向上抛球，抛球和挥拍几乎是同时开始的；左臂达到与肩部同高时，手指自然松开，球借助惯性自然上升。抛球的高度要适合，尽量在最高点击球。抛球后，身体开始向左前转动，球拍在身后做绕环动作，并最后向前挥动击球。尽量伸展身体，在最高点击球的后部（拍面与球垂直）。随挥动作结束在身体左侧下方。

（六）高压球

高压球是回击对方挑来的高球并加以扣杀的一种技术。

动作方法　采用大陆式握拍法，抬头盯着球，侧身转体用短促的踮步调整位置，左手高举指向击球点，右手举起球拍向后拉拍，球拍后摆做搔背动作，球拍在右肩的前上方对准球心挥出，击球臂继续伸直跟进摆动，随挥动作结束在身体左侧下方。

（七）挑高球

挑高球可分为防守性和进攻性两种。防守性挑高球是为了赢得时间，摆脱困境。进攻性挑高球是在对方上网时，将球挑到对方后场较深处，使之被动或失误。

动作方法　准备时，球拍充分后摆。击球时，向上挥拍击球的下部，手腕绷紧，挥拍动作要尽可能地向前、向上送出。

（八）放小球

动作方法　采用大陆式握拍法。放小球的准备动作和正反手击球一样。侧身对网，要求更多的手腕动作，利用前臂带动手腕的力量使球沿着球的下部急剧滑动，缓冲球的前冲作用，使球急剧随着球拍的下切动作向后旋转。

（九）接发球

接发球是网球运动中较难掌握的一项技术。1次错误的回击常常会失去1分。相反，一个巧妙的接发球能打掉发球者进攻的锐气，减少被动，甚至可以化被动为主动。

动作方法　眼睛要始终注视来球，一直到完成回击动作。接发球时，不要做大幅度的后摆动作，主要控制好拍面的角度，并紧握球拍以免被震之后球拍转动。

三、网球战术要点

（一）单打基本战术

通常的单打比赛开始时，双方都用自己最擅长的技术迎战。在摸透对方的战术后，实施改变战术策略，以达到使对方失去节奏、消耗对方体力、最终赢得比赛的目的。

1. 发球战术

发球是最不受对方制约的技术，所以一定要充分利用，争取拿下发球局，掌握主动权。然而一成不变的发球会使对方很容易适应，并找到应对的方法。也许侥幸能拿下了第一个发球局，但第二个、第三个发球局就危险了。具体方法为内角、外角、中路三种路线相结合，上旋、侧旋、平击多变化。

2. 接发球战术

面对快速的发球，不要急于加力回球，这样往往失误较多。如果对方反手较弱，就打对方的反手球；如果对方发球动作较大，就打追身球，令其没有时间调整步法。

3. 发球上网战术

如果能准确、快速地发出外角球，就采用发球上网战术。注意不要一次冲到近网，使自己没有回旋的余地。应在发球线附近停顿一下，仔细观察对方回击球的情况，再采取下一步行动。上网的要点是选择适当的时机，把球发到外角时，对方接球的另一侧是空场。也就是说，对方要想使球回到场内，必须使球从靠近发球区的这一侧的球网上方回过来，否则球一定出界，所以只需防守发球区域的来球。若对方的回球质量不高，则截一个深球或者放一个小球到对方的空场区便可轻松得分。

（二）双打比赛基本战术

双打比赛和单打比赛有很大的差别，双打比赛更多的是依赖配对的两个球员的默契配合及网前的截击技术。网球双打比赛通常有以下常用的战术。

1. 双上网进攻型

男、女职业选手均采用此类型，这也是近年来职业网球双打比赛中采用最多的战术。发球方发球后上网，接发球方也采用积极的进攻型接发球上网，双方四人均来到网前，通过小斜线截击或其他方式得分。

（1）发球者：发出刁钻的一球后上网，在发球线处截击将球打到接发球方脚下，待接发球方回球时跟进到网前，在网前打出直接得分球。

（2）接发球者：选择进攻型的接发球，回到发球方脚下，同时迅速上网，在发球线处截击，把球打到对方中间结合部，再来到网前，找机会打出得分球。

（3）发球者搭档：根据发球落点，适时调整网前位置，盯住接球方，判断回球方向，及时上前抢网，同时注意防守双打边线和单打边线之间区域的直线穿越球。

（4）接发球搭档：在发球线附近，防守发球者搭档的截击球，同时要提防发球方第1次截击球，根据来球，来到网前打出小斜线球或高压球得分。

2. 双上网防守型

男子职业选手均采用此类型。由于在双上网进攻型战术中，两人太靠近球网，无法回击挑高球，因此该战术的重点是接发球方接发上网后，只来到发球线附近，防守发球方的挑高球，且大部分球由此人处理，接发球搭档则伺机截击或打出高压球得分。

四、网球比赛场地和规则简介

（一）比赛场地

双打场地的标准尺寸是 23.77 米 ×10.97 米，单打场地的标准尺寸是 23.77 米 ×8.23 米。在端线、边线后应分别留有不小于 6.4 米、3.66 米的空地。两个网柱间的距离是 12.8 米。网柱顶端距地平面是 1.07 米，球网中心上沿距地平面是 0.914 米。

5.485　6.4　网高1.07　6.4　5.485

1.37

端线　10.97　4.115　中　线　发球线　中点　8.23

1.37

边　线　23.77　（单位：米）

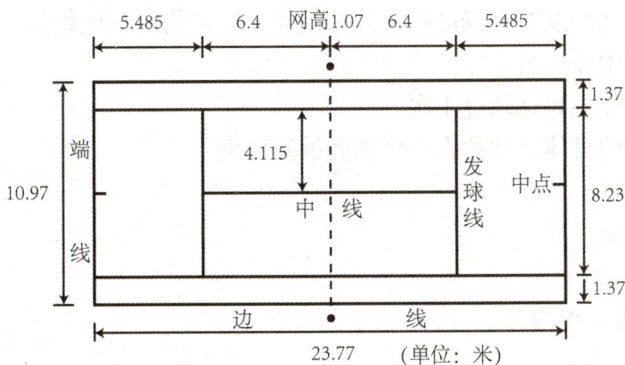

（二）比赛规则简介

1. 场地和发球的选择

场地的选择及第一局中作为发球员还是接球员的权利在准备活动前由掷硬币来决定。掷币获胜的一方可以优先选择。

（1）在第一局比赛中作为发球员或接球员，在这种情况下应由对方选择在比赛的第一局所处的场地。

（2）比赛的第一局拥有场地选择权，在这种情况下应由对方选择第一局作为发球员或接球员。

（3）要求对手做出上述中的一个选择。

2. 发　球

发球员在开始发球动作前应两脚站在端线后（即远离球网的一侧）、中心标志的假定延长线和边线之内；接着发球员应用手将球抛向空中的任何方向，并在球触地前用球拍将球击出；在球拍与球相接触或没击中球的那一时刻，发球动作即被认为已经结束。只能使用一只臂的运动员，可以用球拍抛送球。

3. 交换发球

（1）第一局结束后，接发球员在下一局中成为发球员，而发球员则成为接发球员。以后每局终了，均依次互相交换，直至比赛结束。

（2）在双打比赛中，每一盘的第一局先发球的那对选手应该决定哪一名运动员先发球。同样，对手应该在第二局前做出由谁发球的决定。第一局先发球的运动员的队友在第三局发球；第二局发球的运动员的队友在第四局发球。在这一盘以后的比赛中都按照这样的顺序来发球。

4. 交换场地

（1）运动员应该在每一盘中的第一局、第三局以及后面的单数局结束后交换场地。

（2）运动员应在每盘结束后双方所得局数之和为奇数时交换场地。如果一盘结束后双方局数相加之和为偶数，则在下一盘第一局结束后再交换场地。

（3）在平局的决胜局中，运动员应在每6分后交换场地。

5. 失　分

发生下列任何一种情况，均判失分。

（1）在球第二次着地前，未能还击过网。

（2）还击的球触及对方场区界线外的地面、固定物或其他物件。

（3）还击空中球失败。

（4）故意用球拍触球超过1次。

（5）运动员的身体、球拍在发球期间触及球网。

（6）过网击球。

（7）抛拍击球。

6. 压线球

落在线上的球算界内球。

7. 活球期

自球发出时起（除失误或重发外），至该球分胜负判定时止，为活球期。

8. 网球双打规则

网球单打规则均适用于网球双打，但网球双打规则有自己的特殊规定。

（1）发球次序。

在每盘第一局开始之前决定发球次序，由发球方决定由何人首先发球；对方则同样地在第二局开始时决定由何人首先发球。第三局时由第一局未发球的球员发球，第四局由第二局未发球的球员发球。以下各局均按此次序轮换发球。

（2）接球次序。

与发球次序一样，每盘比赛开始前要决定接球次序，即先接球的一方应在第一局开始时决定由谁先接发球，并在这盘单数局继续先接发球。对方同样应在第二局开始时决定由谁先接发球，并在这盘双数局继续先接发球。他们的同伴应在每局中轮流接发球。

（3）发球次序错误与接球次序错误。

发球次序错误应在发觉时立即纠正，但已得的分数或已产生的失误都有效。如发觉时全局已经终了，此后发球次序就以该局为准轮流发球。

接球次序错误发觉后仍按已错误的次序进行，等到下一接球局再进行纠正。

◎ 了解形体健美运动的基本知识。
◎ 学习健美操、健美、形体训练、体育舞蹈、瑜伽的动作方法。
◎ 了解形体健美运动的锻炼价值。

　　形体健美运动是集健美和健身于一体的运动，有利于改善身体的协调性和灵活性，有益于身体健康。长期进行形体健美运动可以保持优美的体形，愉悦身心。本章通过介绍健美操、健美、形体训练、体育舞蹈和瑜伽等内容，帮助学生改善体形，健康身心。

第一节　健美操

一、健美操起源概览

　　健美操是近几十年发展起来的一项体育运动项目，是以有氧运动为基础，以健、力、美为特征，融体操、舞蹈、音乐于一体，通过徒手、手持轻器械和用专门器械的操作练习，达到健身、健美和健心的目的，并具有竞技性、娱乐性和观赏性的大众健身方式和竞技运动项目。

　　健美操内容丰富、形式多样、种类繁多，按照不同的目的和任务可分为健身健美操和竞技健美操两大类。

二、健美操技术要点

（一）健美操的基本站立

（1）立：包括直立、开立、点地立、提踵立。
（2）弓步：包括前弓步、侧弓步、后弓步。
（3）跪立：包括双腿跪立、单腿跪立。

（二）健美操的基本手形

健美操基本手形

并　掌　　　　　　　分　掌　　　　　　　花　掌　　　　　　　拳

（三）健美操的基本步法

1. 低冲击步法

（1）踏步类：包括踏步、一字步、走步、V字步、漫步、A字步等。

踏　步　　　　　　　　一字步

走　步　　　　　　　　V字步

246

漫步　　　　　　　　　A字步

（2）点地类：包括脚尖前点地、脚跟前点地、脚尖侧点地、脚尖后点地等

脚尖前点地　　　　脚跟前点地　　　　　脚尖侧点地　　　　脚尖后点地

（3）迈步类：包括迈步侧点地、迈步后点地、迈步屈腿、迈步吸腿、侧交叉步等。

迈步侧点地　　　　　迈步后点地　　　　　迈步屈腿

迈步吸腿　　　　　　　　侧交叉步

（4）单脚抬起类：包括吸腿、踢腿、弹踢腿、后屈腿等。

吸　腿　　　　　　　　　踢　腿

弹踢腿　　　　　　　　　后屈腿

2. 高冲击步法

（1）迈步跳起类：包括并步跳、迈步吸腿跳、迈步后屈腿跳等。

并步跳　　　　　　迈步吸腿跳　　　　　迈步后屈腿跳

（2）两脚起跳类：包括并腿纵跳、分腿半蹲跳、开合跳、弓步跳等。

并腿纵跳　　　　　分腿半蹲跳　　　　　开合跳

弓步跳

（3）单腿起跳类：包括吸腿跳、后屈腿跳、弹踢腿跳、侧摆腿跳等。

吸腿跳　　　　　后屈腿跳　　　　　弹踢腿跳　　　　　侧摆腿跳

3. 无冲击步法

弹　动　　　　　半　蹲　　　　　弓　步　　　　　提　踵

三、大众健美操基础套路

全国大众健美操第三套二级规定动作教学提示与动作图解如下。

（1）难度：中级。

（2）动作节拍：成套动作共 32 拍（4×8 拍）。前奏 2×8 拍。

（3）重点：注意保持身体核心部位（腰腹）的稳定，健美操基本步法与上肢动作的协调一致。

（4）难点：跳操时的表现力与脚步动作的弹动性。

（5）动作示图与要领（图示都为第一个面，即 12 点方向）。

第一组合

1×8
2×8

1　　2　　3　　4　　5　　6　　7　　8

节拍		下肢步法	上肢动作
一	1～4	右脚十字步	1右臂侧平举，2左臂侧平举，3两臂上举，4两臂下举
	5～8	向后走4步	屈臂自然摆动，7～8同5～6
二	1～8	动作同第1个8拍，但向前走4步	

3×8   1～2   3   4～5   6   7～8

节拍		下肢步法	上肢动作
三	1～6	右脚开始6拍漫步	1～2右臂前举，3两手叉腰，4～5左臂前举，6两手胸前交叉
	7～8	右脚向后1/2后漫步	两臂侧后下举

4×8   1   ～   2   3   ～   4   5～6   7～8

节拍		下肢步法	上肢动作
四	1～2	右脚向右并步跳	屈左臂自然摆动
	3～8	左脚向右前方做6拍前、侧、后漫步	3～4两臂胸前平举弹动2次，5～6两臂侧平举，7～8两臂侧后下举

第5～第8个8拍动作同第1～第4个8拍，但方向相反

第二组合

1×8   1～2   3～4   5   6   7   8

节拍		下肢步法	上肢动作
一	1～2	右脚向右侧滑步	右臂侧上举，左臂侧平举
	3～4	左脚向后方做1/2后漫步	两臂屈臂后摆
	5～8	左脚开始向左前方做侧并步2次	5～6击掌3次，7～8两手叉腰

2×8	

节 拍		下肢步法	上肢动作
二	1～4	左脚开始向左后方做侧并步2次	1～2击掌3次，3～4两手叉腰
	5～6	左脚向左侧滑步	左臂侧上举、右臂侧平举
	7～8	1/2后漫步	两臂屈臂后摆

3×8	

节 拍		下肢步法	上肢动作
三	1～4	右转90°，上步吸腿2次	两臂向前冲拳，向后下冲拳2次
	5～8	V字步左转90°	两臂由右向左水平摆动

4×8	

节 拍		下肢步法	上肢动作
四	1～4	左腿吸腿（侧点地）2次	1两臂胸前平屈，2左臂上举，3同1，4还原
	5～8	5～8同1～4，但方向相反	
第5～第8个8拍动作同第1～第4个8拍，但方向相反			

第三组合

节 拍		下肢步法	上肢动作
一	1~4	右脚侧并步跳，4拍时右转90°	两臂上举、下拉
	5~8	侧交叉步	两臂屈臂自然摆动，8两臂侧下举，上体向左扭转90°，朝正前方

节 拍		下肢步法	上肢动作
二	1~4	向右侧并步跳，4拍时左转90°	两臂上举、下拉
	5~8	左脚开始侧并步2次	5右臂左前下举，左手背于腰间；6两手背于腰间；7左臂右前下举，右手背于腰间；8两臂放于体侧

节 拍		下肢步法	上肢动作
三	1~4	左脚向前一字步	1两臂肩侧屈，2两臂放于体侧，3~4两臂胸前屈
	5~8	依次分并腿	5~6两臂上举（掌心朝前），7~8两手放膝上

节拍		下肢步法	上肢动作
四	1～4	左脚向后一字步	1～2两臂侧下举，3～4两臂胸前交叉
	5～8	依次分并腿2次	两臂经胸前交叉1次侧上举，1次侧下举
第5～第8个8拍动作同第1～第4个8拍，但方向相反			

第四组合

节拍		下肢步法	上肢动作
一	1～8	右脚开始小马跳4次，向侧向前呈梯形	1～2单臂体侧向内绕环，3～4换左臂，5～8同1～4

节拍		下肢步法	上肢动作
二	1～4	向右后弧形跑4步，右转180°	屈臂自然摆动
	5～8	开合跳1次	5～6两手放大腿上，7击掌，8两臂放于体侧

中医药院校 公共体育教程

3×8								
	1	2	3	4	5	6	7	8

节 拍		下肢步法	上肢动作
三	1～4	右腿向左前上步后屈膝	1两臂胸前交叉，2右臂侧平举、左臂侧上举，3同1，4两手叉腰
	5～8	右转90°，左腿向前上步后屈膝	动作同1～4，但方向相反

4×8								
	1	2	3	4	5	6	7	8

节 拍		下肢步法	上肢动作
四	1～4	右、左侧脚尖点地各1次	1右臂左前下举，2两手叉腰，3～4同1～2，但方向相反
	5～8	右脚上步转髋，还原	5两臂胸前平屈，6两臂前推，7同5，8两臂放于体侧
第5～第8个8拍动作同第1～第4个8拍，但方向相反			

四、健美操比赛规则简介

（一）健身健美操比赛

健身健美操比赛分规定动作比赛和自选动作比赛。规定动作比赛主要强调动作的准确性、熟练性、动作整齐一致性及精神面貌和团队精神。自选动作比赛在完成方面与规定动作比赛的要求相仿，不同之处在于编排和创意。成套编排突出艺术性和安全性。其中，艺术性包括：主题健康，充满活力，富有激情；编排新颖，有创意；动作类型丰富，动作的转换自然流畅；充分利用场地和空间；队形变化新颖。安全性主要指成套动作中没有对身体造成伤害的因素（不安全的动作）；不鼓励在成套动作中出现竞技健美操的难度动作，如果出现，则不予加分，并对出现的错误进行扣分，可见健身健美操比赛强调的是其健身性。

（二）竞技健美操比赛

1.弃 权

运动员在开赛叫到后 20 秒不出场，将由裁判长扣除 0.5 分。

运动员在开赛叫到后 60 秒不出场，将被视为弃权。宣布弃权后，运动员将失去本项比赛的资格。

2. 竞赛地板和竞赛区

竞赛地板必须是 12 米 × 12 米，并清楚地标出 10 米 × 10 米的成年组各项目比赛场地（在年龄组某些项目比赛中使用 7 米 × 7 米）。

3. 参赛人数

各项目运动员人数和性别：

女子单人	1 名女运动员
男子单人	1 名男运动员
混合双人	1 名男运动员和 1 名女运动员
三人	3 名运动员（男子/女子/混合）
集体五人	5 名运动员（男子/女子/混合）
有氧舞蹈	8 名运动员（男子/女子/混合）
有氧踏板	8 名运动员（男子/女子/混合）

4. 成套内容

所有成套动作的完成时间都为 1 分 20 秒，有加减 5 秒的宽容度（不包括提示音）。

音乐伴奏下的成套健美操动作由以下内容构成：操化动作、难度动作、过渡与连接动作、托举动作（混双/三人/五人）、动力性配合/团队协作（混双/三人/五人）。

成套动作中各要素的使用必须要均衡。所有动作必须要清晰地展示出准确的身体形态。

5. 评 分

（1）得分。

艺术分（10 分）+完成分（10 分）+难度分（除以 2 或 1.8）+裁判长分（最多 1 分）。

（2）减分。

难度裁判减分；视线裁判减分；裁判长减分。

6. 十分钟法则

为了保障运动员的健康和安全，国际体操联合会（简称国际体联）规定运动员参加多个项目决赛时，两项比赛间需有 10 分钟的恢复时间，时间相当于 4 个比赛套路的时间。

抽签的出场顺序将会依据这个原则调整。若某参赛运动员或参赛队在前一轮比赛中第七个出场，且在下一轮比赛抽签中抽到前三名，那么新的出场顺序将调整为第四名；若在前一轮比赛是最后一位出场，且在下一轮比赛中抽到前四名，那么出场顺序将调整为第五名。

若须调整出场顺序，将由高级裁判组主席执行。一旦符合条件的运动员调整了出场顺序，赛场评分系统就生成新的出场名单。这个法则适用于所有的预赛、决赛及其他世界赛事（资格赛）。

第二节 健 美

一、健美起源概览

古希腊时代，古希腊人就以举重物来锻炼身体，并以此来展现强壮健美的体型。19 世纪晚期，德国人尤金·山道首创通过各种姿态来展示人体美，为现代健美运动的发展奠定了基础，因此他被公认为国际健美运动的创始人。20 世纪 40 年代初，加拿大人本·韦德兄弟周游 90 多个国家和地区，宣传推广健美运动，于 1946 年创建了国际健美联合会，并商定和推行国际性健美比赛的组织、规则、裁判和奖励等事项。

器械健身是利用最适合的器械，进行强效、专业、科学的训练，针对最想塑造的部位，制订完美实用的动作组合锻炼计划，对所要达到的锻炼目标制订科学的训练方案，练就充满力量的健美身躯。

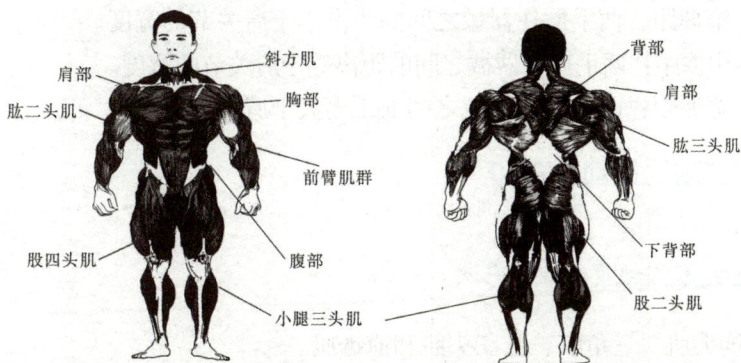

二、健美技术要点

（一）站 位

（1）平行站位：两脚脚尖朝向正前方，两脚脚掌平行。

（2）分开站位：两脚脚尖向外分开，脚掌形成不同的角度，有 30°、45°、60°。

（3）前后站位：两脚前后分开，后脚脚尖与前脚脚跟相距 10 厘米左右。

（二）站 距

（1）窄站距：站立时两脚的距离等于或小于髋关节的宽度。

（2）中站距：站立时两脚的距离与肩关节的宽度接近。

（3）宽站距：站立时两脚的距离大于肩关节的宽度。

（三）蹲　位

（1）浅蹲：大腿与小腿夹角大于90°。

（2）半蹲：大腿与小腿夹角等于90°。

（3）全蹲（深蹲）：大腿与小腿夹角小于90°。

（4）剪蹲：两脚前后分开成弓箭步下蹲。

（四）握　法

（1）普通握法：哑铃杆通过掌心，拇指握在食指和中指上，五指同时用力握紧哑铃。

（2）锁握：哑铃杆通过掌心，拇指放在其余四指的下面。该握法一般用于握持较大重量的哑铃。

（3）空握：哑铃杆通过掌心，拇指与其余四指并排位于杆的同侧。

（五）握　距

（1）窄握距：两手握住器械之间的距离小于肩关节的宽度。

（2）中握距：两手握住器械之间的距离等于肩关节的宽度。

（3）宽握距：两手握住器械之间的距离大于肩关节的宽度。

三、常用器械动作练习

（一）发展胸部肌群练习方法

发展胸大肌、三角肌、肱三头肌和前锯肌。

1. 杠铃平卧推

动作方法　两腿分开，仰卧于卧推凳上，两手可采用宽、中、窄握距，缓慢将杠铃杆放于胸大肌中部，然后垂直推起至两臂伸直。

技术要点　杠铃置于胸上时收紧背部，胸要挺起，用力时利用胸大肌发力。

呼吸　两臂下落时吸气，用力上推完成动作时呼气。

健美训练常用的几种呼吸

2. 杠铃斜上推

动作方法 仰卧于 45° ～ 60° 的斜凳上，两手采用宽握距成准备姿势。用力将杠铃从胸前向上推起，至两臂伸直。

技术要点 肘部下落时不要过早分开，推举时利用胸大肌上部发力。

呼吸 两臂下落时吸气，用力上推完成动作时呼气。

3. 哑铃仰卧飞鸟

动作方法 仰卧于长凳上，两脚平踩于地面，背部呈拱形。两手持哑铃，两臂缓慢下降使肘部低于体侧时，上臂与前臂夹角控制在 100° ～ 120°，然后胸大肌主动用力至两臂伸直。

技术要点 下降时肘部低于体侧，使胸大肌处于充分拉伸状态。

呼吸 两臂张开下降时吸气，由最低点回到两臂伸直动作完成时呼气。

4. 哑铃斜上飞鸟

动作方法 仰卧于呈 45° ～ 60° 的斜凳上，两手握哑铃做飞鸟动作。

技术要点 胸大肌充分拉伸，使胸大肌主动用力。

呼吸 两臂张开下降时吸气，由最低点回到两臂伸直动作完成时呼气。

（二）发展腹背肌群练习方法

1. 俯身杠铃划船

发展背阔肌、大圆肌、三角肌、二头肌、菱形肌和斜方肌等。

动作方法 两脚中站距，两膝微屈，背部收紧，收腹挺胸，上体前倾 45°。杠铃拉至一定高度后还原。

技术要点 上体保持动作姿势不变，两臂做划船动作。

呼吸 提拉时吸气，还原时呼气。

2. 负重腹背练习方法

发展髂腰肌、腹直肌和股直肌等。

动作方法 将杠铃片置于背上部，脚放于脚托下，采用仰卧或俯卧将身体卷起后还原。

哑铃仰卧飞鸟

技术要点 肩部挺直，保持动作不变，斜方肌和前锯肌主动用力提拉下肢。

呼吸 屈膝时吸气，还原时呼气。

（三）发展下肢肌群练习方法

杠铃蹲起

发展股四头肌、腰背伸肌、骨骺肌群和小腿三头肌等。

动作方法 前蹲，将杠铃放于胸前锁骨上，两手采用中握距。负重后离开深蹲架前1米，抬头挺胸，腰背收紧呈反弓形，下蹲时大小腿夹角小于90°，后快速站起。

后蹲将杠铃置于颈后，两手采用宽握距。负重后离开深蹲架前1米，抬头挺胸，腰背收紧呈反弓形，下蹲时大小腿夹角成90°为半蹲，小于90°为深蹲，后快速站起。

技术要点 抬头挺胸，背部收紧呈反弓形，下蹲缓慢，起立速度快。

呼吸 下蹲前吸气，起立完成动作后呼气。

第三节　形体训练

一、形体训练起源概述

形体课程有很多种说法，如形体、形体训练、形体艺术训练、形体舞蹈、形体与舞蹈、形体芭蕾、芭蕾形体等，其实表达的意思差不多，都离不开形体的内涵、舞蹈的内涵。其内容也差不多，主要针对人体进行舞蹈基本功的练习。在体育健美类项目里需要

形体训练，在艺术舞蹈类项目里需要芭蕾形体训练，这两个领域都涉及形体训练。

形体是人体的外在表现，它是一门艺术。人体只有在四肢、躯干、头部及头部五官的合理配合下才能显示出姿态美、体态美、线条美及外部形态与内部情感的和谐统一美。舞蹈不但要做动作，而且要表达一定的内涵，舞蹈感觉和肢体语言二者结合在一起就是形体舞蹈。简而言之，舞蹈的动作不一定很复杂，但要有一定的内涵，重在培养气质，给人以一种高雅、舒服、很有活力的感觉。

二、形体训练技术要点

（一）站时脚的基本位置

（1）并步（正步）：两脚并拢，脚尖向前。

（2）小八字立（自然站立）：两脚脚跟靠拢，两脚尖向斜前方呈八字形。

（3）大八字开立：两脚左右或前后分开，同肩宽站立。

（4）丁字步：前脚脚跟在后脚弓处站立，两脚脚尖向斜前方呈丁字形。

正　步　　　　　　小八字　　　　　　大八字　　　　　　丁字步

（二）身体站立姿势

站立姿势分直立和起踵立两种。

直　立　　　　　起踵立（正面）　　　　起踵立（侧面）

（三）手　形

常见手形有拳、掌、五指张开大巴掌、虎掌、剑指、兰花指、芭蕾舞手形。

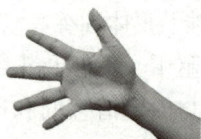

大巴掌　　　　　　掌　　　　　　芭蕾舞手形　　　　兰花指

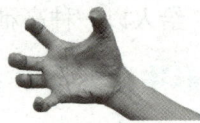

拳　　　　　　　　　剑　指　　　　　　　　　虎　掌

芭蕾舞手形和兰花指差不多，其食指往后稍稍翘起，中指、无名指、小指并拢，齐平，拇指和往后翘的食指成一个√形，虎口是圆的（不是从上面看是√形，而是从左右看是√形）。

（四）芭蕾手臂的基本位置（手位）

一　位　　　　　二　位　　　　　三　位　　　　　四　位

五　位　　　　　六　位　　　　　七　位　　　　　原　位

　　以上是芭蕾的七个手位，从七位到一位的做法是：七位时随吸气使掌心朝下，然后双手稍往上抬，高于肩，随着呼气用手腕下沉来带动臂轻柔地下降，逐渐回到原一位的手位上。

　　手位练习中最容易出现的问题是肘关节，如一位时肘关节容易贴身，二位时肘关节容易下沉，三位时肘关节容易前冲，七位时肘关节容易下垂，同时须注意不要耸肩，要压肩，头顶处好像有一根绳子向上拉起，让头颈尽量伸长。

手位运动必须遵循从位置到位置的原则。在训练时，不必完全按照手位顺序一位至七位进行，可以自由随意进行。手位练习可以根据需要自由编排组合，进行左右两边的手位练习，不管如何编排，两条原则不能违背：① 必须从一位开始，最后收回一位，一位是一切手位的基础；② 手位在运动变化中，途经的手位必须清楚到位，不可随意。必须走最长的运动路线。

（五）芭蕾五位脚及擦地练习

1. 五位脚

开 髋关节向人体两侧外开，髋关节的打开，舒展了人体的线条，增加了人体下肢的表现能力。芭蕾中的开有一定的难度，髋关节、膝关节、腕关节、脚尖须全部打开。切忌容易打开的部位使劲打开，不容易打开的部位不打开，这样容易造成上下扭曲，使肌肉或韧带拉伤。髋关节的外开可以舒展人体的线条；肩关节的外开不但有利于后背的直挺及收紧，而且能给予表演者一种高亢的精神及挺拔的气质。

绷 绷脚有两个重要作用：① 绷脚延长了腿的长度，强化了腿的流线型；② 绷脚训练能使踝关节得到强有力的锻炼，增强了踝关节以下到趾关节的灵敏性。绷脚必须从踝关节开始，把力量一直贯入脚趾，从脚趾去找脚心。实际上，脚背、脚趾绷得越紧，膝盖收得越紧。动力腿只要一动，尤其是离地，必须绷脚。

直 要求身体挺拔直立，不能塌腰凸臀，不能挺胸叠肚。腿在需要直的时候，必须收紧膝盖。直有两个目的：① 从精神气质角度，使人有一种精神倍增、赏心悦目的潇洒和帅气，给人以一种朝气蓬勃的青春美的享受；② 从技能技术训练的角度，在任何情况下，上身因舞姿造型的需要而出现前倾后仰、左倒右出时，人体的重心必须严格保持稳定，重心稳定是人体在直立状态下的必需，唯有这样才能使舞蹈从容不迫、一气呵成。

立 ① 在人体的整体概念上，立会给人带来升提的感觉，这是一种轻盈、敏捷和精神气质的美，这一点与直有类似之处；② 腰部的立，是立的真髓。

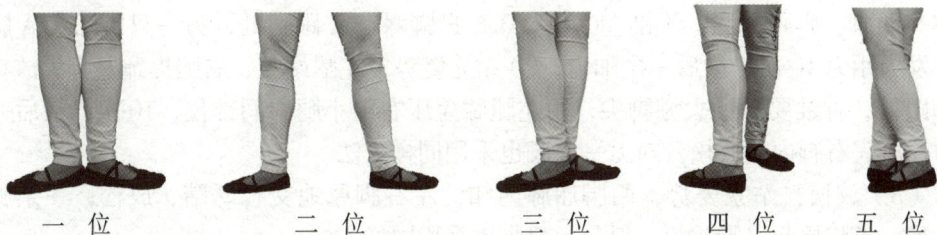

一 位　　　　二 位　　　　三 位　　　　四 位　　　　五 位

2. 扶把擦地练习

扶把 扶把是固定在芭蕾练舞房墙壁上的木质支架，每堂芭蕾舞课都是从扶把练习开始的。基本芭蕾舞步练习需要借助扶把保持身体平衡。扶把练习是所有芭蕾训练的基础练习。练习时，手臂轻轻地搭在扶把上，身体保持平衡的同时，放松肘关节。

腿部动作练习是一种动力腿张开和闭合的摆腿练习。在扶把的辅助下，这种练习非常容易。擦地动作是芭蕾的腿部动作之一。一只脚沿地板向外伸直，以脚尖点地结

束。擦地动作可用于腿部的热身训练、腿部肌肉塑造、外开动作改善。擦地动作分为前擦地、侧擦地和后擦地。

| 侧擦地 | 前擦地 | 后擦地① | 后擦地② |

（六）步 法

形体和舞蹈中的步法包括足尖步、正踢腿、侧踢腿、后踢腿、华尔兹步、柔软步、弹簧步、滚动步、跑跳步、交换步、变换步、波尔卡步、跳踏步和跨跳等。

（七）韧 带

韧带分布于人体很多部位，具有较多练习方法，本书主要涉及踝关节韧带、腹背韧带、肩胸腰韧带和胯部韧带，采用的压韧带方法是针对公共体育学生设计的安全有效的方法。压韧带的方法主要涉及三个环节：预热、用力发力和放松。根据各个韧带部位的不同，三个步骤有所不同。

1.踝关节韧带

（1）预热：首先将踝关节、腕关节活动开，然后站立姿势用力压开踝关节韧带，压完踝关节用力内扣放松。为方便授课，教学中一般反复做3次，每次10下，第10次发力。

（2）用力发力：① 跪在垫子上，两脚脚跟并拢，用臀部力量震压踝关节；一般做3次，每次做完脚趾内扣放松，注意，内扣时脚跟要并拢；② 跪在垫子上，两手撑在膝盖前15厘米处，用力提臀和提膝盖，10次；③两人一组，其中A跪在垫子上，固定住身体和两脚，脚跟并拢，不准左右倒，B一只脚踩在A跟腱处，另一只脚踩在A脚跟上，发力用力10次，最后一次加力；④ 站立姿势，左腿站立，右腿提踵，脚尖放在左脚脚跟处，脚趾要翻过去绷脚尖，用左腿膝盖压右腿小腿中间部位，10次，最后一次加力，压完右脚内扣放松。对另一只脚也采用同样方法。

（3）放松：站立姿势，两脚屈膝内扣，左右脚原地交替踩踏、放松；一条腿站立，另一条腿抬起甩脚放松。对另一只脚也采用同样方法。

2.腹背韧带

（1）预热：分腿坐在垫子上，两脚伸直绷脚尖，左手抓左脚脚踝，右手抓右脚脚踝，抬头挺胸向前压上体，反复震荡10次，然后采用同样方法压左脚10次、右脚10次。

（2）用力发力：① 两人一组，A两脚伸直，分腿坐在垫子上，B站在A背后蹲下或跪下或俯下上体，两手十指大巴掌，八字手掌分别压在A肩胛骨处，利用A身体的

扶把擦地
练习

重量向下压 10 次，最后一次加力；②B 臀部坐在 A 肩胛骨处，抬脚，利用身体重量压 10 次，最后一次加力；③同①、②方法，但要求 A 并腿。

（3）放松：A 站起来抖动或微跳动放松身体。

3. 肩胸腰韧带

（1）预热：两人一组面对面站立，相距一臂距离，两手放在对方肩膀上拉压肩膀，10 次，最后一次加力；或者把杆压肩膀韧带预热拉开。

（2）用力发力：两人一组，A 趴在地上，两手向前伸直，B 分腿站在 A 肩膀两侧，两手十字扣手指，放在 A 肘关节下方，边托举起来边震荡放松，抬起至 30°，B 两膝分别顶在 A 两肩后面，膝盖用力向下发力，托举两手扣住肘关节向上发力，注意发力由轻到重，逐渐发力压肩，到 A 受不了为止，或者 A 两小腿抬起，B 立刻停止用力；采用同样用力发力的方法压胸部和腰部。然后 B 立刻两膝顶在 A 肩胛背处压胸部韧带；最后顶在腰部压腰部韧带，此时要求 A 重心要低，两膝下跪。

（3）放松：A 上体慢慢落到垫子上，然后 B 两膝跪在 A 背部，两手分别放在 A 肩膀上，利用身体的重量为 A 压肩、揉肩，给 A 放松肩部和腰背部。

4. 跨步韧带

（1）纵　跨

①预热：自行正压腿、侧压腿，拉开跨步韧带。

②用力发力：两人一组，A 正压腿姿势，B 分腿站在 A 身后，两腿靠近 A 臀部，两手抓住 A 手臂，把 A 上体摆正抬起，B 两手抗在 A 两臂腋下，用膝盖顶压住 A 上方臀大肌，向下慢慢逐步发力用力，力量由小到大，直到 A 受不了为止，最后快速用一下力再快速放松。换腿方法相同。

③放松：两手把杆后踢腿，压哪条腿在后，就后踢那条腿 10 次，注意膝盖绷直，抬头两眼找后踢腿的脚尖，身体呈反弓形，尽量向后。

（2）横　跨

①预热：自行两手撑地，绷直膝盖和脚尖，两脚两侧拉开。

②用力发力：两人一组，A 跪在地上，两手向前撑地，两膝尽量分开，B 站在 A 后面，要求 A 大腿与地面保持垂直，B 也可以固定住 A 的大腿使其与地面保持垂直，然后 B 两手八字手掌，放在 A 臀大肌上方，向下轻轻发力。注意，这里是轻轻发力。

③放松：B 放手，A 两腿并拢躺在地上，两手一侧倒地，左腿屈膝向右大腿并腿用力压，B 可以协助压在 A 左腿膝盖外侧，用力向下压；然后换另一条腿以同样方法进行。

（八）波　浪

波浪分为手波浪、体波浪。

（九）形体矫正

1. 体形存在的问题

正步站立，要求抬头、挺胸、收腹、立腰、夹背、夹臀、夹大腿，观察上体肩膀和下肢。上体肩膀有溜肩、扛肩、关肩、驼背等现象，下肢有 X 形腿、O 形腿现象。

2. 矫 正

上体肩膀：两人一组，B脚跟靠墙，身体贴墙站立，A八字手掌压在B肩膀关节处，A成前后弓箭步，利用身体的力量将B的肩膀向墙面用力压。

下肢：两人一组，B侧身躺在垫子上，要求腰胯部和膝盖绷直，A坐在B侧面大腿根部，利用身体的重量压紧B两条大腿。同样的方法，A坐在B侧面膝盖处，帮助其矫正O形腿。同样方法，A侧坐在B小腿中间，帮助其矫正X形腿。

（十）音 乐

在形体课程中，音乐是作为动作配合的灵魂而存在的，是运动练习离不开的元素。学生应培养乐感和音乐素养。

三、形体组合

（一）华尔兹组合

华尔兹组合套路动作说明：直进华尔兹3个，直退华尔兹3个，左＋右华尔兹徒手叉腰4个、左＋右华尔兹加手体前180°绕至上举4个，前＋后转体180° 3个，大跨跳1个，弧线绕走华尔兹3个，最后一个华尔兹以固定造型结束。

（二）组织队形与要求

（1）讲解示范、学生练习时，采用队形1。

（2）分解动作和完整动作练习时，采用队形2。

```
＊＊＊＊＊＊＊＊＊＊          ＊＊＊＊＊＊＊＊＊＊＊＊＊

＊＊＊＊＊＊＊＊＊＊          ★（教师站中间便于示范讲解）

＊＊＊＊＊＊＊＊＊＊          ＊＊＊＊＊＊＊＊＊＊＊＊＊

        ★
     队形1                        队形2
```

（3）学生自己练习时，采用队形3（两人一组）。

（4）学生进行步法练习时，采用队形4。

```
  ＊＊ ＊＊ ★＊＊ ＊＊ ＊＊
```

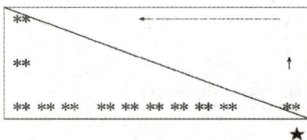

```
  ＊＊ ＊＊ ＊＊ ＊＊ ＊＊

  ＊＊ ＊＊ ＊＊ ＊＊ ＊＊
     队形3                        队形4
```

说明：学生学习和教学示范时，采用队形1、2、3；学生进行步法练习时，两人一组并排间隔1～2米，肩并肩，跟随音乐节奏，走场地对角线，要求动作配合整齐统一，队形不能走歪，两人动作幅度一致。

第四节　体育舞蹈

一、体育舞蹈起源概览

体育舞蹈的发展经历了原始舞蹈、公众舞、民间舞、宫廷舞、社交舞、新旧国际标准舞等过程。20 世纪 20 年代，体育舞蹈由民间的生存状态逐步转入规范化和职业化并行状态。20 世纪 30 年代，交谊舞传入我国，先后在上海、天津和广州等城市流行。20 世纪 80 年代，以自娱性为主的普通交谊舞被逐渐推行至竞技性体育舞蹈。经过多年的发展，我国体育舞蹈在竞技水平、社会普及程度、组织完善程度等方面迈进了一个新层面。

桑巴舞是由巴西乡村的摇摆桑巴舞传入城市演变而来的，后在里约热内卢狂欢节上公开表演后，以其微妙的节奏和强烈的感情深受人们喜爱，逐步成为巴西的民族舞，是巴西音乐和舞蹈的灵魂。20 世纪 20—30 年代，桑巴舞传入欧美国家。恰恰恰舞由非洲传入拉丁美洲后，在古巴获得很大发展，它是模仿企鹅姿态创编的舞蹈。现代伦巴舞是由古巴舞蹈吸收 16 世纪非洲黑人舞蹈和西班牙波莱罗舞蹈逐渐完善而形成的，舞蹈动作曾受雄鸡走路启发，20 世纪 20—50 年代又受美国爵士乐和舞蹈的影响得以改进。20 世纪 30 年代初，皮埃尔夫妇在英国表演和推广了古巴的伦巴舞，使其受到极大欢迎并风行欧洲。斗牛舞起源于法国，是模仿西班牙斗牛士动作，由西班牙风格的进行曲做伴奏的一种拉丁舞。在舞蹈中，男士象征斗牛士，女士象征斗牛士手中的斗篷，因此舞蹈应表现出男子强壮英武和豪迈昂扬的气概。牛仔舞原是美国西部 20 世纪 20—30 年代盛行的舞蹈，舞步带有踢踏动作。

华尔兹舞是现代舞中历史较为悠久的舞种，也是生命力最强的舞蹈。华尔兹一词最初来自古德文 Walzel，意思是滚动旋转或滑动。$\frac{3}{4}$ 拍的圆舞早在 12 世纪的德国巴伐利亚和奥地利维也纳地区的农民中流行，17 世纪进入维也纳宫廷，18 世纪被誉为欧洲宫廷舞之王。探戈舞起源于非洲中西部的民间舞蹈——探戈诺舞。16 世纪末 17 世纪初，随着非洲人进入美洲，探戈诺舞融合了拉美民间舞蹈风格，形成了舞姿优雅洒脱的墨西哥探戈和舞姿挺拔、舞步豪放健美的阿根廷探戈。狐步舞起源于美国黑人舞蹈。1914 年夏，美国演员哈利·福克斯模仿马在慢步行走时的动作，并设计了狐步舞这种舞蹈形式。从此，狐步舞迅速在全美风行。快步舞由美国民间舞改编而成，早期吸收了快狐步动作，后又引入芭蕾的小跳动作，动作更显轻快灵巧，现在大家跳的多为英国式快步舞。维也纳华尔兹起源于奥地利北部山区农民舞，是历史非常悠久的舞蹈。

二、体育舞蹈的基本常识

（一）体育舞蹈的分类与风格

体育舞蹈的特点

	10 个舞种	发源地	风格特点
拉丁舞	伦巴	古 巴	缠绵抒情、婀娜多姿
	恰恰恰	墨西哥	幽默风趣、生动活泼
	桑巴	巴 西	欢欣鼓舞、热情奔放
	斗牛舞	法 国	威武雄壮、刚劲彪悍
	牛仔舞	美 国	轻捷灵巧、生动活泼
摩登舞	华尔兹	德 国	雍容典雅、荡漾起伏
	探 戈	阿根廷	刚劲有力、锐利风行
	狐步舞	美 国	潇洒流畅、行云流水
	快步舞	美 国	轻快欢乐、灵活多变
	维也纳华尔兹	奥地利	华丽优雅、灵活多变

（二）体育舞蹈的专业术语

1. 舞程向

在一个舞池中，为避免互相碰撞而严格规定舞者必须按照逆时针方向行进，这个行进方向叫作舞程向。

2. 舞程线

舞者必须沿逆时针方向，围绕舞池中央行进的路线叫作舞程线。舞程线通常由两条长线和两条短线构成。

3. 转 度

旋转时，旋转 45° 为 1/8 周；旋转 90° 为 1/4 周；旋转 135° 为 3/8 周；旋转 180° 为 1/2 周；旋转 225° 为 5/8 周；旋转 270° 为 3/4 周；旋转 315° 为 7/8 周，旋转 360° 为 1 周。旋转分为左旋转和右旋转。

4. 向内、向外

向内指肢体由两侧向身体正中线的运动。向外指肢体由身体正中线向两侧的运动。

5. 组 合

组合指两个或两个以上的舞步的结合。

6. 套 路

套路指由若干个组合串编成一套的完整的舞步。

7. 节 奏

节奏指以一定规律反复出现、富有音乐性格的、具有特色的节拍。

8. 音乐速度

音乐速度即每分钟内所演奏的小节总数。

9. 反身动作

反身动作是一侧脚前进或后退时，异侧肩和胯后让或前送，使身体与舞步动作成反向配合的身体动作。

10. 升　降

升降指跳舞时身体的上升和下降。升降动作是在膝关节、踝关节、趾关节屈和伸动作转换中完成的。

11. 摆　荡

摆荡指舞者在身体上升做斜向或横向移动时，像钟摆似的把身体摆动起来。

12. 追　步

追步指在标准舞或拉丁舞中，一拍跳两步的舞步。

13. 开式转

开式转指第三步不是并靠拢而是超越第二步的旋转。

14. 螺旋转动作

螺旋转动作是前进走步转的特例，因为它的转度比通常的 3/8 周有所增加，并形成踝关节交叉（以螺旋的造型）。这个动作来自伦巴中螺旋的某个步型。

15. 锁　步

锁步是两脚前后交叉的舞步。

16. 平　衡

平衡指舞蹈中身体重心的准确分配。

17. 方　位

方位是指在一个舞步结束时，两脚在舞池中所面对、背对或指示的方向。方位必须指示舞步运行的方向。

18. 延迟动作

延迟动作是先出脚但无重心，随后进行重心转移的动作。

三、体育舞蹈技术要点

（一）华尔兹

华尔兹的动作如行云流水般顺畅，像云霞般光辉，潇洒自如，典雅大方，被誉为"舞中皇后"。华尔兹舞曲的节奏是 $\frac{3}{4}$ 拍，每分钟 28～30 小节，每小节有 3 拍。

1. 基本动作练习

（1）升降练习。

动作方法 此动作练习主要为了体会踝部、膝部的屈伸，加强脚及身体的控制能力，加强身体升降的稳定性。

（2）手臂前后摆动的升降练习。

动作方法 随着膝、踝的屈伸，身体、手臂前后摆转，掌握升降摆转的延伸动作。

2. 握抱姿势

（1）闭式舞姿。

动作方法　男女舞伴相对站立，两脚并拢，脚尖对齐，正对前方。女士偏向男士右侧的1/3，男女舞伴的右脚脚尖对准对方的两脚中线。男女舞伴的头都向左转，目光从男女伴舞右肩方向看出。女士从臀部以上向后上方打开，男士左手与女士右手掌心相握，虎口向上，前臂与上臂的夹角为135°，高度与女士右耳相平。男士右手五指并拢，轻轻置于女士左肩胛骨下端。女士左手四指并拢，虎口放在男士右臂三角肌处。

（2）开式舞姿。

动作方法　在闭式舞姿的基础上，男女舞伴的上身各向外打开25°，头转向手的方向，目光从手的方向向远方延展，男士与女士的右髋部仍相靠不能打开。

3. 基本步法

（1）左脚并换步。

动作方法　男士左脚前进，女士右脚后退。男士右脚经过左脚向侧步稍前，女士左脚经右脚向侧步稍后。男士左脚并右脚，女士右脚并左脚。

（2）右脚并换步。

动作方法　男士右脚前进，女士左脚后退。男士左脚经过右脚向侧步稍前，女士右脚经左脚向侧步稍后。男士右脚并左脚，女士左脚并右脚。

（3）左转步。

左转步有6步，节奏为1、2、3、1、2、3。

动作方法　男士左脚前进，开始左转；女士右脚后退，开始左转。男士右脚向侧横步，1～2转1/4周；女士左脚向侧横步，1～2转3/8周。男士左脚并右脚，2～3转1/8周；女士右脚并左脚，身体完成转动。男士右脚后退，继续向左转；女士左脚前进，继续向左转。男士左脚向侧横步，4～5转3/8周，身体稍转；女士右脚向侧横步，4～5转1/4周。男士右脚并左脚，身体完成转动；女士左脚并右脚，5～6转1/8周。

（4）右转步。

右转步有 6 步，节奏为 1、2、3、1、2、3。

动作方法 男士右脚前进，开始右转；女士左脚后退，开始右转。男士左脚向侧横步，1～2 转 1/4 周；女士右脚向侧横步，1～2 转 3/8 周。男士右脚并左脚，2～3 转 1/8 周；女士左脚并右脚，身体完成转动。男士左脚后退，继续向右转；女士右脚前进，继续向右转。男士右脚向侧横步，4～5 转 3/8 周，身体稍转；女士左脚向侧横步，4～5 转 1/4 周。男士左脚并右脚，身体完成转动；女士右脚并左脚，5～6 转 1/8 周。

（5）侧行追步。

侧行追步有 4 步，3 拍走 4 步，节奏为 1、2、&、3。由开式舞姿开始。

动作方法 男士右脚前进并交叉于反身动作及侧行位置，着地时先脚跟后脚掌；女士左脚前进并交叉于反身动作位置，着地时先脚跟后脚掌，开始左转。男士左脚横步，着地时用脚掌；女士右脚横步，着地时用脚掌，1～2 转 1/8 周。男士左脚并于右脚，着地时用脚掌；女士左脚并于右脚，着地时用脚掌，2～3 转 1/8 周，身体稍转。男士右脚横步稍后，着地时先脚掌后脚跟；女士右脚横步稍后，着地时先脚掌后脚跟。

（6）V 字步。

动作方法 男士左脚前进，女士右脚后退。男士右脚向斜内侧前进，女士左脚斜退。男士左脚在侧行位置交叉于右脚后，女士右脚在侧行位置交叉于左脚后。

（7）外侧右转步。

外侧右转步节奏为 1、2、&、3。由侧位开始。

动作方法 男士右脚前进并交叉于反身动作及侧行位置，女士左脚前进并交叉于反身动作及侧行位置。男士左脚向侧，女士右脚向侧。男士右脚在侧行位置交叉于右脚后，女士左脚并右脚。男士左脚向侧且稍前进，女士右脚向侧并稍后退。

（8）右旋转步。

右旋转步有 6 步，节奏为 1、2、3、1、2、3。

动作方法 男士右脚前进开始右转，女士左脚后退开始右转。男士左脚向侧横步，1～2转1/4周；女士右脚向侧横步，1～2转3/8周，身体稍转。男士右脚并于左脚，2～3转1/8周；女士左脚并于右脚，身体完成稍转。男士左脚后退，左脚保持在反身动作位置中（轴转）右转1/2周过渡到跟，掌转；女士右脚前进（轴转）右转1/2周，跟脚。男士右脚前进，继续右转跟掌；女士左脚后退，并向左侧继续右转跟掌。男士左脚横步稍后，5～6转3/8周，掌跟；女士右脚经左脚斜进，5～6转3/8周，掌跟。

（9）蹉蹀步。

动作方法 男士左脚前进开始左转，着地时先脚掌后脚跟；女士右脚后退开始左转，着地时先脚掌后脚跟。男士右脚横步1～2转1/4周，着地时用脚掌；女士左脚横步1～2转1/4周，着地时用脚掌。男士左脚并于右脚不置重量，2～3转1/8周（掌跟中心在右脚）；女士右脚并于左脚不置重量，2～3转1/8周（掌跟中心在左脚）。

（10）后叉形步。

动作方法 男士在反身动作位置中左脚后退，女士在反身位置及外侧中右脚前进。男士右脚斜退，女士左脚向侧。男士侧行位置中，左脚交叉于右脚后，女士侧行位置中，右脚交叉于左脚后。

（二）探　戈

探戈的风格是动静交织，潇洒奔放，头部"左顾右盼"，快速转动。舞曲为 $\frac{2}{4}$ 拍，每分钟 30～34 小节。音乐的特点是以切分音为主，带有停顿。舞步分慢和快，其中，慢占 1 拍，快占半拍。跳探戈时，要求膝关节放松、微屈，重心下沉，腿部动作干净利落，不拖泥带水。

1. 握抱姿势

动作方法 闭式舞姿：男士的右脚回收半脚并到左脚内侧脚弓处，前后错开半个脚，重心下沉，膝关节弯曲并松弛。左手回收，肘关节上抬，前臂内收角度加大（接近 90°）。男士右手略向下斜插女士的脊椎骨略靠近右肩胛骨的地方（不要超过脊柱）；女士的左手拇指贴向掌心，四指并拢，虎口处抵住男士的上臂外侧靠近腋部。男士右肘与女士左肘部相重叠，即男士右肘骨抵住女士的左肘内窝。目视方向与华尔兹相同。动作时有闪回的动作。男士与女士位置是 1/3 微贴，接触点是膝关节、髋部到腹部的位置。

2. 基本步法

（1）二常步。

二常步有两步，节奏为慢、慢。

动作方法 男士左脚前进，女士右脚后退。男士右脚前进，女士左脚后退。

（2）直行侧步。

直行侧步有 3 步，节奏为快、快、慢。

动作方法 男士左脚前进，女士右脚后退。男士右脚向侧稍后退，女士左脚向侧稍前进。男士左脚前进，女士右脚后退。

271

（3）并脚结束。

并脚结束有3步，节奏为快、快、慢。

动作方法 男士右脚后退，女士左脚前进。男士左脚横步稍前，左转1/4周，女士右脚横步稍后，左转1/4周。男士右脚并于左脚，女士左脚并于右脚。

（4）右摇转步。

动作方法 男士右脚前进，女士左脚后退。男士左脚向侧并稍后，女士右脚前进。男士重心回立右脚，1～3右转1/4周；女士左脚后退，1～3右转1/4周。

（5）基本左转。

基本左转有6步，节奏为快、快、慢、快、快、慢。

动作方法 男士在反身位置中左脚前进，女士在反身位置中右脚后退。男士右脚向侧并稍后退，女士左脚向侧且稍前进。男士左脚交叉于右脚之前，女士右脚并左脚且稍后退。男士右脚后退，女士左脚前进。男士左脚向侧稍前进，女士右脚向侧并稍后退。男士右脚并左脚且稍退后，女士左脚并右脚且稍前进。

（6）行进连步。

行进连步有两步，节奏为快、快。

动作方法 男士在反身动作位置中左脚前进，女士在反身位置中右脚后退。男

士右脚向侧并在侧行位置中稍后退，女士左脚向侧并在侧行位置中稍后退。

（7）并式侧行步。

并式侧行步有 4 步，节奏为慢、快、快、慢。

动作方法 在侧行位置开始。男士在侧行位置中，左脚向侧；女士在侧行位置中，左脚向侧。男士右脚前进并交叉于反身动作位置与侧行位置中，女士右脚前进并交叉于反身位置与侧行位置中。男士左脚向侧并稍前进，女士左脚向侧。男士右脚向侧并稍后退；女士右脚交叉于左脚之后。

四、体育舞蹈场地和比赛规则简介

（一）体育舞蹈场地

1. 体育舞蹈教学场地的要求

较其他运动项目来说，体育舞蹈对教学场地的要求不是很高。正规的体育舞蹈教学一般在室内进行，场地不能太狭窄，最好不要少于 250 平方米；有木地板或适合舞蹈的光滑、平整的地面；音乐播放器材、播放途径可根据教师的需要选择，只要音量覆盖整个练习场地即可；有一面大的落地镜，当动作繁多或复杂时，镜子对学生正确掌握动作技术、及时纠正错误动作、尽快掌握动作技术要领是非常有帮助的；教学场地应通风良好，有明亮的灯光、宽敞的换衣间等。

2. 体育舞蹈的比赛场地要求

比赛场地要求是一个长方形的坚实平面，无障碍物，地面不准有杂线。场地的尺寸为长 26 米、宽 16 米，场地是从界限的内沿量起的。场地周边沿界线设置广告牌，高度以 60 厘米为宜，不得超过 70 厘米，可摆放鲜花，留出运动员上下场口和主持人台。在比赛场地的一侧搭建颁奖台和背景板，奖台要求高 50～120 厘米、长 16 米以上、宽 5～6 米，支撑物必须使用钢铁支架，以保证绝对安全。

3. 场地灯光要求

比赛场内灯光的标准是照度必须达到 1500 勒克斯，以满足比赛和高清电视直播用光，准备相应数量的面灯光、电脑灯、聚光灯、柔光灯、激光灯等效果灯。白天比赛体育馆的白色照明灯不能用于比赛，不能成为比赛的主要灯光。

（二）比赛规则简介

1. 比赛报到的工作流程

（1）根据比赛规程的报到时间和地址进行报到，各参赛队人员实到确认，审核选手参赛资格，双方核对、确认参赛组别无误。

（2）选手缴纳参赛报名费。

（3）领取选手号码布、秩序册、通行证及纪念品等。

（4）赛前选手走场练习。

（5）注意秩序册公示的示意图，如比赛场通道、候场区、检录处、更衣室和公告栏等。

2. 比赛程序

比赛主要分锦标赛、公开赛、邀请赛、友谊赛和表演赛等。比赛必须经过初赛、复赛、半决赛和决赛，每一轮比赛一般从参赛选手中筛选出不少于 1/2 的选手进入下一轮比赛。比赛舞曲由竞赛组统一播放，华尔兹、探戈、狐步舞、快步舞、桑巴、恰恰恰、伦巴和斗牛舞的音乐时长约 1 分 30 秒，维也纳华尔兹和牛仔舞的音乐时长一般约 1 分钟。

3. 比赛服装

国内外的体育舞蹈比赛对参赛选手的比赛服装有严格的规定。比赛中，裁判长有权取消不符合着装规定的选手的参赛资格。

（1）服装必须与每个舞系（拉丁舞和摩登舞）的风格特性相符合。

（2）服装必须遮盖舞者身体的私密部位（包括私密区域）。

（3）服装和化妆必须与舞者的年龄和舞蹈水平相符合。

（4）不允许佩戴具有宗教性标志和装饰性的珠宝（不包括个性化的珠宝）。

（5）如果装饰或珠宝物件对舞者和其他选手构成危险，则裁判长有权要求参赛者去掉珠宝物件或更换服装。

（6）不允许舞者身着较低组别服装要求的服装。另外，任何违背服装在面料、颜色、款式方面的规定的行为和其他使用自主独创发明的行为，即使并没有违反服装上文字措辞方面的规定，只要裁判长裁定其违反了规则就可被视为服装违规。

第五节　瑜　伽

一、瑜伽起源概览

瑜伽起源于印度，距今已有 5000 多年的历史。古印度瑜伽修行者在大自然中修炼身心时，发现各种动物与植物天生具有治疗、放松、睡眠或保持清醒的方法，患病时能不经任何治疗而自然痊愈，于是，古印度瑜伽修行者根据动物的姿势观察、模仿并亲自体验，创立出一系列有益身心的锻炼系统，也就是体位法，即瑜伽。

大约在公元前 300 年，帕坦伽利在《瑜伽经》中阐明了使身体健康、精神充实的练习课程，这门课程被其系统化和规范化，成为当代瑜伽的基础。帕坦伽利提出的哲学原理被公认为通往瑜伽精神境界的里程碑。

二、瑜伽技术要点

（一）瑜伽基本姿势

1. 站姿（山式站立）

动作方法　基本站姿是所有瑜伽站姿的起始动作。两脚并拢，大脚趾和小脚趾压地，其余脚趾自然伸展即可，大腿肌肉收紧内旋，膝关节收紧上提，腹肌收紧，两肩下沉，胸腔打开，上体挺直，下颌平行于地面，目视前方。感受头顶天、脚踩地的感觉。

2. 坐　姿

上体挺直，胸腔不受压迫，肺泡可以充分扩张，使气息下沉，增强肺活量；脏器不受挤压，可以顺利地完成血液循环；有助于消化，保持体态，肌肉放松，两膝下沉。

（1）简易坐。

动作方法　右脚脚心向上，脚背着地，放于左大腿（根部）下方；左脚脚心向上，脚背着地，放于右大腿（根部）下方。两脚脚踝交叉，两膝下沉，放松。上体挺直向上，两肩、两臂放松下沉，下颌微收，拉长整个脊柱。两手搭放于膝盖上，两大腿和膝盖放松下沉。

（2）至善坐。

动作方法　左脚脚跟抵住会阴，右脚脚跟置于左脚脚跟前，脚背着地，两脚脚跟前后在一条直线上。这个坐姿很稳、很舒服。小腿可以贴在地面上，成等边三角形。

（3）半莲花坐。

动作方法　左脚脚心向上，脚背着地，放于右大腿内侧下方；弯曲右小腿，将右脚放于左大腿上面。这时，头、颈、躯干保持在一条直线上。保持这个坐姿感到极不舒服时，可以交换两腿的位置继续练习。

简易坐

半莲花坐

275

（4）莲花坐。

动作方法 两手握住右脚把它放在左大腿上面，脚跟位于肚脐区域下方；两手握住左脚把它放在右大腿上面，两脚脚心朝上，上体保持挺直，两膝关节尽量保持贴地。也可两腿交换位置重复练习。如果两膝和两腿感到难受，则应立刻停止练习。

（5）金刚坐。

动作方法 两膝跪地，两小腿胫骨和脚背平放于地面。两膝靠拢，两大脚趾相互交叉，脚跟向外侧展开。上体挺直，臀部坐在分开的两脚之间。

（二）瑜伽手印

手印是练习瑜伽时手的姿势，是手部的瑜伽。手印在冥想和调息的练习中具有重要意义。常用的瑜伽手印有四种。不同的手印对身心的影响不同，均有助于净化心灵。

1. 智慧手印

动作方法 手掌向上，拇指与食指相扣，其他三指自然伸展。此手印代表人与自然合一，可以让人很快进入平静的状态。

2. 能量手印

动作方法 无名指、中指和拇指自然相加，其他手指自然伸展。此手印可以排除体内的毒素，缓解泌尿系统的疾病，有助于保护肝脏，调节大脑平衡，让人更有耐心、充满自信。

3. 生命手印

动作方法 拇指、小指、无名指相加，其他两指自然伸展，可增强人的活力。

4. 双手合十手印

动作方法 双手合十手印即阴阳平衡手印，两手合十，放在胸前做成冥想的姿势，手掌之间要留下一些空间，意味着身体和心灵的合一、大自然和人类的合一。此手印可以增加人的专注力。

（三）瑜伽呼吸

瑜伽呼吸是指有意识地延长吸气、屏气、呼气的时间。瑜伽呼吸包括腹式呼吸、胸式呼吸和完全呼吸。

1. 腹式呼吸

腹式呼吸是以肺的底部进行呼吸，感觉只是腹部在鼓动，胸部相对不动，是基本的呼吸法。缓慢而有意识地用腹肌呼吸，把手放在腹部，可以感觉到腹部的运动，集中意识，手中能量可传达到腹部。

2. 胸式呼吸

胸式呼吸是以肺的中上部进行呼吸，感觉是胸部在扩张与收缩，腹部相对不动。其可以静心平气加强腹肌肌力，净化血液，改善血液循环，增加肺活量。

3. 完全呼吸

完全呼吸是把以上两种呼吸方式结合起来的呼吸方法。肺部的上、中、下三部分都参与呼吸，腹部、胸部乃至全身都在起伏、收缩。在练习中，人体会感觉到滞留在

肺部的气体排出去，同时新鲜的气体充满肺部。

（四）瑜伽体位法

瑜伽体位法即在舒适的动作上维持一段时间，在缓慢的动作中，身体保持放松，做深沉的呼吸，使得血液能够携带大量氧气并且吸收。

1. 下犬式

动作方法 使身体呈倒 V 形，两臂前伸，头颈向腿部延伸看齐，能看到两腿中间的上空，脚跟紧挨地面不要抬起。

作用 消除疲劳，恢复精力，缓解脚跟的僵硬和疼痛，帮助软化脚跟的跟骨刺；增强脚踝力量，使腿部更匀称；有助于缓解肩胛骨区域的僵硬和肩周炎，使腹部肌肉得到增强。由于横膈膜被提升到胸腔，因此练时心率减缓。

2. 上犬式

动作方法 身体伸直，臀部与肩、腰形成舒缓的 S 形，头颈向前伸，肩部向前用力。在练习上犬式和下犬式的时候，往往会因为力度不够而做不到位。瑜伽是在舒展筋骨，应该把筋骨舒展到最大限度。

作用 使脊柱恢复活力，增强脊柱弹性，治疗背部疼痛，对腰部疼痛、坐骨神经痛及椎间盘突出的人有很好的效果。由于胸部得到完全扩张，因此上犬式还可增加肺部弹性，使骨盆区域的血液得到完全循环。

3. 骆驼式

动作方法 这时的身体应呈 O 字形，头部后仰到最大限度，两肩向后伸展，两手扶住脚跟，大腿与臀部垂直并绷紧。

作用 伸展、强壮脊柱，促进血液循环，使脊柱神经得到额外的血液滋养而受益，对矫正驼背和两肩下垂等不良体态有较好的效果。

4. 战士第二式

动作方法 战士第二式讲究平衡感，上身一定要竖直，右腿弓步，左腿向后伸直，左脚回勾，弓步不能弓得太靠下，臀部要绷住劲，两臂伸平，头颈摆正。

作用 使腿部肌肉更为匀称、强健，同时缓解小腿和大腿的肌肉痉挛，增强腿部和背部肌肉弹性，强化腹部器官。

5. 树 式

动作方法 树式讲究无限的延伸感觉，头颈挺直，两臂伸直向上，想象身体将要冲上云霄，同时肘部向上提。

作用 加强腿部、背部和胸部的肌肉；改善人体的稳定性和平衡性，增强专注力；放松两髋部位，且对胸腔区域有益。

277

上犬式

战士第二式

树 式

6. 三角式

动作方法 上身与下身的弧线要顺畅，胯部不能为省力挺起，两臂伸展呈一字形。

作用 增强腿部肌肉，消除腿部和臀部的僵硬，矫正腿部畸形；缓解背部疼痛及颈部扭伤，强健脚踝、胸部；辅助治疗多种皮肤病，消除腰部多余的脂肪。

7. 后仰式

动作方法 后仰时，臀、胯、腰部向前挺，可以用臂支撑出力使臀部、胯部、腰部向前，注意逐步做后仰练习，切忌用力过度而使身体过度后仰。

作用 有助于消除疲劳，使胸部得到完全伸展，伸展两腿、腹部和喉咙，强健两腕、两踝和骨盆，增强肩关节的灵活性，使神经系统得到增强，促进血液循环。

8. 蝴蝶式

动作方法 此时的两腿就好像蝴蝶的双翅，要向两边伸展到最大，挺胸抬头。

作用 对骨盆区域有益，使骨盆、腹部和背部得到足够的血液供应，有助于缓解泌尿功能失调和坐骨神经痛，预防疝气，调理月经失调现象，孕期经常练习会使分娩更容易、顺利。

9. 犁 式

动作方法 仰卧，两臂置于身体的两侧。吸气，两腿上举越过身体；呼气，将两腿向后放在头的上方。脚趾尽量触地。

作用 对整个脊柱神经系统极为有益；伸展背部可减轻和消除背痛、腰部风湿痛和背部关节痛；消除肩部和两肘的僵硬；增强腘绳肌；有助于消除腰部、髋部、腿部多余脂肪，治疗手部痉挛；促进血液循环，使血液流入头部，滋养面部和头皮；调理甲状腺，使身体新陈代谢得到改善；收缩腹部器官，促进消化功能，消除便秘和胃胀气；调理月经失调等症状；还可以辅助治疗头痛、痔疮和糖尿病等疾病。

10. 轮 式

动作方法 仰卧，两手放在身体两侧。屈腿，脚跟紧贴大腿后侧。两手移到头的两侧，掌心贴地。吸气，拱起背部，髋部和腹部向上升起。

作用 增强背部肌群的力量，放松肩关节和颈部肌肉，使脊柱得到完全的伸展，使身体更加柔软，头部供血能力加强，有效释放压力并感觉敏锐。

11. 加强脊柱前屈伸展式

　　动作方法　两手抓住脚踝，身体尽量接近腿，最终双手手掌可平放在脚边的地面上。

　　作用　增强人体的柔韧性，伸展脊柱，脊柱神经得到补养、加强；身体前屈有助于强壮肾脏、肝脏和脾脏；有助于减少月经期间下腹和骨盆部位的疼痛；使头部逐渐适应增加的血流和压力，可以改善精神和情绪波动，情绪化严重的人可以练习此姿势，使神经系统得到滋养，心率减缓。

12. 脊柱扭转式

　　动作方法　上体正直，坐姿，两腿前伸，右边小腿内收，将左脚移过右膝，将右臂穿到左腿下方，两手在背后相握。

　　作用　挤压、按摩脊柱周围的肌肉，刺激、兴奋脊柱神经；使背部肌肉更富有弹性，预防背痛和腰部风湿痛的发生；强健肝脏、脾脏功能，对肾部起到按摩作用；促进肠胃蠕动，有助于增强消化功能和排泄功能；调整肾上腺的分泌，使胰脏活动增强，对治疗糖尿病和轻微脊椎盘错位有辅助作用。

◎ 了解休闲运动的基本类别。
◎ 选择并掌握一项或多项休闲运动。
◎ 理解休闲运动的锻炼价值。

休闲运动项目包含了各种能够让人身心放松的运动方式，如健身走和健身跑、游泳、跳绳、轮滑和定向运动等。休闲运动不仅能释放人的压力、强健体魄，而且能培养人独立思考、克服困难的能力，以及在遇到紧急情况时做出迅速反应、果断决定的能力。本章通过介绍各种休闲运动，帮助大学生发掘更多的兴趣爱好和强身健体的方式。

第一节　健身走和健身跑

一、健身走

一个正常人的生活中，除了睡眠外，大部分时间离不开走路。走路是人的最基本、最常用的移位方式。人的一生大约要走 5 亿步，接近地球到月球的距离。

人体的五脏六腑无不与脚有关，脚踝以下有 33 个穴位，两脚穴位达 66 个，占全身穴位的 1/10；脚掌有无数神经末梢，与大脑紧密相连，同时密布众多的血管，故脚被称为人的第二心脏。坚持走步锻炼就是坚持全身经络和穴位的锻炼。

（一）健身走的锻炼方法

常见的健身走方法很多，锻炼者应根据运动的目的和个人的具体情况选择合适的锻炼方法。

1. 摆臂走步法

行走时，两臂有节奏地做较大幅度的前后摆动，行走速度为 60～90 步/分，可增进肩带胸廓的活动能力，适用于有呼吸系统疾病的人。每次 30～60 分钟，逐渐延长时间。

2. 摩腹走步法

一边行走，一边按摩腹部，行走速度为 30～60 步/分，这对有消化不良和患有胃肠疾病的人很有益处。每次 30～60 分钟，逐渐延长时间。

健身走

3. 普通走步法

以中等速度（60～90 步／分）行走，每次 30～60 分钟。最好在风景秀丽的海滨、公园等地方行走。

4. 快速走步法

用较快的速度（90～120 步／分）行走，每次 30～60 分钟。行走时，心率控制在 120 次／分以下。

5. 踏石走步法

在铺有鹅卵石的地面上行走，通过踏石来刺激足部的穴位。赤脚在上面适当地蹬、踏、跳跃，更会使人经络通畅、睡眠香甜、食欲增加、身体灵巧，不但使肌肉变得富有弹性，而且体态也会逐渐变得优美、挺拔。

6. 倒退走步法

倒退走时，上体自然直立，眼睛平视，不要抬头后仰。当右腿支撑时，左腿屈膝后摆下落，前脚掌先落地然后滚动到全脚掌，身体重心随之移至左腿，此时右腿屈膝后摆下落，前脚掌先落地然后滚动到全脚掌。两臂协同两腿自然摆动，同时注意前进方向和身体平衡。如感觉疲劳和难以控制平衡，则应随时变换方式，如 50 米倒走 +100 米正走，或 80 米倒走 +200 米正走。美国理疗学家的实验结果表明，倒退走的氧气消耗量比正走的氧气消耗量多 31%，心跳快 15%，血液中的乳酸含量也偏高。

（二）健身走的动作要领及运动负荷

1. 动作要领

（1）头部正直，两眼前视，适当挺胸和收腹，保持躯干正直，会使走路过程更轻松、更舒适。

（2）摆臂时，以肩关节为轴前后摆动，在快速走步时屈肘比较适宜，夹角为 80°～100°。适当扭动髋部，有利于增加步幅。

（3）下肢动作主要以摆动的形式来完成。健身走时，脚跟先落地，然后滚动到全脚掌，使身体重心快速前移。

（4）步幅和步频应根据个人的身高和腿长合理搭配，步幅自然开阔，步频较快，动作舒展大方。

2. 运动负荷

（1）运动量的控制

① 脉搏测定法。早晨起床前、锻炼前和锻炼后 1 小时各测一次脉搏，时间为 1 分钟。如果运动量小，则脉搏在锻炼后 1 小时即可恢复到锻炼前水平；如果运动量稍大，脉搏在次日早晨可以恢复到原来的水平，则表明身体能承担这一运动量。如果次日早晨的脉搏较以往升高较多且伴有疲劳感（无疾病情况下），则表明运动量过大，需要调整。

② 主观感觉法。当运动量安排合适时，工作、学习、劳动更富有精力，锻炼后虽略感疲劳，肌肉稍酸痛，但经过一夜休息后疲劳会自然消失。当运动量过大时，早晨起床会感到萎靡不振、全身无力，甚至会有头晕现象。锻炼后感到极度疲劳，吃不

健身走的锻炼价值

下、睡不着，对锻炼有厌倦和冷淡的感觉，出现这些现象说明运动量需要适当调整。

（2）健身走强度的衡量

健身走的强度主要依据人体的脉搏次数来确定。从健身角度来讲，健身走时适宜的脉搏频率为 100 ～ 120 次 / 分，刚参加锻炼的人应该感到呼吸比较舒服。由于健身走的时间一般比较长，因此运动者可以一边走一边测量脉搏，及时掌握适宜的运动强度。

（3）健身走数量的掌握

健身走的数量以时间来衡量为宜，而不宜以行走的距离来衡量。对于一般锻炼者，连续行走时间以 15 ～ 30 分钟为宜。行走 15 分钟可以达到锻炼身体的最低要求，行走 30 分钟就能够达到比较好的锻炼效果。若锻炼者身体比较强壮，又有比较宽裕的时间，则进行更长时间的健身走效果会更好，但一定要在自己身体能够承受的范围之内。

二、健身跑

健身跑又称慢跑，是运动时间较长、速度较慢、距离较长的有氧锻炼方法。其技术特点简单、易掌握，男女老少均可参加。该项运动不受场地、器材限制，可在田径场、公路、树林、公园及田间小路等地练习，是我国群众性体育活动中普遍开展的项目之一。

（一）健身跑的锻炼方法

1. 间歇跑

间歇跑健身法是对多次练习之间的间歇时间做出相应规定，使机体处于不完全恢复的状态，并反复进行练习的一种锻炼方法。通过严格的练习过程，锻炼者的心脏功能可以得到明显的增强。例如，400 米 ×5 组，每组之间休息 2 ～ 3 分钟。

2. 重复跑

重复跑健身法是指多次重复同一练习，两次（组）练习之间安排相对充足的休息时间。通过相对稳定的负荷强度的多次刺激，机体可尽快产生较高的适应性机制，有利于提高身体素质。例如，400 米 ×5 组，每组之间休息 5 ～ 10 分钟。

3. 慢速跑

慢速跑健身法是指用较慢的跑速进行身体锻炼，每次慢跑时间控制在 30 ～ 60 分钟，每分钟心率控制在最高心率的 60% ～ 70%，身体微微出汗但不气喘。呼吸的节奏可以是两步一呼、两步一吸或三步一呼、三步一吸，并尽量用腹式深呼吸。

4. 定时跑

定时跑分两种：一种是不限速度和距离，只设定跑步的时间，如周二下午跑步 30 分钟；另一种是有距离和时间的限制，如周二下午跑步 30 分钟，距离 2500 米。随着锻炼水平的提高逐渐缩短时间，加快速度，延长定时跑的距离。

5. 变速跑

变速跑是慢跑和中速跑交替进行的一种跑步方法。锻炼者可根据自己的实际情况随意改变跑速，如 200 米慢跑 + 200 米中速跑或 200 米慢跑 + 400 米中速跑等，并随着锻炼水平的提高不断改变变速跑的距离，不断加大运动负荷。

6. 倒退跑

倒退跑时，要求挺胸、抬头，两眼平视，两手握拳屈肘于体侧腰上部。倒退跑应根据个人情况而定，如果感觉疲劳和难以控制平衡，则应随时改变跑步方式，如 50 米倒跑 + 100 米正跑或 80 米倒跑 + 200 米正跑。

7. 沙滩赤足慢跑

沙滩赤足慢跑可使脚底肌肉、筋膜、韧带、穴位、神经末梢接触沙粒，使敏感区受到刺激，达到保健强身的功效；同时能锻炼足部肌肉及腿部肌肉，使足部肌肉发达，韧带柔韧有力，脚弓富有弹性。

（二）健身跑的动作要领及运动负荷

1. 动作要领

（1）上体姿势。

身体适当前倾（5°左右）或几乎直立，上坡时前倾幅度需大些，下坡时有一定的后仰，躯干不要左右摇摆，头部与躯干成一直线，面部、颈部肌肉放松，两眼平视。

（2）腿部动作。

两腿循环交替的后蹬与前摆，形成了跑步时的腿部动作。

后蹬：从展髋开始，要求最大限度地伸展髋关节。

后摆：支撑腿后蹬结束即进入后摆，后摆时要放松小腿，并随大腿的积极向前摆动形成大小腿折叠。

前摆：当摆动腿的膝关节经过支撑腿的垂直上方时，由大腿发力带动小腿前摆，同时支撑腿的各个关节要迅速伸直，使后蹬的力量与运动方向一致。

着地缓冲：正确的脚着地是摆动腿向前、向下，以前脚掌积极而柔和地扒地式着地。脚部着地时，踝、膝、髋关节主动弯曲做退让动作，同时另一腿积极向前摆动，加快身体向前移动的速度，缩短缓冲时间。

（3）臂部动作。

健身跑时，两臂应稍离躯干，肘关节弯曲，约呈 90°，半握拳以肩关节为轴前后自然摆动，向前摆动时两手不超过身体中线。

（4）呼吸。

跑步时的呼吸应自然、有节奏，并且要有适宜的深度。呼吸的节奏应因人而异，一般是两步一呼、两步一吸或三步一呼、三步一吸等。在起跑、途中跑和冲刺跑时不能有任何憋气现象。

2. 运动负荷

（1）运动负荷的控制。

健身跑的运动负荷由运动强度和时间决定，其中运动强度为主要内容，运动时间则起调节作用。经常进行健身跑锻炼，一般应保持匀速跑，时间持续 20 分钟以上，心率保持在 120～150 次/分，这种练习方法可以消耗体内多余脂肪。慢跑的运动负荷因人而异，这是慢跑的精髓所在。一般来说，年龄较小、体质较好者宜选择强度较大、持续时间较短的练习方案，中老年人及体质较差者宜选择强度较小而持续时间较长的练习方案。

（2）运动强度的掌握。

健身跑的强度一般用最大摄氧量来计算。研究发现，心率的快慢与最大摄氧量一般成正比，也就是说，心率越快，最大摄氧量就越大。

计算心率的方法：当锻炼结束后立即测 10 秒的脉搏数，再乘以 6 得出心率。例如，一个 30 岁的健身跑者跑后即刻的心率为 135 次/分，从下表看出其运动强度为 60%。

不同年龄组心率和运动强度对照表

运动强度 \ 心率/（次·分） \ 年龄/岁	8～12	13～17	18～29	30～39	40～49	50～59	60 以上
100%	195	190	190	185	175	165	155
90%	180	175	175	170	165	155	145
80%	170	165	165	160	150	145	135
70%	160	155	150	145	140	135	130
65%	150	150	140	140	135	130	125
60%	145	140	135	135	130	125	120
55%	140	135	130	130	120	120	115
50%	135	130	125	120	115	110	110
45%	130	125	120	115	110	105	105
40%	125	120	115	110	105	100	100

运动强度、锻炼时间和运动负荷对照表

运动负荷 \ 运动强度 \ 时间/分	5	10	15	20	30	45	60
大	95%	90%	80%	75%	70%	65%	60%
中	85%	75%	70%	65%	60%	55%	50%
小	70%	65%	60%	55%	50%	45%	40%

第二节 游 泳

一、游泳起源概览

据现有资料记载，早在 5000 多年前，人类就已经有了游泳这项运动。居住在江、河、湖、海一带的古代人为了生存必然要在水中捕捉水鸟和鱼类作为食物，他们通过观察和模仿鱼类、青蛙等动物在水中游动的动作逐渐学会了游泳。因此，游泳是人类在与大自然的斗争中产生和发展起来的。

现代游泳运动起源于英国。17 世纪 60 年代，英国不少地区的游泳活动开展得相当活跃。1828 年，英国在利物浦乔治码头建造了世界上第一个室内游泳池。1869 年 1 月，在伦敦成立了大城市游泳俱乐部联合会（现英国业余游泳协会前身），游泳作为一个专门的运动项目正式固定下来。随后，游泳运动传入当时的英国殖民地，继而传遍全世界。1896 年，在希腊举行的第一届奥林匹克运动会把游泳列为比赛项目，当时只举行了男子 100 米、500 米和 1200 米自由泳 3 个项目的比赛。1908 年，第四届奥林匹克运动会在英国伦敦举行，国际业余游泳联合会（简称国际泳联）成立。国际泳联审定了游泳的各项世界纪录，并制定了国际游泳比赛规则。从此，世界竞技游泳运动有了一个权威管理机构和统一的规范。随着各种游泳锦标赛、国际大型比赛不断推动着竞技游泳的发展，以及游泳的技术动作的不断完善，游泳运动创造了一个又一个优异的纪录。

国际业余游泳联合会简称国际泳联，1908 年由比利时、丹麦、芬兰、法国、德国、英国、匈牙利和瑞典等国倡议成立，秘书处设在美国。国际泳联是国际单项体育联合会总会成员，正式用语是英语和法语，工作语言为英语。国际泳联总部设在瑞士洛桑。

二、游泳技术要点

（一）爬泳（自由泳）

爬泳是身体俯卧在水中，两腿交替上下打水，两臂轮流向后划水的一种泳姿。由于其动作结构比较合理，推进力均匀，阻力小，既省力又能产生最大速度，因此在四种泳姿中，爬泳是游得最快的一种姿势。

在游泳竞赛中，自由泳项目运动员可以选择任何泳姿比赛，但运动员几乎都用爬泳游进，故爬泳也被称为自由泳。

自由泳在奥运会游泳比赛中占有很重要的地位。奥运会自由泳项目男子有50米、100米、200米、400米、1500米、4×100米接力和4×200米接力7项；女子有50米、100米、200米、400米、800米、4×100米接力和4×200米接力7项。另外，混合泳和混合泳接力项目也包括自由泳，因此自由泳水平往往被视为衡量纵一个国家游泳水平的重要标志。

1. 身体姿势

动作方法 两眼注视前下方，头的1/3露出水面，身体纵轴与水平面成3°～5°的仰角。爬泳游进中，身体可以围绕身体纵轴做有节奏的转动，转动的角度一般为35°～45°。头部与身体纵轴的夹角为20°～30°。身体俯卧于水中，身体自然伸展成流线型。

2. 腿部动作

动作方法 两腿自然并拢，脚稍内旋，以髋关节为轴，由大腿带动小腿和脚掌，两腿交替做鞭打动作，两脚脚尖上下运动的幅度为30～40厘米，膝关节最大屈度约为160°。

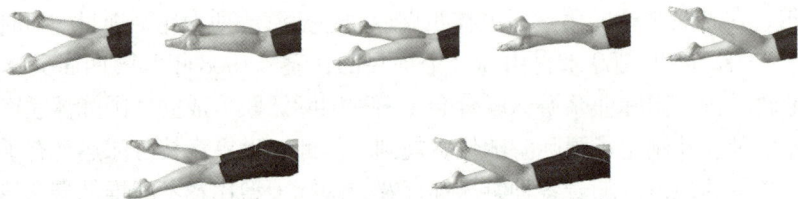

3. 臂部动作

臂部动作是推动身体前进的主要动力。一个周期分为入水、抱水、划水、出水和空中移臂五个不可分割的阶段。

（1）入水。

动作方法 入水时，手指自然伸直并拢，臂内旋使肘关节抬高处于最高点，手掌斜向外下方，使手指首先触水，然后是前臂，最后是上臂。

（2）抱水。

动作方法 臂入水后，在积极向前下方插入的过程中，手掌从向斜外下方转向斜内后方并开始屈腕、屈肘，肘高于手，以便能迅速过渡到较好的划水位置。抱水结束，手掌已经接近对水，肘关节屈至150°左右，整个臂像抱着一个大圆球似的，为划水做准备。

（3）划水。

动作方法 保持高肘，并使上臂内旋，同时继续屈肘，使手的动作速度迅速超越身体的前进速度，拉水至肩的垂直平面后，肘的曲度为90°～120°。上臂保持内旋姿势，带动前臂，用力向后推水。

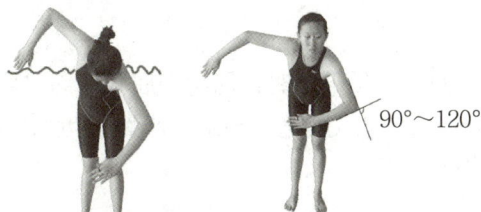

90°～120°

（4）出水。

动作方法 划水结束时，掌心转向大腿，出水时小指向上，臂放松，微屈肘。由上臂带动，肘部向外上方提拉带前臂和手出水面，掌心转向后上方。

（5）空中移臂。

动作方法 紧接出水，不停顿地进入空中移臂，移臂时，仍保持肘高于手。

两臂配合：自由泳时，两臂划水发生的交叉位置有前交叉、中交叉和后交叉三种类型。前交叉是指一臂入水时，另一臂已前摆至肩前方，与水平面约成30°。中交叉是指一臂入水时，另一臂处在向内划水阶段，与水平面成90°。后交叉是指一臂入水时，另一臂划至腹下，与水平面约成150°。

4. 完整的动作配合技术

动作方法 自由泳的呼吸与臂、腿配合，初学者一般采用1：2：6的方法，即呼吸1次、臂划2次、腿打6次。这种配合方法易保持身体平衡和协调，易掌握自由泳技术，但在长距离项目中亦有2次或4次打腿配合。

（二）蛙 泳

蛙泳是身体俯卧水中，两肩与水面平行，依靠两臂对称向后划水、两腿向后对称蹬夹水而使身体向前游进的姿势。整个动作与青蛙游水十分相似，所以取名蛙泳。蛙泳的特点是游时省力，容易学，游动时动作全部在水下，声音较小，头部可以出水面呼吸，视野开阔，容易游正方向。蛙泳较省力，易持久，实用价值大，常用于渔猎、泅渡、救护和水上搬运等，比赛项目有男女100米和200米等。

1. 身体姿势

动作方法 身体俯卧水中，两臂前伸并拢，头略抬，身体纵轴与前进方向成5°～10°角。

蛙 泳

2. 腿部动作

腿部动作是蛙泳游进中产生主要推进力的动作之一，分为收腿、翻脚和蹬夹水三个不可分割的动作阶段。

（1）收腿和翻腿

动作方法 在两腿完全伸直并稍下沉时，屈髋和屈膝，同时两小腿向大腿后折叠向臀部靠拢，边分边收，两膝距离与肩同宽，当腿、脚跟接近臀部时，两膝稍向里扣，脚尖向两侧外翻做翻脚动作。

（2）蹬夹水

动作方法 腿后蹬时，边后蹬边内夹，以蹬为主，蹬夹动作先伸髋，使髋、膝和踝关节相继伸直。

（3）滑　行

动作方法 蹬夹水结束后，由于蹬腿的惯性作用，两腿有一个短暂的滑行阶段。这时两腿应尽量伸直并拢，腿部肌肉和踝关节自然放松。

3. 臂部技术

（1）划水与抓水

动作方法 两臂前伸内旋，掌心转向外斜下方，两手分开向斜下方抓水。当手感到有压力时，便开始向侧、下、后和内呈椭圆曲线划水。

（2）收手与伸臂

动作方法 划水结束，臂由内向前收，两手相对，最后掌心向下，臂前伸。当两手收至下巴前下方时，借收手弧形惯性向前伸肘，两手靠近，掌心向下。

4. 呼　吸

动作方法 呼吸要与臂的动作协调配合。划水结束时，抬头用鼻和口呼气；两臂划水时，用口吸气，收手低头闭气；伸臂时，徐徐呼气。

5. 臂、腿和呼吸的配合技术

动作方法 一般在一次动作周期中吸一次气。臂、腿和呼吸的配合多采用1∶1∶1配合。

（三）仰泳和蝶泳

1. 仰　泳

仰泳是人体仰卧在水中进行游泳的一种姿势。由于游泳时面部露出水面，呼吸方便，躺在水面上，比较省力，学习起来也较容易，因此仰泳深受中老年人和体质较弱者喜爱。仰泳技术包括仰泳身体姿势、仰泳腿部技术、仰泳手臂技术和仰泳配合技术。

仰泳的产生和发展有较长的历史，早在1794年就有了关于仰泳的记载，直到19世纪初，人们仰泳时仍采用两臂同时向后划水、两腿做蛙泳的蹬水动作，即现在的反蛙泳。自1902年出现爬泳技术后，由于爬泳技术合理和速度快，就开始有人采用类似爬泳的两臂轮流向后划水的游法。直到1921年现在的仰泳技术才初步形成。

2. 蝶　泳

蝶泳是在蛙泳技术动作基础上演变而来的，是四种竞技游泳姿势中最后发展起来的泳姿。由于腿部动作酷似海豚，因此蝶泳又被称为海豚泳。

蝶泳的身体姿势与其他泳姿不同，它没有固定的身体位置。在游进中，躯干各部分和头不断改变彼此间的相对位置。头和躯干有时露出水面，有时潜入水中，形成波浪式上下起伏的变化位置。

蝶泳在游进中，以横轴（腰际）为中心，躯干和腿有节奏地摆动，发力点在腰腹部，然后以大腿带动小腿，两腿一起做上下的鞭状打水动作。这些动作与头和臂部的动作紧密联系在一起，形成蝶泳所特有的波浪动作，因此前进时身体的阻力较小。

三、游泳比赛规则简介

（一）出　发

自由泳、蛙泳、蝶泳及个人混合泳的各项比赛必须从出发台起跳出发，仰泳项目在水中出发。当总裁判发出长哨音信号后，运动员应站到出发台上（仰泳项目运动员下水，在总裁判发出第二声长哨时迅速游回池端，在水中做好出发准备）。当发令员发出就位的口令后，运动员应至少有一只脚在出发台前缘做好出发准备，手臂位置不限。当所有运动员都处于静止状态时，发令员发出出发信号（鸣枪、电笛、鸣哨或口令）。运动员在听到出发信号后才能做出发动作。

任何运动员如在出发信号发出前出发，应判出发犯规，取消其比赛资格或录取资格。如果在出发信号发出后发现运动员抢码犯规，则应继续比赛，在该组比赛结束后取消犯规运动员的录取资格。如果在出发信号发出前发现运动员抢码违规，则不再发出发信号，取消抢码犯规运动员比赛资格后，再次组织出发。

因裁判员的失误或器材失灵而导致运动员抢码，发令员应将运动员召回重新出发，不计为抢码。

（二）计　时

自动计时、半自动计时和人工计时，均被承认为正式的计时。

1. 自动计时和半自动计时

（1）自动计时和半自动计时装置必须符合规定，并在自动计时长的监督下进行。

（2）采用自动计时装置时，如果没有大会设置的录像计时设备，则须采用半自动计时装置或按规则配备同样数量的人工计时裁判员，作为自动计时装置的补救。在任何比赛中，使用自动计时装置时，由该装置判定名次。成绩和接力出发判断器判断的情况，应比半自动计时装置或人工计时的判定优先采用。在自动计时装置发生故障无法使用或触板失灵时，半自动计时成绩或人工计时成绩作为正式成绩。

2. 人工计时

（1）当采用人工计时，每条泳道必须指派3名计时员，所使用秒表精确至1/100秒。

（2）人工计时正式成绩决定方法：在3名计时员中，有两个以上计时表的计时成绩相同时，此成绩为正式成绩。如3个计时表的成绩都不同，则应以中间的成绩作为正式成绩。在3块秒表中只有2块秒表正常运行的情况下，应以平均成绩作为正式成绩。

（3）在终点名次和计时成绩顺序不一致时（如第二名的成绩反比第一名的成绩好），应以总裁判的判定为准。若总裁判判定以终点名次为准，则应将第一名与第二名的正式成绩相加后平均，作为第一名和第二名正式的成绩（平均成绩取至百分位秒数）。若总裁判判定以计时成绩为准，则应以计时成绩顺序重新排列名次。若出现两名以上终点名次与计时成绩顺序不一致的情况，则仍按此办法排列名次。

（三）比赛和犯规

（1）运动员必须在自己的泳道内按竞赛规则游完全程，否则即算犯规。

（2）游出本泳道或用其他方式干扰、阻碍其他运动员者应取消其录取资格。

（3）如果某运动员犯规而干扰、阻碍其他的运动员获得优良成绩，则应准许被干扰、阻碍的运动员参加下一组比赛或补测成绩。如果在决赛中发生上述情况，则应令该组重新决赛。

（4）在比赛中，运动员转身时必须使身体某一部分触及池壁，转身必须从池壁完成，不得在池底跨越或行走，否则即算犯规。

（5）在自由泳比赛或混合泳中的自由泳一式比赛中，允许运动员在池底站立，但不得跨越或行走，否则即算犯规。

（6）在比赛中，不允许拉扯分道线，否则即算犯规。

（7）在比赛中，运动员不得使用或穿戴任何有利于其速度、浮力或耐力的器具（如手蹼、脚蹼等），否则即算犯规，但可戴护目镜。

（8）每一个接力队应有4名队员，接力比赛中任何一名队员犯规即算该队犯规。任何接力队员在一次接力比赛中只能参加所报一棒比赛。

（9）接力比赛时，如本队的前一名运动员尚未触及池壁，而后一名运动员即离台出发，则应算犯规。如该运动员重新返回并以身体任何部分触及池壁再行游出，则不作犯规处理。

（10）运动员全部到达终点后要尽快离池，否则即算犯规。接力比赛前三棒运动员游完后，在不影响其他运动员比赛的情况下尽快离池，并不得触停自己所在泳道和其他泳道的自动计算装置，否则即算犯规。

（11）在一项比赛进行过程中，当所有比赛的运动员还未游完全程前，如果未参加比赛的运动员下水，则应取消其原定的下一次的比赛资格。在接力比赛过程中，当各队的所有运动员还未游完之前，除了应游该棒的运动员之外，如果任何其他接力队员进入水中，则该接力队员将被取消录取资格。

第三节 跳 绳

一、跳绳起源概览

跳绳是借助绳的旋转并按绳重复回旋的节奏不停跳跃的一项运动。这种游戏在唐朝称作透索，在宋朝称作跳索，在明朝称作跳百索、跳白索、跳马索，在清朝称作绳飞，在清末以后称作跳绳。跳绳是一种古老的民俗娱乐活动。跳绳运动花样繁多，按照绳的长度可分为跳短绳和跳长绳，按照参加人数可分为单人跳、双人跳、多人跳，按照绳的数量可分为跳单绳、跳双绳、跳多绳等。由于跳绳运动具有不受季节、场地、人数、年龄、空间、时间限制的特点，因此跳绳运动成为一项开展广泛并深受各年龄阶段人群喜爱的休闲体育活动。

二、跳绳技术要点

（一）单人单绳

1. 直 摇

动作方法 在基本摇绳姿势的基础上，两手持手柄向前向后摇动，当绳体接触到地面时，两脚并拢跳跃过绳，绳子绕过身体一周，一摇一跳的动作即为直摇。

技术要点 两臂保持基本摇绳的姿势，控制两臂摇绳节奏。两脚并拢向上跳，落地向下只需前脚掌着地。绳子打地就向上跳一次。

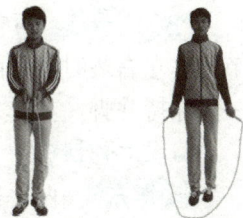

2. 单脚交换跳

动作方法 在基本摇绳姿势的基础上，绳子过脚的同时，先抬起一只脚跳过，放下抬起另一只脚跳过绳子，两脚交替落地的动作为单脚跳。

技术要点 两臂保持基本摇绳的姿势，控制两臂摇绳节奏。抬脚时，脚尖下压，并且脚尖与地面的距离不得超过 10 厘米；着地时，用前脚掌着地。单脚跳时，绳子过脚再抬脚交替跳，以右脚落地算一个为例，50 个为一组，间歇练习。

3. 开合跳

动作方法 在基本摇绳姿势的基础上，两手持绳向前摇，当绳子过脚置于空中时，两脚分开与肩同宽，当绳子打地快过脚时，两脚并拢跳过绳，一拍一动，完成开合跳。

技术要点 两臂保持基本摇绳的姿势，控制两臂摇绳节奏。脚步打开时，两脚分开，与肩同宽。脚步成开合时，绳子先过脚再打开，由开到合，先合两脚再过绳。

4. 弓步跳

动作方法 在基本摇绳姿势的基础上，两手持绳向前摇，当绳子过脚置于空中时，两脚分开成前后弓步，当绳子打地快过脚时，两脚并拢跳过绳，一拍一动，完成弓步跳。

技术要点 两臂保持基本摇绳的姿势，控制两臂摇绳节奏。脚步打开时，前一只脚落地，膝盖弯曲角度为 30°～60°，后面的脚必须伸直并且脚跟不能着地；两脚的间距为 20 厘米左右。脚步成弓步时，绳子先过脚再打开，由弓步到合，先合两脚再过绳。

5. 并脚左右跳

动作方法 在基本摇绳姿势的基础上，绳子过脚置于空中时，两脚并拢向左右两边跳。一拍一动，左右两边各跳 4 次的动作称为并脚左右跳。

技术要点 两臂保持基本摇绳的姿势，控制步伐节奏。左右跳时间间隔不宜过长，与肩同宽，左右跳时一直保持并脚。左右并脚跳时，绳子先过脚再落地。

6. 左右钟摆跳

动作方法 两手持绳向前摇，当绳子过脚置于空中时，一只脚向同一侧摆动，另一只脚直立跳跃过绳。反之为另一只脚动作，一拍一动，左右两边各 4 次，完成

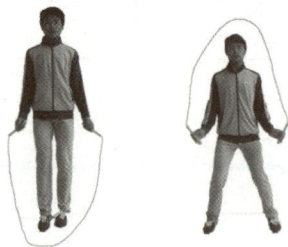

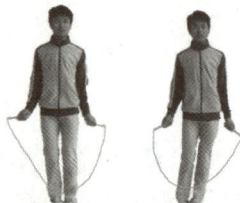

左右钟摆跳。

技术要点 两臂保持基本摇绳的姿势，控制两臂摇绳节奏。脚步打开时，一只脚落地并跳过绳子，另一只脚置于空中，直立跳跃过绳，反之为另一只脚动作，一拍一动。脚步成钟摆步时，绳子先过脚再打开。

7. 前后打绳

动作方法 两手持绳，身体直立。当身体侧向一方时，手腕发力，随身体摆动侧向摇绳，绳子向前打地；当身体转向另外一侧时，手腕发力，绳子随身体摆动向后打地。完成此动作，反之为另外一侧动作；一拍一动，完成前后打绳动作。

技术要点 手控制绳子的摆动方向由前向后或由后向前。绳随身体转动而摆动。

8. 前后打绳左右并步

动作方法 两手持绳，身体直立。当身体侧向一方时，手腕发力，绳子随身体摆动向前侧摇绳，绳子向前打地，同时出左脚，与肩同宽。当身体转向另外一侧，时手腕发力，绳子随身体摆动向后打地，同时出右脚并左脚。完成此动作，反之为另一侧动作；一拍一动，完成前后打绳动作。

技术要点 手控制绳子的摆动方向由前向后或由后向前。绳随身体转动而摆动。

9. 前后打绳交叉步

动作方法 两手持绳，身体直立。当身体侧向一方时，手腕发力，随身体摆动侧向摇绳，绳子向前打地，同时右脚向左跨一步与左脚成交叉。当身体转向另外一侧时，手腕发力，绳子随身体摆动向后打地，左脚向左跨，与肩同宽。完成此动作，反之为另一侧动作；一拍一动，完成前后打绳动作。

技术要点 手控制绳子的摆动方向由前向后或由后向前。绳随身体转动而摆动。

（二）双人单绳

双人单绳是指两位跳绳者利用一根绳子，在侧打绳的摇动中，跳绳者在绳中或绳外完成各个转体、跳跃、力量等动作。

1. 带人跳双摇

动作方法 带人者持绳，两人可面对面站立，也可同向站立，协调配合，绳子同时过两人身体即为完成一次动作。跳绳者可位于带人者体前或体后，可延伸出跳绳者原地转身等花样。

技术要点 两人节奏一致，相互配合。

2. 双人和谐跳（简称 V）

动作方法 两名跳绳者各握绳子一端，并排站立，右边的人右手握绳，左边的人左手握绳。将绳子置于两人身后，两人同时摇绳，同时过绳。

技术要点 两人摇绳节奏一致，相互配合，起跳一致。

3. 一人内转 360°（简称 O+ 内 360）

动作方法 两名跳绳者各握绳子一端，并排站立，右侧跳绳者进绳跳一次，然后原地向内（左）转体一周，回到进绳之前的位置跳跃过绳；接着左侧的同伴重复此动作，两人轮流进行练习。

技术要点 转身者在向下送绳给同伴跳时开始转身，转到180°时手臂上举，回到原位后摇绳给自己跳，转体时保持摇绳节奏不变。

4. 两人内转 360°（简称 360）

动作方法 两名跳绳者各握绳子一端，并排站立，两人把绳子由后向前摇动，同时两人向内转体一周，回到初始位置，转身时绳子在中间打空。

技术要点 两人动作要同步，特别是转身和摇绳动作；转体后两手随绳子转动的惯性打开成初始位置；转体与摇绳节奏一致，不要因为转体而忘记摇绳。

5. 直摇（简称 O）

动作方法 两人两手持绳并排站立，假设左边的人为A，右边的人为B，首先A、B将内侧手（A的右手与B的左手）持的手柄相互交换，听到指令后两人同时用同侧手（A、B同时出左手或者右手）将置于最后面的绳子向上摇起。绳子到达最高点时，再将另一只同侧手的绳子向上摇起。两人依次跳过各自一方的绳子。

技术要点 两前臂在体侧依次做圆周运动，并且贴近身体。在摇绳的过程中，两手臂的夹角是180°。在跳的过程中，两人同侧手的动作要一致。

6. 交叉（简称 C）

动作方法 在车轮直摇的基础上，当绳子摇过头顶后，两人同时将左手（右手）手柄向右（左）在体前做交叉贴于腹部，绳子过脚后再同时将右手（左手）手柄向左（右）在体前交叉贴于左（右）前臂上，绳子过脚后，先将左手（右手）手柄翻腕向下跳过向左（右）打开，再将右手（左手）手柄翻腕向下跳过向右（左）打开，还原成直摇。

技术要点 两前臂在体前做交叉时要贴近身体，交叉时要充分活动手腕。在做的过程中要始终保持好节奏。跳的时候要连续跳两次。

（三）长绳进出绳

动作方法 两名摇绳者相对而立，用同一个方向的手持绳子，拉开适当的距离后由内向下、向外、向上摇绳。跳绳者可面对绳子，也可以斜对着绳子。当绳子摇到最高点时，跳绳者向前小碎步调整时机，当长绳即将打底时起跳，长绳摇过即完成一次动作。跳绳者落在正中央，跳绳者以相同的节奏在长绳里完成相应的动作，动作完成后绳子再次摇起，在绳打地前，跳绳者往前跳出并小碎步离开即完成出绳。

技术要点 跳绳的节奏与摇绳的节奏要一致。

（四）绳中绳

动作方法 跳绳者手持绳子正对摇绳方向做好准备。两名摇绳者相对而立，用同一个方向的手持绳子，拉开适当的距离后由内向下向外向上摇绳。当绳子正常摇起后，绳子打底再次起摇时，跳绳者跟着起动短绳，节奏、方向和长绳一致。绳子摇到最高时，跳绳者往前走调整时机，绳子往下摇时，看准时机起跳，让长短绳同时过脚即完成一个绳中绳。

技术要点 短绳的节奏要和长绳的节奏一致。

第四节　轮　滑

一、轮滑起源概览

轮滑运动是一项集健身、竞技、趣味、娱乐、技巧、休闲、惊险于一体的全身性运动。轮滑运动从 20 世纪 80 年代开始风靡世界，尤其在欧美国家更加流行。轮滑运动要求练习者灵活变换重心，维持动态平衡。由于轮滑运动在腿部用力上有侧蹬用力的特点，因此初学者在学习过程中必须克服陆地上走或跑时后蹬用力的习惯，建立向侧用力的概念，掌握正确的用力方法。

轮滑运动能够增强心肺功能，改善和加强新陈代谢，对臂、腿、腰、腹的肌肉力量及各关节的灵活性锻炼效果显著，同时具有表现自我、挑战自我、增强自信心，以及培养审美情趣和艺术美感的作用。

二、轮滑技术要点

（一）站立、平衡和移动

1. 站立姿势
动作方法

丁字形站立：将左脚脚跟紧靠在右脚的内侧（或将右脚脚跟紧靠在左脚的内侧），使两脚成丁字形。两膝微屈，重心稍偏于位置居后的脚上，上体略前倾，抬头，眼睛平视前方，两臂在体侧自然打开，以控制身体平衡。

八字形站立：两脚呈八字形自然分开，两脚脚跟靠近，两膝微屈。上体微屈，身体重心放在两脚之间，保持身体平衡。

平行站立：两脚分开，与肩同宽。两脚脚尖稍内扣，上体微前倾，两膝微屈。身体重心放在两腿之间，保持身体平衡。

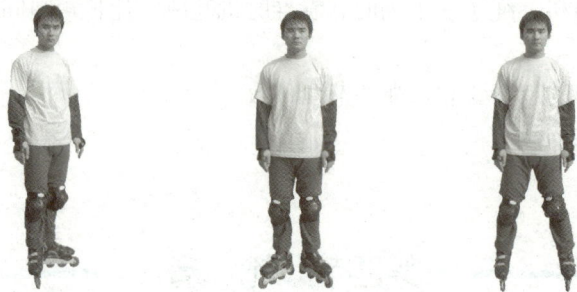

2. 原地移动重心
动作方法 在平行站立的基础上，上体向一侧移动，并逐步将身体重心完全移至一侧支撑腿上，待平稳后，上体再向另一侧腿上移动，并将身体重心完全移到该腿上。反复练习。

3. 原地踏步
动作方法 在八字形站立的基础上，重心移到一脚上，另一腿微屈上抬，使脚离地面 5～10 厘米再落下，重心移至另一脚，交替练习。

4. 原地蹲起
动作方法 在平行站立或八字形站立的基础上，做下蹲、起立动作，身体重心放在两腿之间，两臂自然打开。

5. 两脚原地前后滑动
动作方法 在平行站立的基础上，做一脚向前一脚向后的来回滑动练习，两臂前后摆动，像走路一样配合两腿运动。

6. 向前八字走
动作方法 在丁字形站立或八字形站立的基础上，一脚向前迈出一小步，脚尖向外侧，呈八字形落地，同时身体重

"丁"字形站立

原地移动重心

原地踏步

两脚原地前后滑动

心迅速跟上，当重心完全落到前脚上时，后脚再抬起向前迈，两脚交替进行，移动身体重心。

7. 横向迈步移动

动作方法 在平行站立的基础上，一腿向侧迈出一步，随之身体重心迅速跟上，另一腿收回，在内侧靠拢着地，并承接重心，然后换腿练习。

（二）滑　行

1. 双滑行练习

动作方法 在学会八字走的基础上，连续走几步，然后两脚迅速并拢，两脚由八字形变为平行，借助惯性向前滑行。动作的关键是重心保持在两脚之间。

2. 低姿交替蹬地滑行

动作方法 两脚八字形站立，膝踝微屈，两脚同时向外侧蹬地，使两脚同时开始向前滑行，重心随之偏向左脚，左腿成支撑腿。右脚在稍加蹬地后迅速回收，向左脚靠拢，脚尖向外侧，落地自然呈八字步，同时重心向右腿上移，左脚开始蹬地，如此交替进行。

3. 高姿交替蹬地滑行

动作方法 在低姿势交替蹬地的基础上，右脚侧蹬地，重心随之移向左脚，成左脚支撑滑行。右脚蹬地结束后放松收腿，当右脚靠近左脚时，重心开始回移，左脚开始蹬地。右脚落地后成右腿支撑滑行，然后收左腿，两脚交替蹬，交替滑行。

4. 向前直线滑行

动作方法 两脚原地呈 T 字形站立，左脚在前，右脚在后，两腿稍弯曲，用右脚内侧蹬地，重心慢慢移至左脚；右脚蹬直后，右腿蹬离地面，成左脚向前滑行；然后右脚在左脚的侧面落地后，左脚重复上述动作，成右脚向前滑行。两脚交替向前直线滑行，在整个滑行过程中，两手自然向侧分开，帮助维持身体平衡。

5. 蛇形向后滑行

动作方法 平行站立开始，两脚分开（约一脚距离），两腿弯曲。用右脚内侧蹬地，身体重心移向左侧，成左脚向后滑行；右腿在体前伸直，随即右脚放在左脚侧面，恢复成开始姿势，然后用左脚蹬地，重复上面的动作。做蛇形向后滑行时，要注意上体在滑行中始终保持前倾姿势，两膝保持弯曲，两手在体侧分开侧举。

（三）滑行停止法

1. 八字停止法

动作方法 在获得一定的向前滑行速度后，两脚平行分开站立，随后脚尖内转，两脚以内侧轮柔和压紧地面。两腿弯曲，下蹲上体稍前倾，两臂前伸，维持身体平衡。

2.T 形停止法

动作方法 左脚向前滑行开始，右脚在左脚脚跟处呈T形放好后，将右脚慢慢放在地面上，以内侧轮柔和压紧地面，减缓向前滑行速度，直到停下来为止。

3. 两脚急停法

动作方法 在向前滑行时，两脚同时做顺时针（或逆时针）方向急转，左脚以内侧轮、右脚以外侧轮滑行方向成 90° 压紧地面，同时身体向右急转，重心移到右腿上，两膝弯曲，两臂前侧伸，滑行即可停止。

4. 倒滑停止法

动作方法 在向后滑的过程中，两脚变为前后开立，身体重心移到前脚的前方，同时抬起两脚脚跟，后轮离地，制动脚着地与地面摩擦而停止下来；停止时，身体稍前倾，两臂侧举以维持平衡。

（四）弯道滑行

动作方法 弯道滑行技术与直道滑行技术有很大的区别，弯道滑行技术的特点在于练习者用交叉步滑行，由于向心力的作用，上体不仅前倾，而且要向后侧倾。

1. 走步转弯

动作方法 在向前做八字走或半走半滑时，如向左转弯，在每一次脚落地时脚尖都向左转动一点，身体也随之向左转动一点，逐渐呈弧形地走滑；如向右转，则动作方向相反。

2. 惯性转弯

动作方法 在滑行获得了一定的速度后，两脚平行稍靠近些，如向左转，则左脚略靠前，右脚靠后，重心落在两脚之间 1/3 处，前腿略弓，后腿伸直，身体重心压在左脚和右脚的左侧，利用惯性向左侧滑一较大的弧线；如向右转，则动作方向相反。

3. 短步转弯

动作方法 在学会慢的转弯技术的基础上，身体姿势较低，重心完全落在左腿上，甚至超出左腿的支点，右脚向右侧蹬后迅速收回，靠近左脚落地做非常短暂的支撑，此时左脚迅速向左稍转脚尖，右脚再迅速向侧蹬出，连续做此动作就可以加速转弯；如向右转，则动作方向相反。

4. 左脚支撑，右脚连续蹬地滑行

动作方法 从站立姿势开始，左脚用外侧蹬地后迅速与右脚并拢，接着右脚再做一次蹬地动作，左脚继续做前外曲线滑行。

5. 在圆弧上不连贯的交叉步滑行

动作方法 在圆弧上用直线滑行方法，中间插入弯道交叉步，当左脚稳定平衡时，右脚向左脚左侧前方迈一小步。当右脚有短暂的滑行之后，左脚迅速从右腿后方收回，同时右脚蹬，左脚直线滑行，反复练习。

弯道滑行

第五节　定向运动

一、定向运动起源概览

定向运动起源于瑞典，最初只是一项军事体育活动。"定向"这个词在 1886 年首次使用，意思是在地图和指南针的帮助下，越过不被人所知的地带。第一次真正的定向比赛于 1895 年在瑞典斯德哥尔摩和挪威奥斯陆的军营区举行，标志着定向运动成为一种体育比赛项目。

20 世纪初，定向运动作为一种体育项目在北欧开展起来，到 20 世纪 30 年代已在芬兰、挪威、瑞典、丹麦立足。1932 年举行了第一次世界定向运动比赛。1961 年，国际定向联合会（IOF，简称国际定联）在丹麦哥本哈根成立。国际定联是世界定向运动的行政实体，是国际体育联合会总会之一。定向运动是奥林匹克体育项目。

定向运动在中国按国际标准正式作为一项体育活动开展训练和比赛是在 1983 年。

二、认识和使用指北针

指北针是定向运动中不可缺少的导航工具，水平放置，红色端永远指向北方。使用时，人动图不动，转动直到地图上的北方与指北针的红色指针平行（北对北），结合四周地貌确认位置。

指北针使用的注意事项有如下几点：

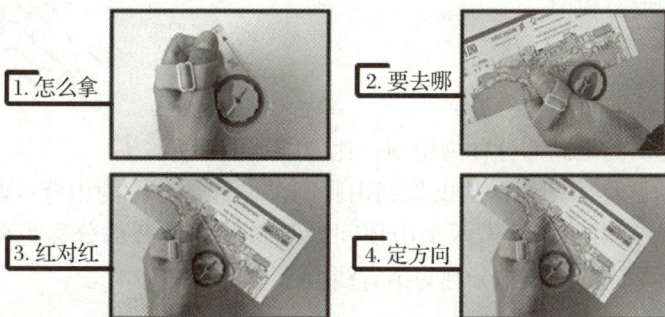

1. 怎么拿　2. 要去哪　3. 红对红　4. 定方向

299

定向运动百科

定向运动基本技术

三、地　图

地图是按比例尺表示地貌、地物平面位置和高程正射投影的平面地形图。

（一）地　貌

地貌是地球表面高低起伏的各种形态，如山地、谷地和平地等。

（二）地　物

地物是分布在地表面上自然形成和人工建造的固定物体，如江河、湖泊、居民点、道路和水利工程建筑等。

（三）地　形

地形是地貌和地物的统称。

（四）地图颜色分布

蓝色：代表任何有水的地方。
黄色：代表开阔地，如田野、牧场或空旷区。
黄绿色：代表禁入区，如民宅、私家花园或草坪。
绿色：代表不易通过的森林或灌木，绿色越深，越难通过。
棕色：代表等高线、主干道及坚硬的路面。
白色：代表容易通过的森林区，简称白林。

（五）等高线

等高线是指在地形图上高程相等的相邻各点连接而成的闭合曲线。在同一幅地图上，等高线平距越小，排列越密，说明实地坡度陡，反之则相反。等高线的弯曲形状与相应实地的地貌形态相似。

（六）山的各部形态

山顶和凹地山的最高部分称为山顶；比周围地面凹，且经常无水的地区称为凹地；从山顶到山脚间的凸起部分称为山背；两个山背或山脊间的低凹部分称为山谷；相连两个山顶间如马鞍状的低凹部分称为鞍部；由若干山顶、鞍部相连所形成的凸棱部分称为山脊线。

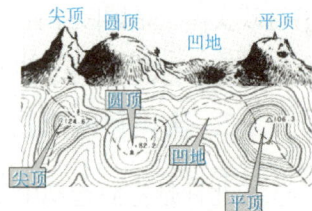

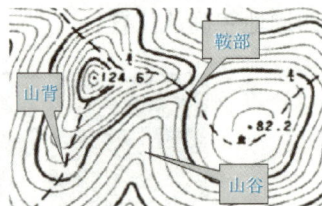

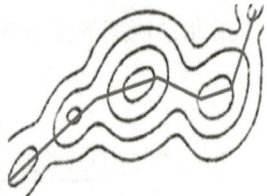

（七）地图比例尺

地图上某两点之间的距离与相应的实地两地之间的水平距离之比称为地图比例尺。地图比例尺 = 图上距离 / 实地距离。地图长度单位一般为厘米。例如，某幅地图的图上距离 1 厘米，若相当于实地距离 10000 厘米，则此幅地图的比例尺为 1：10000，或 1/10000。

四、识图技巧

（一）读 图

读图分为静止读图和运动中读图。根据地形的难易程度和当时的体能分配，必要时采取静止读图方式，一般情况下尽量在运动中读图。

根据地形的难易程度，合理地分配体能，在确定下一个进攻点的前提下超前读图，预先读图；并根据图上信息进行简化的记忆，增强预见性。

（二）简化、提取和记忆地图信息

（1）从大到小、从高到低：找出明显特征标志物，尽量扩大视野，观察地形的特点。

（2）先地貌后地物：先观察实际地貌，如等高线表示的地貌，再观察人造地物。

（3）读图节奏：平均 10 秒左右一次。

五、检查点符号说明及设备

如图所示，一条完整的地图路线由一个起点（用三角形表示）、一个终点（用双圆圈表示）和若干个点标（也称检查点，用单圆圈表示）组合而成。每张地图有检查点说明表。

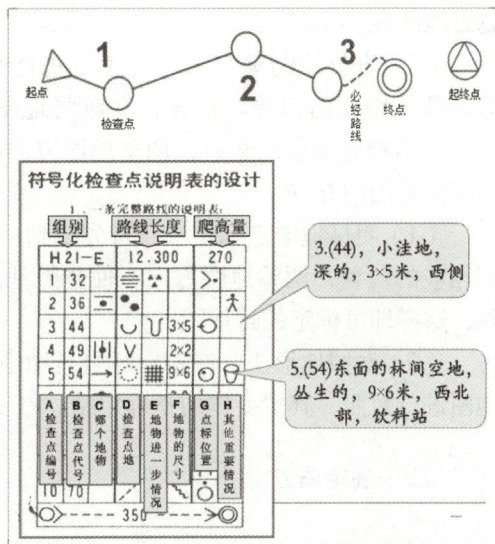

（一）电子计时系统

定向越野电子计时系统采用国际兼容的操作模式，运用水密设计，能适应野外各种恶劣的使用环境。点签器和 CH 指卡浸在水中仍能可靠工作而不进水，设备响应迅速，能保障在比赛过程中使用流畅。

（二）电子计时系统——CH 指卡

CHI 指卡的特点：

（1）采用非接触方式打卡。

（2）每个 CH 指卡可储存 50 个点标和到达点标的时刻。

（3）存储起点和终点的时间。

（4）每个 CH 指卡具有全球唯一的编号。

（5）CH 指卡不需要电池。

（6）卡片采用非磁效应的模式，可打卡 10 万次。

CH 指卡的使用方法：参考右图所示佩戴方式及接触打卡方式，也可依据个人习惯佩戴。

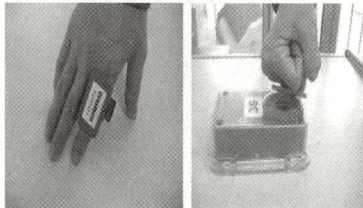

六、定向运动基本技能

（一）标定地图

标定地图是为了使地图的方位与现地的方向相一致。

（1）概略标定法：对方位进行一个大概识别，按照上北、下南、左西、右东的原则将越野地图的上方对准目前所在地的北方，就可以标定地图，这是定向越野比赛中比较常用的一种方法，既简单，又快捷。

（2）磁北线（MN 线）标定阵：利用磁北线对方位进行标定。首先，使指北针内的箭头指向地图上方，同时需要使越野地图上的磁北线与指北针两侧的平行线重合或者平行，接下来只需要对地图进行调整，让指北针的指针对准正磁北方向，就可以对越野地图进行标定。

（3）直长地物标定法：利用一些直长的地物对越野地图进行标定，如道路、河流、高压线和山川等。首先，在越野地图上找到比较明显的直长地物，根据两侧地形，对照相应地点；然后，调整地图方向使其与当前景物方向一致，这样就可以标定出越野地图的方位。

（4）明显地形点标定法：首先找到一个比较明显的地形点，然后在越野地图上找到相应的位置，调整地图方向，使越野地图上的地形点与目标点的连线与实际方向一致，这样即可标定越野地图。

（5）对照地形法：在定向越野运动中标定好地图之后还要根据实际情况将地形与地图进行对照，其主要作用是确定站立点及判定行进方向。

（二）确定站立点

1.直接确定法

直接确定法是在定向运动中比较常用的一种方法。比较明显的地形点主要包括以下几种：

（1）单个的地物；

（2）线状地物的拐弯点、交叉点（成十字形）、交汇点（成丁字形）和端点；

（3）面状地物的中心或者有特征的边缘。

可以称得上是明显地形点的地貌主要有：① 山地、鞍部和洼地；② 特殊的地貌形态，如陡崖和冲沟等；③ 谷地的拐弯、交叉和交汇点；④ 山脊、山背线上的转折点、坡度变换点。

2. 位置关系确定法

在定向越野运动中，一旦发现自己附近有明显的地形点，想要确定准确的站立点，就可以采用位置关系确认法。

3. 交会确定法

交会确定法根据不同情况分为很多种，有些只能在一些特定条件下才能使用。这种方法在定向越野运动中很少使用，可是一旦遇到所在位置没有明显地形，又需要确定站立点的情况就不得不使用，这也是定向越野运动中必不可少的一项知识。

4. 寻路 90° 法

定向越野中还有一种寻路 90° 法，即根据 90° 路径判断具体的行进策略和方向，当检查点位于线状地形（包括道路、沟渠、山背线、谷底线和坡度变换线等）上时，如果在与运动方向相垂直的方向上能够找出一个明显地形点，那么确定站立点就简单得多。线状地形符号与垂直方向线的交点即站立点。

5. 截线法

截线法指的是在地形复杂的区域，根据标定地图的连点直线方式做出路线行进的判断。一般的截线法步骤是根据标定地图选择线状地形，在地图上根据指北针选择最长路线边缘，用铅笔和三角尺测量切角，在地图上标注出来，定位选择两点间的最短距离，然后进行路线移动，沿着指北针的直线最长边移动。

6. 后方交会法

后方交会法指的是在检查点上没有可交会的地形可使用，地图和现场的情况不符合交会使用时，就需要设计两个以上的明显地形地点。该方法一般的步骤如下：在图上找到选定的方位物之后，标定地图，然后按照截线法的步骤分别向各个方位物瞄准并画方向线，图上方向线的交点就是站立点。

7. 记忆法

记忆法指的是根据自身对路线的记忆，判断行进路线，即"人在地上跑，心在图上移"。

8. 拇指辅行法

拇指辅行法指的是运动员在定向越野运动中，及时选择好到达目标点的路线，行进过程中人动图不动，并用拇指压住站立点一侧，然后开始行进。在行进过程中，要根据自己所到达的位置，不断移动拇指，保持位置、方向的连贯性和正确性。

附录1 《国家学生体质健康标准》测试评分表

体重指数（BMI）单项评分表 　（单位：千克/米²）

等 级	单项得分	大学男生	大学女生
正 常	100	17.9～23.9	17.2～23.9
低体重	80	≤17.8	≤17.1
超 重		24.0～27.9	24.0～27.9
肥 胖	60	≥28.0	≥28.0

大学男生各测试项目评分表 　（大一、大二适用）

等 级	单项得分	肺活量/毫升	50米跑/秒	坐位体前屈/厘米	立定跳远/厘米	引体向上/次	耐力跑1000米/（分·秒）
优 秀	100	5040	6.7	24.9	273	19	3′17″
	95	4920	6.8	23.1	268	18	3′22″
	90	4800	6.9	21.3	263	17	3′27″
良 好	85	4550	7.0	19.5	256	16	3′34″
	80	4300	7.1	17.7	248	15	3′42″
及 格	78	4180	7.3	16.3	244		3′47″
	76	4060	7.5	14.9	240	14	3′52″
	74	3940	7.7	13.5	236		3′57″
	72	3820	7.9	12.1	232	13	4′02″
	70	3700	8.1	10.7	228		4′07″
	68	3580	8.3	9.3	224	12	4′12″
	66	3460	8.5	7.9	220		4′17″
	64	3340	8.7	6.5	216	11	4′22″
	62	3220	8.9	5.1	212		4′27″
	60	3100	9.1	3.7	208	10	4′32″
不及格	50	2940	9.3	2.7	203	9	4′52″
	40	2780	9.5	1.7	198	8	5′12″
	30	2620	9.7	0.7	193	7	5′32″
	20	2460	9.9	-0.3	188	6	5′52″
	10	2300	10.1	-1.3	183	5	6′12″

大学男生各测试项目评分表　　　　　　　　（大三、大四适用）

等级	单项得分	肺活量/毫升	50米跑/秒	坐位体前屈/厘米	立定跳远/厘米	引体向上/次	耐力跑1000米/（分·秒）
优秀	100	5140	6.6	25.1	275	20	3′15″
	95	5020	6.7	23.3	270	19	3′20″
	90	4900	6.8	21.5	265	18	3′25″
良好	85	4650	6.9	19.9	258	17	3′32″
	80	4400	7.0	18.2	250	16	3′40″
及格	78	4280	7.2	16.8	246		3′45″
	76	4160	7.4	15.4	242	15	3′50″
	74	4040	7.6	14.0	238		3′55″
	72	3920	7.8	12.6	234	14	4′00″
	70	3800	8.0	11.2	230		4′05″
	68	3680	8.2	9.8	226	13	4′10″
	66	3560	8.4	8.4	222		4′15″
	64	3440	8.6	7.0	218	12	4′20″
	62	3320	8.8	5.6	214		4′25″
	60	3200	9.0	4.2	210	11	4′30″
不及格	50	3030	9.2	3.2	205	10	4′50″
	40	2860	9.4	2.2	200	9	5′10″
	30	2690	9.6	1.2	195	8	5′30″
	20	2520	9.8	0.2	190	7	5′50″
	10	2350	10.0	-0.8	185	6	6′10″

大学女生各测试项目评分表　　　　　　　　（大一、大二适用）

等级	单项得分	肺活量/毫升	50米跑/秒	坐位体前屈/厘米	立定跳远/厘米	1分钟仰卧起坐/次	耐力跑800米/（分·秒）
优秀	100	3400	7.5	25.8	207	56	3′18″
	95	3350	7.6	24.0	201	54	3′24″
	90	3300	7.7	22.2	195	52	3′30″
良好	85	3150	8.0	20.6	188	49	3′37″
	80	3000	8.3	19.0	181	46	3′44″

等　级	单项得分	肺活量/毫升	50 米跑/秒	坐位体前屈/厘米	立定跳远/厘米	1 分钟仰卧起坐/次	耐力跑 800 米/（分·秒）
及　格	78	2900	8.5	17.7	178	44	3′49″
	76	2800	8.7	16.4	175	42	3′54″
	74	2700	8.9	15.1	172	40	3′59″
	72	2600	9.1	13.8	169	38	4′04″
	70	2500	9.3	12.5	166	36	4′09″
	68	2400	9.5	11.2	163	34	4′14″
	66	2300	9.7	9.9	160	32	4′19″
	64	2200	9.9	8.6	157	30	4′24″
	62	2100	10.1	7.3	154	28	4′29″
	60	2000	10.3	6.0	151	26	4′34″
不及格	50	1960	10.5	5.2	146	24	4′44″
	40	1920	10.7	4.4	141	22	4′54″
	30	1880	10.9	3.6	136	20	5′04″
	20	1840	11.1	2.8	131	18	5′14″
	10	1800	11.3	2.0	126	16	5′24″

306

大学女生各测试项目评分表　　　　（大三、大四适用）

等　级	单项得分	肺活量/毫升	50 米跑/秒	坐位体前屈/厘米	立定跳远/厘米	1 分钟仰卧起坐/次	耐力跑 800 米/（分·秒）
优　秀	100	3450	7.4	26.3	208	57	3′16″
	95	3400	7.5	24.4	202	55	3′22″
	90	3350	7.6	22.4	196	53	3′28″
良　好	85	3200	7.9	21.0	189	50	3′35″
	80	3050	8.2	19.5	182	47	3′42″
	78	2950	8.4	18.2	179	45	3′47″
	76	2850	8.6	16.9	176	43	3′52″
	74	2750	8.8	15.6	173	41	3′57″
	72	2650	9.0	14.3	170	39	4′02″
及　格	70	2550	9.2	13.0	167	37	4′07″
	68	2450	9.4	11.7	164	35	4′12″
	66	2350	9.6	10.4	161	33	4′17″
	64	2250	9.8	9.1	158	31	4′22″
	62	2150	10.0	7.8	155	29	4′27″
	60	2050	10.2	6.5	152	27	4′32″

等 级	单项得分	肺活量/毫升	50米跑/秒	坐位体前屈/厘米	立定跳远/厘米	1分钟仰卧起坐/次	耐力跑800米/（分·秒）
	50	2010	10.4	5.7	147	25	4′42″
	40	1970	10.6	4.9	142	23	4′52″
不及格	30	1930	10.8	4.1	137	21	5′02″
	20	1890	11.0	3.3	132	19	5′12″
	10	1850	11.2	2.5	127	17	5′22″

大学生加分指标测试项目评分表一 （单位：次）

加 分	引体向上（男）		1分钟仰卧起坐（女）	
	大一、大二	大三、大四	大一、大二	大三、大四
10	10	10	13	13
9	9	9	12	12
8	8	8	11	11
7	7	7	10	10
6	6	6	9	9
5	5	5	8	8
4	4	4	7	7
3	3	3	6	6
2	2	2	4	4
1	1	1	2	2

注：引体向上（男）、1分钟仰卧起坐（女）均为高优指标，学生成绩超过单项评分100分后，以超过的次数所对应的分数进行加分。

大学生加分指标测试项目评分表二 （单位：分·秒）

加 分	1000米跑（男）		800米跑（女）	
	大一、大二	大三、大四	大一、大二	大三、大四
10	−35″	−35″	−50″	−50″
9	−32″	−32″	−45″	−45″
8	−29″	−29″	−40″	−40″
7	−26″	−26″	−35″	−35″
6	−23″	−23″	−30″	−30″
5	−20″	−20″	−25″	−25″
4	−16″	−16″	−20″	−20″
3	−12″	−12″	−15″	−15″
2	−8″	−8″	−10″	−10″
1	−4″	−4″	−5″	−5″

注：1000米跑（男）、800米跑（女）均为低优指标，学生成绩低于单项评分100分后，以减少的秒数所对应的分数进行加分。

附录 2　中国传统保健功法竞赛规则

第一章　裁判员及其职责

第一条　裁判人员的组成

（1）总裁判长 1 人，副总裁判长 1～2 人。

（2）裁判组设裁判长 1 人，评分裁判员 5 人，技术检查员 1 人，计时、计分员 1 人。

（3）编排记录长 1 人，编排记录员 2～3 人。

（4）检录长 1 人，检录员 2～3 人。

（5）宣告员 2 人。

第二条　裁判人员的职责

裁判人员应在大会领导下，严肃、认真、公正、准确地做好裁判工作，其职责如下。

一、总裁判长

（1）组织领导各裁判组的工作，保证规则的执行。比赛前，组织裁判人员熟悉规则和裁判法，检查各项准备工作。

（2）讲解和解决规则中不详尽或无明文规定的问题，但无权修改规则和规程。

（3）裁判组的评分不能取得一致时，可做最后决定。

（4）发现裁判员的评分中有明显不合理现象，有权责成裁判长进行调整。

（5）在宣布最后得分之前，总裁判长有权直接进行调整。

（6）在比赛进行中，运动员有不正当行为或裁判人员发生严重错误，有处罚的权利。

（7）在竞赛过程中，有权调动裁判人员。

（8）审核并宣布大会比赛成绩，做好裁判总结工作。

二、副总裁判长

（1）协助总裁判长工作。

（2）会同总裁判长判断最后得分是否合理。

（3）在总裁判长缺席时，可由 1 名副总裁判长代行其职责。

（4）领导与指导大会宣告员、技术摄像人员的工作。

三、裁判长

（1）组织裁判组的业务学习，落实裁判工作。

（2）负责参赛队申请重做和由裁判长执行的其他错误扣分。宣告参赛队的最后得分。

（3）裁判员评分中出现明显不合理现象或有效分之间出现不允许的差数时，有权调整。

（4）对裁判员有劝告、警告和建议撤换的权力。

四、评分裁判员

（1）服从裁判长的领导，参加裁判组赛前业务学习，做好各项准备工作。

（2）严格按规则独立评分，认真记录。

（3）在评分中，应服从裁判长的指示。

（4）如裁判长有不公行为，有权以书面形式向仲裁委员会或组委会申诉。

五、技术检查员

（1）按规则规定检查参赛队在比赛中的动作组别、顺序和人数。

（2）负责有时间要求的动作的计时检查。

（3）协助计时、计分员，做好报分及核算得分。

六、计时、计分员

（1）应准确地计算运动员完成功法的时间，遇与规则不符者，应及时报告裁判长予以扣分。

（2）负责所在裁判组的计分工作，并核算最后得分。

七、编排记录长

（1）负责编排记录组的全部工作，审查报名表，并根据大会要求，编排好秩序册。

（2）准备比赛时需要的各种记录表格，审核比赛成绩，计算得分及排列名次。

八、编排记录员

编排记录员根据编排记录长分配的任务进行工作。

九、检录长

检录长负责记录组的全部工作，如有变化应及时向总裁判长报告。

十、检录员

（1）按照比赛顺序做好运动员的检查，委托一名运动员带队入场，并向裁判长递交检录表。

（2）检查参赛队的服装，如遇与规则不符者，不允许上场。

十一、宣告员

宣告员在比赛过程中，报告比赛成绩，介绍竞赛规程、规则和比赛项目的特点。

第二章　竞赛通则

第三条　竞赛性质

竞赛性质为集体竞赛，上场队员为三男三女。

第四条　竞赛项目

五禽戏、八段锦、易筋经、七星功、其他功法。

第五条　名次评定

（1）得分最多者为该单项的第一名，次多者为第二名，依此类推。

（2）整体水平分与重点动作分的低无效分之和高者列前。

（3）整体水平分与重点动作分的高无效分之和低者列前。

（4）重点动作分中有效分的平均值高者列前。如仍相等，出场顺序号在前者，名次列前。

第六条 服装、进场、退场、起势、收势、功法计时、配乐和礼节

（1）裁判员应穿统一的服装，佩戴统一的裁判标志。

（2）比赛时，运动员应穿规定的比赛服，穿武术鞋或运动鞋。

（3）参赛队听到点名后应立即进场。待裁判长示意后，即走向起势位置。

（4）运动员身体的任何部位开始动作即为起势，并开始计时。

（5）运动员完成套路后，需并步收势，计时结束，再转向裁判长行注目礼，即可退场。

（6）八段锦、易筋经、七星功比赛的参赛队须成两列横队，面向裁判长，女运动员在前排，男运动员在后排；五禽戏、其他功法的比赛队形可随意变化。

（7）裁判组用两块秒表计时，若不一致，以接近规定时间的秒表为准。

（8）功法比赛必须配乐，选择适合功法特点的中国民族音乐（不得有唱词）。

（9）参赛队听到上场比赛的点名和赛后示意分时，应向裁判长行抱拳礼。抱拳礼：两腿并步站立，左掌右拳在胸前相抱，高与胸齐，拳、掌与胸间距离为20～30厘米。

第七条 弃权

参赛队应按规定时间参加检录，三次检录不到，即为弃权。

第八条 申诉

（1）参赛队如果对裁判人员的判决结果有异议，必须在该项该场比赛结束后30分钟内向仲裁委员会递交由该队团长签字的申诉书，同时交付申诉费1000元。申诉正确，除予以改判外，退回800元；申诉不正确，则维持原判，申诉费作为优秀裁判员的奖励。

（2）仲裁委员会查看录像时，应以大会拍摄录像并以正常播放速度为准。

（3）申诉对象仅限于一队，一次申诉仅限一个问题。

（4）各队必须服从仲裁委员会的最终裁决。如果因不服而无理纠缠，根据情节轻重，可以建议组委会给予严肃处理。

第九条 比赛顺序

参赛队的比赛顺序，应在竞赛委员会的督促下，赛前由各代表队派代表抽签决定。如果一个参赛队出现两次第一出场，则应在所在分组内予以调整，该组可重新抽签。

第三章　评分标准与方法

第十条 五禽戏、八段锦、易筋经、七星功的评分标准

各项功法比赛的满分为10分。其中，整体水平的分值为9分，重点动作的分值为1分。

一、五禽戏的整体水平评分标准（9分）

质量的评分：姿势正确，动静分明，精神贯注，技术熟练。此类分值为5分。

配合的评分：队形整齐，变化流畅，动作协调一致。此类分值为3分。

结构布局的评分：结构恰当，布局匀称，并有一定的图案。此类分值为1分。

二、八段锦、易筋经、七星功的整体水平评分标准（9分）

质量的评分：姿势正确，运劲顺达，精神贯注，技术熟练。此类分值为6分。

配合的评分：队形整齐，动作一致，协调完整。此类分值为3分。

五禽戏、八段锦、易筋经、七星功比赛时，参赛队的动作和方法与规定要求轻微不符合者，每出现一次扣0.05分；显著不符者，每出现一次扣0.1分；严重不符者，每出现一次扣0.15分。一个动作出现多次错误，最多扣分不得超过0.2分。

三、五禽戏、八段锦、易筋经、七星功重点动作的评分标准（1分）

每套功法含五个重点动作，七星功为七个重点动作，每个重点动作的分值为0.2分。重点动作符合规定要求者，给予满分。参赛队在完成某一个重点动作时，有一人出现与规定动作要求轻微不符者，扣0.05分；显著不符者，扣0.1分；严重不符者，扣0.15分。多人出现上述错误时，按失误人数累计扣分，但最多扣分不得超过0.2分。

第十一条　其他功法的评分标准

一、质量的评分

姿势正确，刚柔相济，精神贯注，技术熟练。此类分值为4分。

二、内容的评分

内容充实，功法的特点和风格突出，整套功法应包括该功法的基本动作和基本方法。此类分值为3分。

三、配合的评分

队形整齐，动作协调一致。此类分值为2分。

四、结构布局的评分

结构恰当，布局匀称，并有一定的图案。此类分值为1分。

第十二条　其他错误的扣分

一、未完成套路

凡参赛队没有完成套路中途退场者，均不予评分。

二、遗忘

每出现一次遗忘，根据不同程度扣0.1～0.2分。

三、服饰影响动作

出现服饰掉地，服装开扣、撕裂等失误现象时，每出现一次扣0.1～0.2分。

四、失去平衡

每出现一次明显摆动扣0.05分，每出现一次移步、跳动扣0.1分，每出现一次附加支撑扣0.2分，每出现一次倒地扣0.3分。

以上（一至四）四种错误，扣分均由裁判员执行。

五、其　他

规定功法队形不符合要求者，扣0.1分；起势和收势有意拖延时间者，扣0.1～0.3分（每5秒扣0.1分）。

六、重　做

（1）因客观原因造成比赛中断者，经裁判长同意，可重做一次，不予扣分。

（2）因动作遗忘、失误等原因造成比赛中断者，可重做一次，扣1分。

（3）临场因受伤不能继续比赛者，裁判长有权令其中止。经过简单治疗即可继续比赛的，可安排在该组最后一名继续上场，按重做处理，扣1分。

七、平衡时间不足

凡指定持久平衡动作的静止时间不足 1 秒者，扣 0.2 分；不足 2 秒者，扣 0.1 分。

八、功法完成时间不足或超过规定时间

五禽戏、易筋经、其他功法完成时间为 5～6 分钟，5 分钟时裁判长应鸣哨示意；八段锦为 4～5 分钟，4 分钟时裁判长应鸣哨示意。超出或不足规定时间达 0.1～5 秒者，扣 0.1 分；达 5.1～10 秒者，扣 0.2 分；依此类推。

九、动作数量

（1）八段锦、易筋经、七星功每多或少一个动作扣 0.3 分；动作与规定要求不相符者，每出现一次错误，扣 0.1～0.3 分。

（2）五禽戏每少一个动作扣 0.3 分；动作与规定要求不相符合者，每出现一次错误，据不同程度扣 0.1～0.3 分；为了全套功法衔接，可增加过渡动作，但不得出现跌仆滚翻类动作，每出现一次，扣 0.3 分。

十、动作方向

八段锦、易筋经、七星功凡偏离规定方向 45° 以上，每出现一次，扣 0.1 分。

以上（五至十）六种错误，扣分均由裁判长执行。

第十三条　评分方法

一、裁判员评分

裁判员根据参赛队现场发挥的技术水平，按照各功法项目的评分标准，在各类分值中减去。错误动作的扣分，即为运动员的得分。裁判员所示分数应取到小数点后两位数，小数点后面的第二位数按照武术规则可以是 0～9。

二、应得分的确定

（1）五禽戏、八段锦、易筋经、七星功比赛，裁判员示两次分，第一次为整体水平分，第二次为重点动作分。五名裁判员评分，取中间三个分数的平均值，两次示分的平均值相加，即为该参赛队的应得分。

（2）其他功法比赛，五个裁判员评分，取中间三个分数的平均值，即为该队的应得分。

三、裁判长的加减分

裁判员评分出现明显不合理现象时，在未宣布运动员的最后得分前，裁判长有权加分或减分。有效分的平均值在 9 分或 9 分以上时，加减分的分值不得超过 0.05 分；有效分的平均值在 9 分以下时，加减分的分值不得超过 0.1 分。

四、总裁判长的加减分

总裁判长认为最后得分偏高或偏低时，可与裁判长协商，要求裁判长加分或减分；还可直接加分或减分，分数改变后，由总裁判长签名。有效分的平均值在 9 分或 9 分以上时，加减分的分值不得超过 0.1 分；有效分的平均值在 9 分以下时，加减分的分值不得超过 0.2 分。

五、最后得分的确定

（1）裁判长以运动员的应得分数中扣除其他错误的扣分，以及本人和总裁判长的加减分，即为该参赛队的最后得分。

（2）裁判长公开宣布参赛队的最后得分。